Título en inglés:

THE PRESENT MOMENT
In Psychotherapy and Everyday Life

Este libro es traducción de
THE PRESENT MOMENT
In Psychotherapy and Everyday Life

EL MOMENTO PRESENTE
En Psicoterapia y la Vida Cotidiana

Registro de Propiedad Intelectual N° 275556
ISBN: 978-956-242-135-5

Traducción: André Sassenfeld y Francisco Huneeus
Diseño portada: Mario Albarracín
Fotografía portada: Soledad Schott*
Revisión: Paulina Correa
Bibliografía e Índice Analítico: Vicky Jorquera
Diagramación: Elba Peña
Edición general: Francisco Huneeus

*Memorial en homenaje a las víctimas del terremoto (03:34:08 am) y maremoto (03:54:00 am) del 27-feb.-2010 en Pelluhue.

Editorial Cuatro Vientos
Maturana 19, CP 8340608, Santiago de Chile
Teléfonos: (56-2) 2672 9226 – 2695 4477
editorial@cuatrovientos.cl
www.cuatrovientos.cl

El Momento Presente

En Psicoterapia y la Vida Cotidiana

Daniel N. Stern, MD

Traducción
André Sassenfeld y Francisco Huneeus

Editorial Cuatro Vientos
www.cuatrovientos.cl

Libros del mismo autor:

El mundo interpersonal del infante (Paidós Ibérica, Buenos Aires, 1991)

La constelación maternal (Paidós Ibérica, Barcelona, 1997)

La primera relación madre-hijo (Ediciones Morata, Madrid, 1998)

Diario de un bebé (Paidós Ibérica, Barcelona, 1999)

El nacimiento de una madre (Paidós Ibérica, Barcelona, 1999)

Forms of Vitality (Oxford University Press, Reino Unido, 2010)

Para ver el Mundo en un Grano de Arena,
y el Cielo en una Flor Silvestre,
abarca el Infinito en la palma de tu mano
y la Eternidad en una hora.

WILLIAM BLAKE

Contenidos

Prefacio

Muchas de las ideas para este libro me han acompañado tenazmente durante décadas, algunas desde el comienzo de mi carrera y otras desde que tengo recuerdo.

Tal vez la idea más ubicua a lo largo de todo el libro es el enfoque en los pequeños eventos momentáneos que constituyen nuestros mundos de experiencia. Lo que más me interesa es cuándo estos momentos entran en el darse cuenta (*awareness*) y llegan a ser compartidos por dos personas. Estas experiencias vividas conforman los momentos clave de cambio en psicoterapia y los puntos nodales en nuestras relaciones íntimas cotidianas. A estos se refiere los *momentos presentes* del título.

Nótese que este libro no trata sobre el significado en el sentido clínico usual de explicar el presente en términos del pasado y de establecer conexiones asociativas que sean interpretables. Trata sobre la experiencia tal como es vivida. Es esencial tener esto en mente a lo largo de todo el libro.

Mi valoración del momento presente se produjo inicialmente en los años 60 y 70 cuando empecé a utilizar filmaciones en cine y video para estudiar la interacción madre-hijo. Estas herramientas me proporcionaron una especie de microscopio con el cual ver el desarrollo de una interacción. Se abrió ante mí un mundo fascinante. Comencé a darme cuenta de cuánto ocurre en un momento que dura tan solo segundos. Empecé a pensar en estos momentos como los componentes básicos de la experiencia. Una vez que me volví experto en el uso de estas técnicas (p.ej., congelar cuadros, cámara lenta, repetición de segmentos, etc.), incluso podía emplearlas de manera no sistemática, en tiempo real, durante tramos muy breves, para ver de un modo diferente a mis pacientes en psicoterapia. Recién estaba empezando a ejercer como terapeuta.

Ciertos momentos de la terapia comenzaron a revelar aspectos del proceso terapéutico distintos a aquellos que yo estaba entrenado para ver. Mis notas del encuentro con una paciente en 1969 así lo ilustran: "Entra a mi oficina y se sienta en la silla. Se deja caer en ella. El cojín se desinfla con rapidez, luego demora otros 5 segundos para dejar de acomodarse. Claramente ella espera eso, pero justo antes de que el cojín deje salir su último suspiro, cruza las piernas y se inclina hacia el otro costado de su cadera. El cojín vuelve a desinflarse y se reequilibra. Esperamos que esto termine. Más bien, ella espera que termine, lo está escuchando, lo está sintiendo. Yo estaba preparado desde que ella entró, pero ahora también estoy esperando. Es difícil saber cuándo el cojín ha soltado todo su aire. En fin, todo espera. ¿Ella percibe que está esperando o simplemente haciendo tiempo? Todo espera que esté preparada. Me abstengo de moverme hasta que se haya desinflado. Es como si debiera contener la respiración para apresurarlo, para evaluar mejor cuándo se ha alcanzado el punto de quietud y la sesión pueda 'comenzar'. Finalmente, cuando pienso que su cuerpo y el cojín están preparados, que el sonido y la sensación de asentarse se han detenido, empiezo a acomodarme en mi silla, de antemano, respirando con mayor libertad. Pero ella aún está escuchando desvanecerse el sonido y no está del todo preparada. Dejo de acomodarme por su seguir esperando. Siento como si me hubiesen sorprendido jugando al '1, 2, 3, momia es'. Qué ridículo. Y empiezo a sentirme molesto porque están interrumpiendo y controlando tanto mis ritmos. ¿Debiera dejar que esto continúe? ¿Debiera mencionarlo? Ella no imaginaba que ya habíamos desarrollado los principales temas de la sesión y un importante tema en su vida".

Antes de mi experiencia con el mundo micromomentáneo de los eventos implícitos, todo esto jamás habría surgido en un primer plano. Lo habría dejado pasar, esperando que ella hablara.

Tales experiencias finalmente me llevaron a construir la *entrevista microanalítica* como una forma de acercarse a la experiencia subjetiva vivida en el nivel micromomentáneo. Admito que uno no puede acceder a la experiencia subjetiva vivida y mantenerse allí mientras se habla al respecto. Pero eso no me impide pensar sobre ella y aproximarme tanto como pueda.

Este libro es acerca de la experiencia subjetiva –en especial, sobre las experiencias que conducen al cambio. ¿Cómo logran esto las experiencias?

¿De qué están hechas tales experiencias? ¿Cuándo ocurren? La naturaleza de la experiencia es un tema muy amplio. Solo me abocaré a un pequeño cuadrante: las experiencias que generan cambios en psicoterapia y en las relaciones personales de la vida cotidiana.

El supuesto básico es que el cambio se basa en la experiencia vivida. El entender, explicar o narrar algo en términos verbales no basta por sí solo para generar cambios. También debe existir una experiencia efectiva, un acontecimiento vivido subjetivamente. Un evento tiene que ser *vivido*, con sentimientos y acciones que transcurren en tiempo real, en el mundo real, con personas reales, en un momento de "presentidad" (*presentness*)[1]. He aquí dos ejemplos sencillos de tal experiencia vivida: mirar a los ojos a alguien que te está mirando y respirar profundamente mientras hablas con alguien. Ambas son acciones con un sentimiento.

La idea de *presentidad* es clave. El momento presente que busco es el momento de la experiencia subjetiva tal como está ocurriendo –no tal como se modifica después a través de las palabras. El momento presente es la unidad procedimental de las experiencias que más nos interesa. Un primer paso para comprender la experiencia es explorar y entender el momento presente. Este libro hace un recuento de esa exploración. El objetivo del recorrido es cambiar tu visión de lo que está ocurriendo en una sesión de psicoterapia y así cambiar cómo la abordas y qué podrías hacer en ella.

Con el fin de ayudar al lector a prepararse para tal exploración, hablaré sobre los sucesivos cambios que hice al título de trabajo del libro mientras lo escribía. Los títulos tentativos reflejan la idea central que es el foco de atención durante un periodo y una fase dados del trabajo. Tomados en conjunto, la serie de títulos propuestos para este libro revela las ideas que hay detrás de él. Aunque el libro es en parte un resumen de algunas ideas con las que he trabajado a lo largo de los años, junto a muchas nuevas, es sobre todo una nueva integración. A medida que esa integración evolucionaba, un título desplazaba al anterior.

Al considerar el micromundo del momento presente, primero pensé en el título *Un mundo en un grano de arena* de William Blake. Aparte de

---

[1] Stern emplea el término *presentness* a lo largo de todo el libro. Dado que en inglés es un neologismo, hemos optado por traducirlo como "presentidad", otro neologismo, que significa "estar presente" (N. del E.).

ser poético, reflejaba el tamaño del pequeño mundo revelado por el microanálisis y, al mismo tiempo, dirigía la atención al hecho de que uno a menudo puede ver el panorama más amplio del pasado y la vida actual de alguien en las pequeñas conductas y actos mentales que constituyen este micromundo. Además, y de vital importancia, ver el mundo en esta escala de realidad modifica lo que se puede ver y, por lo tanto, cambia nuestros conceptos básicos.

El micromundo experimentado siempre entra en el darse cuenta, pero solo a veces ingresa en la consciencia (darse cuenta verbalizable). En gran parte, se trata de conocimiento implícito más que de conocimiento explícito y verbalizado. A medida que la importancia del mundo implícito me resultaba más evidente, le di vueltas al título *El lado oscuro de la luna*, en alusión a la naturaleza del conocimiento implícito.

Había que abordar el aspecto temporal del momento presente (en cuanto mundo en un grano de arena). ¿Qué nos diría la arquitectura temporal de tales momentos? ¿Y cómo se podría analizar la experiencia fenoménica de la presentidad? Después de todo, la presentidad de la experiencia vivida es fundamental. Esta interrogante me llevó a emprender un extenso viaje de aprendizaje hacia el ámbito de la filosofía fenomenológica, un territorio nuevo y desconocido para mí. Allí se evidenció el hecho oculto pero obvio de que estamos psicológica y conscientemente vivos solo ahora. Lo que más me intrigaba era esta pregunta: ¿por qué la psicología clínica no tomaba como punto de partida la experiencia vivida en el presente? (Los terapeutas lo han estado haciendo en el último tiempo). Desde luego, este es un alejamiento radical del camino seguido históricamente por la mayoría de las psicologías que dan especial importancia al pasado y su influencia. También implica que el misterio clave es la consciencia, más que el inconsciente, otro alejamiento radical (que fue posible gracias a la enorme cantidad de trabajos ya hechos sobre el funcionamiento del inconsciente).

Así pues, el siguiente título tentativo fue *Una visión fenomenológica de la experiencia psicoterapéutica*. Sin embargo, la fenomenología era solo una perspectiva necesaria y útil. No era el tema del libro.

Otra característica que me intrigaba del momento presente era que tiene un trabajo psicológico que hacer. Debe trozar y encontrarle algún sentido al momento mientras ocurre, no después. Tiene que inclinarse hacia una próxima acción. En este contexto, el siguiente título fue *Kairós*, la palabra griega para el momento oportuno o el momento en que algo llega a ser. *Kairós* es una unidad de tiempo tanto subjetiva como psicológica. Claramente, el momento presente debe poseer aspectos de *kairós*, porque tiene que encontrarle sentido a lo que ha ocurrido en el pasado, lo que está sucediendo ahora y cómo actuar. Exige una cabal comprensión de los eventos a medida que se desarrollan. Esto reforzó la necesidad de examinar la arquitectura temporal del momento presente y la toma de consciencia de qué compone una breve "historia vivida" emocional. *Kairós* también era un título atractivo porque implica el encuentro de elementos no relacionados e independientes en un punto del tiempo, propiciando el surgimiento de momentos especiales. Y esto es exactamente lo que el Boston Change Process Study Group (BCPSG) estaba descubriendo en el proceso clínico cuando buscábamos momentos que conducían al cambio terapéutico. El problema con *kairós* como título era que generalmente es concebido en el marco de una psicología unipersonal. Y en nuestro trabajo en el Boston Group, yo estaba descubriendo que el material clínico es en gran parte coconstruido –que estamos tratando con una psicología bipersonal.

Esto llevó al próximo título, *El momento de encuentro*. En nuestro trabajo clínico conjunto, la intersubjetividad (es decir, la mente leyendo los pensamientos, sentimientos o intenciones de un otro) parecía cobrar cada vez más importancia. Los motivos intersubjetivos explicaban tan bien el flujo de pequeños pasos y momentos que los participantes realizaban durante una sesión. Además, los *momentos de encuentro* describían la naturaleza de la cocreatividad y la ampliación del campo intersubjetivo que servía de contexto principal para otros cambios en el tratamiento. A medida que me fui interesando en la importancia generalizada de la intersubjetividad en la terapia y en toda experiencia grupal íntima y bien coordinada, se evidenció que la intersubjetividad no solo era un proceso intermental útil, sino que también constituía en sí misma un sistema motivacional fundamental, esencial para la supervivencia humana –similar al apego o el sexo. Las implicancias de elevar la intersubjetividad a tal estatus no podían seguirse hasta el final sin terminar escribiendo un libro distinto.

Las reflexiones sobre la intersubjetividad como matriz de una psicología bipersonal también llevaron al concepto de una posible nueva forma de consciencia: la "consciencia intersubjetiva", una forma de reflexividad que surge cuando nos volvemos conscientes de los contenidos de nuestra mente en virtud de que su ser nos está siendo simultáneamente reflejado de vuelta desde la mente de un otro.

El momento de encuentro tenía otra gran ventaja como título. Reunía el momento presente, la noción de *kairós*, la intersubjetividad y la cocreación en el proceso terapéutico. Además, debido a que es un evento que se desarrolla en el presente, quedaba claro que algo afectivo tenía que ocurrir y ser compartido en ese momento para modificar el campo intersubjetivo implícitamente sentido. Lo que se comparte en un momento de encuentro es una historia vivida emocional. Es compartida física, emocional e implícitamente, y no solo explicada. Las nociones de "afectos de vitalidad" y "viajes compartidos de sentimientos", que se presentan más adelante en el libro, eran necesarias para dar sustancia a la idea de una historia vivida compartida. Asimismo, yo necesitaba que tales momentos alcanzaran una especie de consciencia que se pudiera utilizar en términos terapéuticos. Aquí nació la consciencia intersubjetiva que acompaña a un viaje compartido de sentimientos.

Sin embargo, en última instancia, el momento de encuentro es solo un tipo especial de momento presente. Así llegué al título *El momento presente en psicoterapia y la vida cotidiana*. Este era el título que seguía reapareciendo cuando se descartaban otros títulos provisionales. Es el título más inclusivo, que abarca todos los otros y que más se enfoca en la integración de estas distintas ideas y en el papel del tiempo y la presentidad. También refleja con exactitud que el punto de vista adoptado en el libro es tanto microanalítico como fenomenológico. Esta visión de grano fino es quizás la característica más particular de las descripciones proporcionadas. La realidad fenoménica del momento presente lo captura.

En el plan del libro se realizan todos los pasos en la evolución de estas ideas. Cada capítulo intenta establecer otro aspecto esencial del momento presente en cuanto unidad procedimental de las experiencias que pueden conducir al cambio.

Este es el plan:

La Parte I del libro explora el momento presente. El Capítulo 1 trata el problema del "ahora". Después de todo, ahí es cuando se produce un momento presente. El Capítulo 2 aborda la naturaleza del momento presente. El Capítulo 3 examina la arquitectura temporal del momento presente. Y el Capítulo 4 analiza su organización.

La Parte II contextualiza el momento presente, aportando algunas de las nociones clave necesarias para situarlo en el proceso terapéutico. Las principales tres nociones que analizo son la intersubjetividad, el conocimiento implícito y la consciencia.

Dos (o más) mentes pueden compenetrarse y compartir aproximadamente las mismas experiencias. Son capaces de intersubjetividad (en especial, entre paciente y terapeuta). Los momentos presentes de mayor interés son aquellos en que dos mentes se encuentran. El Capítulo 5 describe la ubicua intersubjetividad en que se conducen los tratamientos y se vive la vida social. El Capítulo 6 sugiere la importancia adaptativa de la intersubjetividad tanto para la evolución como para la psicoterapia.

Gran parte de lo que se aprehende en el momento presente cae en el ámbito del conocimiento implícito. Por lo tanto, se requiere un examen detallado de esta forma de conocimiento. Ese es el tema del Capítulo 7.

Finalmente, la posición del momento presente en relación a la dimensión de la consciencia es esencial si se pretende considerar cómo se pueden recordar, reflexionar, verbalizar y narrar las experiencias que ocurren "ahora". Esto se analiza en el Capítulo 8.

La Parte III incluye una visión del momento presente tal como opera en la situación clínica. El Capítulo 9 introduce la forma de operar del momento presente en los escenarios clínicos. El Capítulo 10 examina lo que sucede en una sesión momento a momento. Analiza la imprevisibilidad y "desprolijidad" del proceso terapéutico y sus dos principales características resultantes: el *momento ahora* y el *momento de encuentro*. Esto incluye una minuciosa descripción de lo que ocurre en el micronivel local del momento presente. Constituye las bases del flujo de una sesión. El Capítulo 11 aborda el entrelazamiento de lo implícito y lo explícito. Gran parte de lo que sucede en psicoterapia se explica mediante el lenguaje, incluyendo las interpretaciones. Se exploran las influencias mutuas entre lo implícito y lo explícito. El Capítulo 12 analiza el pasado y el momento presente. Explica en detalle cómo el momento presente es influenciado por el pasado y discute la necesidad de ser capaz de sostener un pasado así como un presente, sin el cual no hay base para el pensamiento psicodinámico. Examina las formas en que esto se puede lograr. Por último, el Capítulo 13 resume el papel del momento presente en el cambio psicoterapéutico y ofrece implicancias clínicas.

Entonces, partiré con el problema del *ahora*, como primer paso al explorar el momento presente, nuestro microscopio para ver cómo se genera el cambio.

Agradecimientos

Mi primera introducción al precursor del *momento presente* fue cuando empecé a aprender acerca del mundo micromomentáneo de la interacción madre-hijo que ocurre de manera natural. En ese entonces, hace varias décadas, conocí a otros investigadores y clínicos que estaban explorando este pequeño mundo con técnicas del cine y la televisión. Entre ellos se encontraban Lou Sander, Colwyn Trevarthen, Berry Brazelton, Ed Tronick y Beatrice Beebe. Este grupo de investigadores dispersos geográficamente, se mantenía en contacto y compartía el mismo entusiasmo. De otro modo, era un trabajo solitario. Deseo agradecerles por alentarse entre sí y ayudar a formar una masa crítica que exploró el micromundo.

Casi al mismo tiempo conocí a un grupo de coreógrafos en Nueva York. En esa época, estaban experimentando con técnicas similares en la danza: repeticiones de secuencias breves, imágenes congeladas, reproducción de los eventos hacia atrás, etc. Solían ir a mi laboratorio en Columbia, al Instituto Psiquiátrico del Estado de Nueva York, para ver algunos de mis análisis de películas madre-bebé, y yo iba a observar su trabajo con los bailarines. A primera vista, parecían un curioso e improbable grupo de colegas de quienes aprender y por los cuales sentirse inspirado, aunque no así en un segundo vistazo. En ese contexto, tuve la suerte de forjar amistades duraderas con el coreógrafo Jerome Robbins y el artista teatral Robert Wilson. Nuestra amistad me ha permitido observar bailes y obras de teatro desde su concepción, pasando por los ensayos, hasta el estreno. El posterior intercambio ha perdurado durante décadas. Fue una oportunidad increíble para que yo aprendiera sobre los ámbitos de lo no-verbal. Deseo agradecer todo lo que me han enseñado.

Después, hace nueve años, algunos formamos un grupo que inició una rica colaboración. Estaban representados los campos de la psicoterapia, el psicoanálisis, la psicología del desarrollo y la pediatría. Nos llamamos el Boston Change Process Study Group. Los integrantes de ese grupo durante la formulación y redacción del libro fueron: Nadia Bruschweiler-Stern, Alexandra Harrison, Karlen Lyons-Ruth, Alexander Morgan, Jeremy Nahum, Louis Sander y Edward Tronick. Muchas de las ideas importantes para este libro surgieron a partir de esa colaboración.

Se evidenció que, cuando trabajábamos como grupo, cosa que hacíamos intensamente, se activaba un poderoso proceso de cocreación. El grupo solía reelaborar una idea de alguno de nosotros, transformándola en una idea diferente o más elaborada, o uniéndola con una idea de alguien más para generar una noción completamente nueva. Entonces era imposible desenmarañar su historia. Por eso decidimos publicar como colectivo después de nuestras primeras dos publicaciones. Estábamos examinando el proceso de cocreación en la psicoterapia, de modo que tal vez no era extraño descubrir el mismo proceso en nuestro trabajo conjunto. ¿O quizás fue al revés?

El material clínico es lo derivado en forma más directa de nuestro trabajo conjunto, en particular los Capítulos 10 y 11, que toman muchos elementos de nuestras publicaciones colectivas. Sin embargo, he dado a este material un enfoque muy diferente, y muchos de los conceptos o énfasis no coinciden necesariamente con aquellos que el grupo podría haber desarrollado. Además, puede que los integrantes individuales discrepen con el rumbo que di a las cosas. Para respetar las contribuciones del grupo y sus miembros individuales, he intentado citar con el mayor cuidado posible las publicaciones tanto del grupo como de sus integrantes individuales en la medida en que se relacionan con el tema en cuestión. Deseo agradecer profundamente a estos colegas y expresarles el placer que ha sido trabajar con ellos. Este libro habría sido diferente sin el Boston Change Process Study Group.

Dos personas expertas leyeron el libro en sus etapas preliminares: Elizabeth Fivaz-Depeursinge en Lausana y Daniel Siegel en Los Ángeles. Su aliento, críticas y sugerencias han sido invaluables.

Quiero agradecer especialmente a mi editora, Deborah Malmud. Después de leer el primer manuscrito enviado, me escribió una carta de siete páginas a un espacio. Estaba plagada de sugerencias, preguntas, peticiones de aclaración e ideas para un reordenamiento fundamental de las secciones. Pero aun así logró ser alentadora. Al principio, me sorprendí y no estaba contento. Después de muchas lecturas, empecé a apreciarla, aunque no me gustara del todo. Al volver a trabajar, lidiando con lo que ella escribió, comencé a apoyarme cada vez más en sus consejos. La carta no solo llegó a gustarme, sino que también me pareció una brillante labor editorial. El libro es más delgado y claro gracias a Deborah.

Por último, deseo agradecer a mi familia por su aliento, particularmente a mi esposa, Nadia, que leyó partes con gran sensibilidad y un espléndido oído tanto para el tono como para el contenido.

Parte I.
Explorar el Momento Presente

CAPÍTULO 1.
EL PROBLEMA DEL "AHORA"

La idea de un momento presente se expone para abordar el problema del "ahora". Es sorprendente cuán poco sabemos sobre la experiencia que está ocurriendo justo ahora. Esta ignorancia relativa es especialmente singular a la luz de lo siguiente:

En primer lugar, estamos subjetivamente vivos y conscientes solo *ahora*. *Ahora* es cuando vivimos en forma directa nuestra vida. Todo lo demás está alejado una o dos veces. El único tiempo de la realidad subjetiva pura, de la experiencia fenoménica, es el momento presente.

En segundo lugar, la mayoría de las psicoterapias están de acuerdo en que el trabajo terapéutico en el "aquí y ahora" tiene el mayor potencial para generar cambios. Allí es donde y cuando tiene lugar el contacto mutuamente consciente entre las mentes del terapeuta y del paciente. Asimismo, en las relaciones cotidianas, los eventos nodales que cambian el curso de la vida de uno generalmente se producen en un momento que se experimenta como clave, no solo después que ha ocurrido, sino también mientras está ocurriendo. Aun así, debemos plantearnos la pregunta: ¿qué es el *ahora*?

En tercer lugar, las teorías psicodinámicas del cambio terapéutico están basadas en la idea de que el pasado desempeña un papel esencial en la determinación del presente. En cierto sentido, el pasado se encuentra al centro del escenario. Como resultado, sabemos bastante sobre cómo los eventos del pasado influyen en la experiencia presente. Pero no hemos prestado la misma atención a la naturaleza de esta cuando está siendo influenciada y ocurriendo. ¿Cómo se verían la psicoterapia y el cambio terapéutico si el momento presente ocupara el centro de atención?

Este libro sitúa el momento presente en el centro de la escena y lo mantiene allí. Esto hace que el proceso de la psicoterapia se vea de una manera distinta y modifica nuestras ideas de cómo se produce el cambio terapéutico. La forma en que llevamos a cabo la psicoterapia cambiará porque nuestra visión sobre lo que está ocurriendo será diferente. También puede que se enriquezca nuestra perspectiva acerca de la experiencia cotidiana. Estos son los objetivos de este libro.

Antes de abordar estos objetivos, debemos explorar la naturaleza de la experiencia presente y luego aplicarla a la situación clínica. Esta exploración empieza con algunas preguntas importantes sobre el momento presente. ¿Cuándo es el ahora? ¿Qué es? ¿Existe y, si es así, cuánto dura? ¿Cómo está estructurado? ¿Qué hace? ¿Cómo se relaciona con la consciencia y con el pasado? ¿Cómo conduce a significados? ¿Por qué ocupa un lugar tan especial en psicoterapia? Y en conexión con estas preguntas, ¿cómo se vivencia el ahora cuando es cocreado y compartido con alguien? Por último, ¿qué papel desempeña el ahora en el cambio? En resumen, ¿cómo concebimos un momento presente?

Existe otro aspecto del ahora subjetivo que es desconcertante y evidente a la vez. El momento presente no pasa zumbando y se hace observable solo después de haber desaparecido. Más bien, cruza el escenario mental con mayor lentitud, demorando varios segundos en desplegarse. Y durante este recorrido, el momento presente representa un drama emocional vivido. A medida que el drama se desarrolla, despliega una forma temporal similar a una frase musical que pasa. Como veremos, esto es de gran importancia, ya que vuelve a colocar el tiempo dentro de la experiencia.

"Volver a colocar el tiempo dentro de la experiencia" es una frase curiosa. Esto es lo que hay detrás de ella: es fácil colocar el tiempo lineal, cronológico (*chronos*), en nuestras historias acerca de nosotros mismos –el antes, el después y el mientras tanto de nuestros relatos. Pero es menos claro cómo colocar el tiempo subjetivo (sea lo que sea que eso resulte ser) en experiencias que están ocurriendo ahora. Y sin este tiempo subjetivo, nunca podríamos conectar una experiencia coherente completa con los numerosos eventos secuenciales que se producen durante un momento presente. La vida sería discontinua y caótica incluso en la pequeña escala de tiempo del presente.

Existe una historia más larga acerca del ahora. En realidad, es solo un fragmento de la gran historia del tiempo. Solo abordaré este gigantesco tema para remarcar ciertos puntos relacionados con el ahora subjetivo. En primer lugar, consideramos que el tiempo surge de nuestra sensibilidad humana. Es una invención de nuestra mente. No sabemos nada sobre el tiempo de las *cosas*, si uno pudiera llegar a imaginar algo así. En las ciencias naturales y al manejar los horarios de la vida cotidiana, utilizamos la antigua visión griega de *chronos*. *Chronos* es la perspectiva objetiva del tiempo utilizada no solo en las ciencias, sino también en la mayoría de nuestras psicologías. En el mundo de *chronos*, el instante presente es un punto en movimiento en el tiempo que solo se dirige hacia un futuro. No importa si su curso es visto como una línea recta, un círculo o una espiral, el instante presente siempre se está moviendo. A medida que lo hace, se come el futuro y deja atrás el pasado. Pero el instante presente mismo es muy breve. Es una tajada de tiempo casi infinitesimalmente delgada durante la cual casi nada podría ocurrir sin convertirse de inmediato en el pasado. En efecto, el presente no existe.

Hay otras construcciones humanas del tiempo. En el tiempo narrativo, el narrador de una historia crea el ordenamiento temporal de los eventos, independientemente de la secuencia cronológica (Ricoeur, 1984-1988). El complejo tiempo psíquico de Freud hace caso omiso de la sucesión lineal, modifica la velocidad del pasar y se vuelve sobre sí mismo y se pliega hacia delante –un tiempo que Green (2002) llamó "tiempo fragmentado". Existen diversas formas de heterocronicidad con varios tiempos paralelos. Y existen estados meditativos en los cuales el tiempo no se mueve, sino que sale de la existencia hacia un "ahora" homogéneo y continuo.

Pero cuando uno considera la psicoterapia y la vida tal como son vividas normalmente, surgen problemas con estos puntos de vista. El problema con *chronos* es que si no existe un ahora lo suficientemente largo como para que algo se pueda desplegar en él, no puede haber experiencia directa. Eso no es aceptable en términos intuitivos. Asimismo, la vida-tal-como-es-vivida no se vivencia como un flujo inexorablemente continuo. Más bien, se siente como algo discontinuo, conformado por incidentes y eventos separados en el tiempo pero a la vez conectados de algún modo.

También existen problemas con la visión narrativa del tiempo, al menos para nuestros fines. Los relatos seleccionan episodios de la vida y los marcan en el tiempo: antes, después, de nuevo, etc. Luego estos episodios se reordenan, no necesariamente en orden histórico, sino para relatar la historia más coherente sobre cómo se sintió la vida. El relato apunta a la verosimilitud de la vida, no a la verdad histórica. Así, los relatos nos devuelven la sensación de continuidad en la vida. Domestican a *chronos*, hacen que el paso del tiempo parezca algo familiar y tolerable y nos hacen sentir coherentes a lo largo de esta dimensión infinita (Bruner, 1990, 2002b; Ricoeur, 1984-1988). Sin embargo, no domestican el momento presente. A pesar del gran logro de la creación de relatos, el ahora no tiene lugar en un relato narrativo excepto como punto de referencia. En un relato, el ahora del que se está hablando ya ha ocurrido. Relaciona ahoras pasados y futuros. No es una experiencia directa. Solo el narrar está sucediendo ahora.

En el tiempo psíquico fragmentado de Freud, al igual que con el tiempo narrativo, se presta poca atención a la estructura temporal del ahora. No se considera temporalmente dinámico, dentro de sí mismo –es decir, no se considera que trace un perfil temporal de los cambios pequeños a medida que se despliega. En el tiempo psíquico, el principal interés en el ahora radica en su relación con otros fragmentos del tiempo, no en su propia naturaleza.

Entonces, ¿qué debe hacerse con el *ahora* mientras la vida está siendo efectivamente vivenciada –mientras el presente aún se está desplegando? En este punto, quizás sea útil la visión subjetiva griega del tiempo, *kairós*, que es el momento que pasa en el cual algo ocurre mientras el tiempo se despliega. Es el llegar a ser de un nuevo estado de las cosas y sucede en un momento de toma de consciencia. Tiene sus propios límites y escapa o trasciende al paso del tiempo lineal. Sin embargo, también contiene un pasado. Es un paréntesis subjetivo separado de *chronos*. *Kairós* es un momento de oportunidad, cuando los eventos exigen acción o son propicios para la acción. Los eventos se han reunido en este momento y el encuentro entra en el darse cuenta de tal manera que hay que actuar ahora, para modificar el destino de uno –durante el minuto siguiente o por toda la vida. Si no se actúa, el destino de uno cambiará de todos modos, pero de manera distinta, porque uno no actuó. Es una pequeña ventana de llegar a ser y de oportunidad. Uno de los orígenes de la palabra viene de los pastores mirando las estrellas. A medida que la noche avanza y las estrellas giran en el cielo, parecen elevarse para luego caer contra el horizonte. El momento en que una estrella ha alcanzado su apogeo y parece cambiar de dirección desde lo ascendente hacia lo descendente es su *kairós* (Kathryne Andrews, comunicación personal, 23 de noviembre de 2000).

Tanto en la vida cotidiana como en la situación clínica, un momento presente se podría llamar un momento de micro*kairós*, porque solo están en juego decisiones vitales menores y tramos cortos del destino. Este libro intenta mostrar por qué todos los momentos presentes también son momentos de *kairós*, sin importar su magnitud.

El relato nos proporciona una forma psicológica de encajar nuestra vida en la realidad de *chronos*. En este libro exploraremos el momento presente como una aproximación psicológica a la comprensión de la experiencia de *kairós*.

El punto de partida

Dada la posición única y fundamental de la presentidad subjetiva en la experiencia de todos, proponemos partir examinando la teoría y práctica clínicas, así como la vida subjetiva cotidiana, situando el "ahora" fenoménico al centro. Sin duda, las teorías existenciales y algunas teorías gestalt han hecho precisamente esto, pero a grandes rasgos. Sugerimos hacerlo en el micronivel del momento presente que transcurre. A primera vista, parece difícil e improbable iniciar tal investigación con el momento presente como lupa para observar la psicoterapia y la experiencia cotidiana. Pero dado que el momento presente es nuestra realidad subjetiva primaria, ¿por qué no comenzar allí? ¿Qué lugar sería mejor? Podría tener interesantes implicancias no solo para las psicologías clínicas, sino también para las neurociencias.

Esta visión del momento presente se basa en gran medida en una perspectiva fenomenológica. La fenomenología es el estudio de las cosas tal como aparecen a la consciencia, tal como parecen cuando se encuentran en la mente. Esto incluye percepciones, sensaciones, sentimientos, recuerdos, sueños, fantasías, expectativas, ideas –lo que sea que ocupe el escenario mental. A la fenomenología no le interesa cómo estas cosas se formaron o surgieron en la mente. También evita cualquier tentativa de explorar la realidad externa que pudiera corresponder a lo que se encuentra en la mente. Solo se ocupa de la apariencia de las cosas tal como se presentan o se muestran a nuestra experiencia. Trata del paisaje mental que vemos y en el que estamos en cualquier momento dado. Esa es la realidad fenoménica (para una completa introducción, ver Moran [2000]). Entonces, este libro aborda los pequeños pero significativos eventos afectivos que se despliegan en los segundos que conforman el ahora.

No obstante, existe una gran interrogante. El momento presente, mientras es vivido, no se puede aprehender a través del lenguaje que lo (¿re?)constituye después del hecho. ¿Cuán diferente es la versión lingüística de la versión originalmente vivida? A estas alturas, incluso las neurociencias solo pueden hacer sugerencias limitadas. Pese a ello, el libro trata principalmente acerca del inalcanzable momento presente. Tal experiencia vivida tiene que existir. Es el referente vivencial sobre el cual el lenguaje construye. Es el inaprehensible ocurrir de nuestra realidad. Por lo tanto, debe ser examinado, de la mejor forma posible, para reflexionar mejor sobre él e idear enfoques terapéuticos.

La entrevista que se describe a continuación es justamente una aproximación de tales características.

Hace unos quince años empecé a realizar un tipo de entrevista que ayuda a identificar momentos presentes y los eventos afectivos que se producen durante ellos. Ahora llamada "entrevista microanalítica", al principio se denominó "entrevista del desayuno". (En el Apéndice se incluye una completa explicación de cómo conducir una entrevista microanalítica). Funciona así: le pregunto a los individuos: "¿Qué experimentaste hoy en la mañana al desayunar?". (Pregunto varias horas después del desayuno). Generalmente responden: "Bueno, en realidad, nada". Insisto hasta que recuerden algo. Busco cualquier evento que tenga un comienzo y un final claros (buenos límites). Por ejemplo, alguien podría recordar: "Bueno, recuerdo que tomé la tetera para servirme té. En realidad, no recuerdo haberla tomado, pero tengo que haberlo hecho. De todas formas, mientras estaba sirviendo, recordé algo que ocurrió anoche. Entonces sonó el teléfono y tomé consciencia de que estaba sirviendo el té, porque me pregunté si debía terminar de servirlo hasta llenar la taza o dejar la tetera y atender el teléfono. Dejé la tetera, me levanté y respondí el teléfono". (Todo esto tomó alrededor de 5 segundos).

Luego conduzco una entrevista sobre lo que se experimentó en esos 5 segundos. La entrevista dura alrededor de una hora y media. Pregunto qué hicieron, pensaron, sintieron, vieron, escucharon, en qué posición se encontraba su cuerpo, cuándo cambió, si acaso se posicionaron como actores u observadores de la acción, o algo intermedio. Les pido que hagan una película de su experiencia como si fuéramos capaces de realizar un montaje de lo que había en su escenario mental. Ellos son el director y yo, el camarógrafo. Tienen que decirme qué hacer con la cámara. ¿Esta toma es un primer plano o una toma a distancia? ¿Cómo se supone que haga la transición de una a otra escena? ¿Dónde están la cámara y su ángulo en relación a la acción? En otras palabras, pregunto cualquier cosa que se me ocurra para captar en la forma más completa posible su experiencia subjetiva.

La entrevista se desarrolla de un modo especial. Los sujetos y yo intentamos dibujar o graficar la experiencia a lo largo de una línea temporal, donde el tiempo se extiende en el eje horizontal y la intensidad, el esfuerzo y la plenitud del evento/sentimiento/sensación/pensamiento/afecto/acción se trazan en el eje vertical. Esto da lugar a varias curvas, cada una de las cuales es un contorno temporal de la distribución de la intensidad de lo que se haya experimentado a lo largo del tiempo (ver Figura 1.1). Conduzco a los sujetos por muchas vueltas a través de la experiencia. Por ejemplo, les pregunto si evocaron algún recuerdo durante la experiencia. Si es así, se agregan al gráfico. Les pregunto qué experiencias afectivas tuvieron. Los sujetos las dibujan con un contorno a lo largo del tiempo que representa los cambios en la intensidad del afecto a medida que se producía. Luego estos contornos afectivos también se agregan al gráfico. En cada vuelta se puede revisar el dibujo entero si hace falta. Generalmente se revisa. Después de numerosas vueltas, terminamos con un registro muy parecido a una partitura sinfónica en que muchas cosas ocurren al mismo tiempo.

Las continuidades y discontinuidades se registran cuidadosamente y se dividen en las siguientes unidades: los *episodios de consciencia* son periodos continuos de consciencia separados por huecos en el flujo de la consciencia, *huecos no-CS*. Estos episodios constan de uno o más *momentos presentes* que son demarcados por un cambio en la escena (lugar, tiempo, personajes, acción) o un cambio en la postura narrativa. Los sujetos escogen la identificación de momentos presentes separados y los límites entre ellos.

Cabe señalar que los momentos presentes en el gráfico no son momentos presentes *originales*. Más bien, son los recuerdos relatados de momentos que fueron, más temprano en la mañana, efectivamente momentos presentes vividos. Es evidente que no podemos obtener un relato verbal de la experiencia mientras está ocurriendo, sin interrumpir la experiencia. El objetivo es hacer un dibujo de aquello a lo que un momento presente probablemente se parece.

Un comentario adicional: al relatar, en realidad existen dos momentos presentes: el momento presente vivido no narrado original durante el desayuno y el momento presente de hablarme acerca de él más tarde. En este punto, solo nos interesa el momento presente originalmente vivido. Después me referiré al momento presente del relatar.

A medida que la entrevista continúa, insisto con firmeza en que el sujeto distinga lo que debe haber ocurrido de lo que realmente se experimentó en forma consciente esa mañana (solo se grafica lo segundo). La entrevista concluye cuando el sujeto siente que el registro graficado tiene una adecuada verosimilitud respecto de lo que recuerda haber experimentado.

Este proceso puede parecer tedioso, pero en realidad genera gran interés y curiosidad tanto en el sujeto como en mí, a pesar de la aparente banalidad de los eventos. Aunque los momentos presentes son ordinarios, son gatillados por lo novedoso, lo inesperado o un potencial problema o dificultad. Son la sustancia del drama cotidiano de bajo nivel. Buscamos poner al descubierto con una especie de creciente complicidad excitada. Y nos sorprendemos cada vez más por todo lo que se recuerda que ocurrió en tales breves lapsos de momentos ordinarios de la vida y por cómo se resuelven los microdramas.

A continuación, cuatro ejemplos de momentos presentes. Estos ejemplos en realidad solo se acercan al fenómeno del momento presente por razones que resultarán evidentes más adelante. Sin embargo, aclaran algunos de los asuntos clave. Los primeros dos ejemplos son de situaciones en que yo estaba conduciendo entrevistas microanalíticas. El tercero es un ejemplo clínico y el cuarto es de la vida cotidiana.

EJEMPLO 1[2]

Momento presente 1

(El sujeto entró a la cocina, encendió la radio y caminó hacia el refrigerador. Abrió la puerta del refrigerador en busca de mantequilla para ponerle a su pan. Hizo todo esto en forma automática, sin estar específicamente consciente de hacerlo. Luego empezó su primer momento de consciencia). *Me*

[2] Todo aquello que el sujeto reportó haber experimentado en forma consciente está en cursivas. Todo lo relevante que debe haber ocurrido pero que nunca entró en la consciencia del sujeto, probablemente porque era demasiado rutinario y automático, se puso entre paréntesis. Remítase a la Figura 1.1 a medida que el diálogo se desarrolla.

di cuenta que en la radio estaban entrevistando al canciller Kohl de Alemania, escuché su voz, después la silencié en mi mente. Al mirar en el refrigerador, no encontré mantequilla. Pensé: "No hay mantequilla". Dado que no encontraba la mantequilla, había una creciente frustración suave y algún tipo de sentimiento negativo, algo entre decepción y molestia. Estos sentimientos aumentaron. (Esto duró alrededor de 3 segundos. Luego hubo una transición al próximo momento, sin una interrupción en la continuidad de la consciencia).

Momento presente 2

Entonces pensé: "Ah, está bien, es mejor para mi alimentación". Mientras pensaba esto, desapareció la frustración y la molestia y experimenté una sensación de alivio que siguió aumentando un poco. (Esto duró alrededor de 3 segundos. Luego ella entró en un periodo de actuar fuera de la consciencia. Poco después comienza un tercer momento recordado de consciencia).

Momento presente 3

Pensé: "Podría sacar miel". (Había miel en vez de mantequilla. Normalmente, ella comía miel solo los domingos. Era una tradición familiar. La miel era especial, no para cualquier día. Ese día era martes). *Me pregunté: "¿Me atrevo a sacar miel?". Cuando primero pensé esto, sentí sorpresa frente a este pensamiento inesperado. Luego se apoderó de mí y empezó a crecer una sensación positiva por solucionar el problema de que no había mantequilla. Mientras ocurría esto, vi en mi mente el frasco de miel en su lugar habitual, en el mueble a mis espaldas* (y fuera de su vista). *Vi en mi mente el frasco de miel y su posición exacta en el estante.* (Todavía no se daba vuelta). *Entonces decidí actuar y sacar la miel.* (Se dio vuelta, abrió el mueble y tomó el frasco de miel, pero sin ser consciente de estos actos rutinarios). *Luego, con la miel en la mano, empecé a sentir cada vez más culpa y un sentimiento de avaricia, porque iba a comer miel un día martes.* (Este momento duró alrededor de 5 segundos. Luego hubo una brecha en la consciencia de su experiencia. Entonces volvió a estar consciente).

Momento presente 4

Estoy sosteniendo una rebanada de pan que todavía no tiene miel. Pero es un tipo de pan distinto al que compro normalmente. Se siente extraño y me sorprende. Pienso: "¿Qué hago con este pan?". Surge un ligero sentimiento negativo.

(Este momento duró alrededor de 3 segundos. Luego le pone miel al pan sin prestar atención consciente al acto. Comienza un nuevo momento adyacente al anterior).

Momento presente 5

Entonces soy consciente de darle una mascada al pan con miel. Me gusta la textura y pienso: "No está tan mal". Y con ello surge una sensación de mayor bienestar. Luego vuelvo a tomar consciencia de la entrevista en la radio. (Este momento duró alrededor de 3 o 4 segundos).

Este pequeño ejemplo, aunque sea banal, ilustra algunas de las cuestiones sobre la experiencia que es necesario tratar. Concedo que este relato es (re)construido después del evento y es una narración de experiencias recordadas reunidas de un modo inusual. No es una narración espontánea. Tampoco ha sido ensayada. Ha sido diseccionada y reconstruida pedazo por pedazo en vueltas sucesivas. Es una narración deconstruida y luego progresivamente coconstruida que ha sido reformada en capas progresivas. A pesar de estos problemas, y con la debida precaución, pueden plantearse los siguientes puntos acerca de los momentos presentes vividos a medida que se despliegan, y no tal como son recordados y narrados.

- Los momentos presentes son increíblemente ricos. Ocurren muchas cosas, aun cuando duren solo un tiempo muy breve.
- Los momentos presentes ocupan el ahora subjetivo. El momento presente es concebido como cualquier cosa que se encuentre en la mente ahora, independientemente de si el objeto de la preocupación mental es real o virtual. (La visión imaginada de la ubicación de la miel a sus espaldas fue una experiencia virtual).
- El momento es un evento completo, una gestalt. El tema psicológico es el todo, no las unidades más pequeñas que lo conforman.
- Ella experimentó estos eventos en un ahora que podía identificar y delimitar.
- El momento presente es breve. En este caso, cada uno de los cinco momentos presentes duraron entre 3 y 5 segundos, según estimaciones del sujeto.
- La consciencia es el principal criterio empleado para identificar episodios que contienen momentos presentes. En este caso, es probable

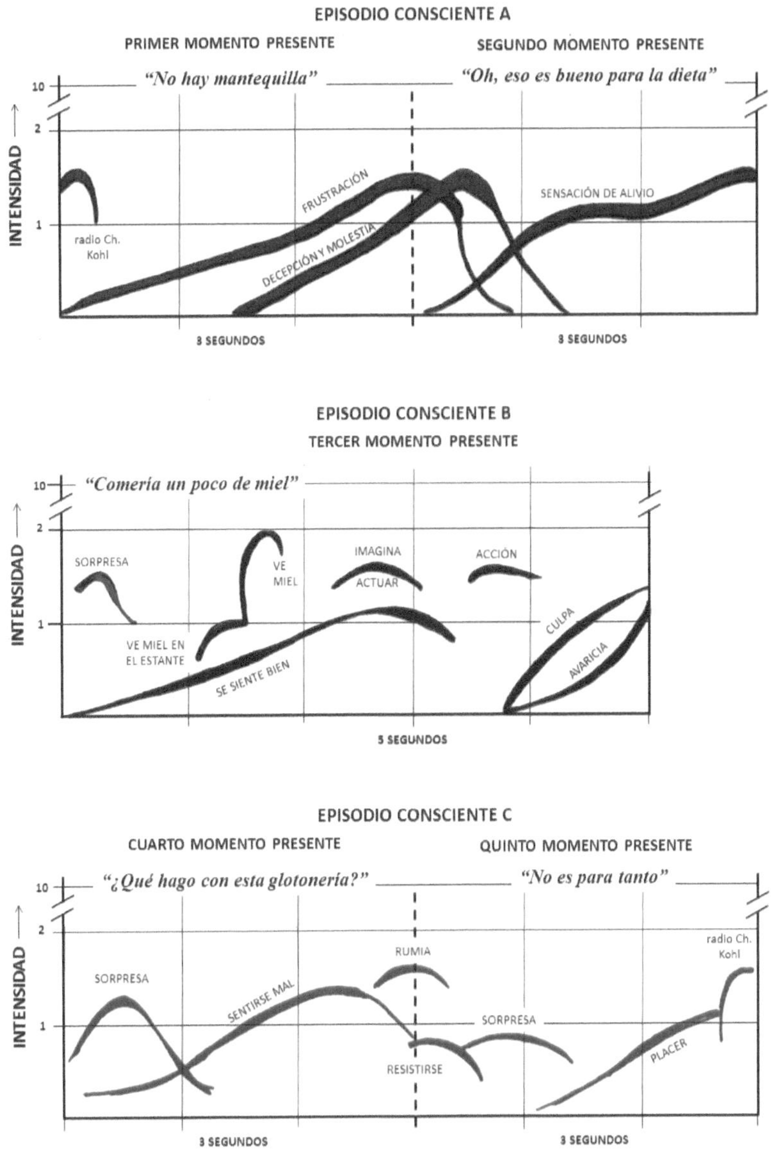

Figura 1.1. Representación esquemática de episodios de consciencia y momentos presentes tal como se recuerdan y coconstruyen utilizando una entrevista microanalítica. La ordenada es la intensidad subjetiva de la experiencia en una escala de 1 a 10. La abscisa es el tiempo estimado tal como lo recuerda el sujeto. Este determina el comienzo y el final de cada episodio de consciencia y momento presente. Donde las curvas se engruesan, el sujeto está relativamente seguro de que se hizo consciente del evento. A menudo el sujeto dirá: "Sé que estaba sintiendo tal o cual cosa antes (o después), pero más o menos aquí entró en la consciencia (la línea se engruesa) o salió de la consciencia (la línea se adelgaza).

que gatillaran la consciencia, porque se trataba de violaciones de lo esperado. Eran novedosos y existía un problema.

- Los sentimientos experimentados (p.ej., frustración y placer) trazan una forma temporal (un perfil temporal) de aumentos y caídas analógicos. En otras palabras, son transportados por afectos de vitalidad (formas temporales dinámicas) que proporcionan un contorno temporal a la experiencia.
- Una historia vivida se despliega dentro de cada momento presente. Consta de muchas experiencias pequeñas que se reúnen en el presente subjetivo. La trama, aunque sea mínima, es llevada por la forma temporal de sentimiento propia de los afectos con contornos. La microhistoria que se despliega resuelve la novedad o el problema.
- Tales momentos no están separados del resto de la vida, aislados y desconectados. Más bien, reflejan un sentido del estilo, personalidad, preocupaciones o conflictos del sujeto –en otras palabras, su experiencia del pasado. Cada uno de estos momentos es relevante en términos psicodinámicos.

Este último punto amerita una mayor discusión. Tomemos el ejemplo de "no hay mantequilla". Al parecer, el sujeto unió parejas afectivas/morales:

- No hay mantequilla. Eso es malo. / Ah, sí, estoy a dieta, así que es bueno.
- Podría usar miel. Eso sería rico. / Ah, pero sería pecaminoso.
- ¿Qué es este pan extraño? / Ah, después de todo, no es tan malo.

Constantemente está equilibrando bueno/malo, moral/inmoral, agradable/desagradable. ¿El mantener este tipo de balance es una forma característica en que ella está consigo misma en el mundo? No lo sabemos, pero dio esa impresión fuera del experimento. (No se necesitan datos externos a la experiencia presente para establecer un momento presente. Sin embargo, sí se necesitan para establecer la relación del momento presente con el pasado o con eventos psicológicos en transcurso).

EJEMPLO 2

Este ejemplo demuestra mejor cómo el momento presente es una instancia de patrones pasados y futuros. Esto es importante si se pretende que el momento presente desempeñe un papel en una visión psicodinámica integral. Durante una "entrevista del desayuno", G.S., un joven estudiante de posgrado, describió dos momentos presentes que se destacaron durante la mañana. Esta es una transcripción parcial.

G.S.: *Bueno, abrí la puerta del refrigerador así.* (Hizo un gesto de cómo abrió la puerta).

D.S.: (Me intrigó que hiciera un gesto para mostrar cómo abrió la puerta. Normalmente, algo así no necesita de tal explicación gestual). *¿Por qué me mostraste cómo abriste la puerta? ¿Tiene algo de especial?*

G.S.: *Sí, porque la puerta está algo averiada. Si la abro con demasiada suavidad, se cierra sola. Y si la abro con demasiada fuerza, se sigue abriendo y golpea el mueble que está al lado. Entonces tengo que abrirla con la fuerza precisa, no demasiado suave ni demasiado fuerte, para que se mantenga abierta, descansando en un punto de equilibrio. Tengo consciencia de que lo hago porque es como un juego que requiere atención.* [Pausa]. *Luego creo que saqué el envase de jugo de naranja. No lo recuerdo, pero es automático. Tengo que haber caminado con él hacia la mesa, sacando un vaso en el camino.*

D.S.: *Sí.*

G.S.: *La próxima cosa de la cual fui consciente fue de verter el jugo en el vaso.*

D.S.: *Ah. ¿Y cómo es eso?*

G.S.: *Habitualmente lleno el vaso lo más posible, pero no hasta el tope. Solo lo suficiente como para que no se derrame cuando me lo llevo a la boca. Eso requiere que actúe de manera consciente.*

D.S.: *Ah.*

G.S.: *Es como un juego.*

Lo interesante de estos dos momentos es que son ejemplos del mismo tema: encontrar el equilibrio exacto entre ir demasiado lejos o no lo suficientemente lejos. Cosa curiosa, G.S. se refirió a esto espontáneamente y mencionó que la noche anterior al desayuno estaba tratando de terminar la sección de discusión de su tesis de doctorado. Se le hacía difícil escribir porque no podía decidir cuán lejos llevar sus hallazgos y conclusiones. Esto había estado en su mente toda la noche. Dijo: "Es como la puerta del refrigerador y el vaso de jugo".

Cabe agregar lo que sé sobre este joven que fue sujeto y exalumno mío, pero no paciente. Tenía una fuerte y sana tendencia a empujar los límites en la mayoría de las cosas, a atreverse y averiguar cuán lejos podía llegar. Era una virtud, pero también tenía el potencial para crear problemas.

De modo que los dos momentos de consciencia (puerta y jugo), su preocupación de la noche anterior y su personalidad general (y quizás conflictos) dijeron lo mismo. "Pruebo y juego con el límite entre demasiado y demasiado poco. Empujo los límites. Hay algo intrigante e importante para mí en eso". ¿No se está reflejando, acaso, un mundo en un grano de arena?

Yo estaba preparado para considerar el comportamiento presente como ejemplo de patrones conductuales y psicológicos más amplios. Esa es la esencia de la hipótesis psicodinámica. No obstante, me sorprendió que patrones psicodinámicos más amplios se reflejaran en unidades tan pequeñas como momentos presentes. Esta toma de consciencia abrió el camino para considerar el momento presente, como un sueño, en cuanto fenómeno digno de un estudio más profundo con fines terapéuticos. Tal visión añade otra vía a seguir clínicamente. Volveré a este punto en los capítulos sobre las aplicaciones clínicas.

Este libro trata en gran parte acerca de ciertos momentos que pueden cambiar el curso de la psicoterapia y la vida cotidiana. Un examen detenido de tales momentos aporta una perspectiva diferente sobre el proceso psicoterapéutico. Analizaremos este enfoque en cuanto a sus implicancias teóricas y clínicas.

EJEMPLO 3

Como práctica habitual, un terapeuta que yo conocía estrechaba la mano a sus pacientes cuando entraban a su consulta. Era una manera de saludar antes de comenzar a trabajar. Y al final de cada sesión, cuando el paciente se estaba yendo, se despedían con otro apretón de manos. Un día, un paciente relató una conmovedora serie de eventos que lo afectaron profundamente a él (y al terapeuta). El paciente estaba triste y casi abrumado. Al final de la sesión, durante el apretón de manos de despedida, el terapeuta levantó su mano izquierda y la colocó sobre la mano derecha del paciente, la cual ya estaba sosteniendo en un apretón con ambas manos. Se miraron. No dijeron nada. Esta situación duró varios segundos. Tampoco conversaron al respecto en las sesiones posteriores. Sin embargo, la relación había girado sobre su eje. Se añadió algo vital a lo que se haya dicho en la sesión –tan vital que la modificó por completo. El momento entró en la consciencia y fue memorable. De hecho, ese apretón de manos podría señalarse como uno de los momentos más notables en toda la terapia. A menudo, cuando a alguien se le pregunta cinco o diez años después de concluir una terapia exitosa: "¿Cuáles fueron los momentos más importantes o nodales en tu terapia que cambiaron las cosas?", es probable que responda: "Un apretón de manos que nos dimos un día cuando me iba".

Quisiera destacar varios puntos de esta anécdota que aportan algo a lo descrito sobre las entrevistas del desayuno:

- Sea lo que sea que haya ocurrido en ese momento, ambos lo comprendieron implícitamente y nunca fue necesario hablar al respecto para que tuviera un efecto. Creó conocimiento implícito sobre su relación.
- Ambos percibieron la experiencia del otro y la participación mutua en la experiencia del otro. En este sentido, existió una interpenetración de mentes: se creó un nuevo estado de intersubjetividad entre ellos.
- Si bien el momento fue preparado por múltiples eventos en los minutos y probablemente semanas y meses previos, el instante preciso de su aparición no fue planificado o predecible. Surgió en forma espontánea. La vida cambia dando brincos.
- Durante el momento se desplegó una historia, aunque fuera muy breve, mínima y compacta. La historia fue experimentada directamente, no fue escrita ni relatada. El momento creó un "mundo en un grano de arena" que surgió a medida que se vivía el momento, y no con posterioridad.
- El momento se grabó en sus mentes. Incluso sin ser verbalizado, entró en la memoria, pudo ser recordado y hacerse consciente.

EJEMPLO 4

Este ejemplo es mucho menos emotivo; en realidad, es bastante banal. Ocurrió después que un grupo de desconocidos y yo fuimos testigos de un gracioso intercambio entre un talentoso mimo callejero y una transeúnte. Yo estaba sentado en la escalinata de un museo desde donde se veía una vereda. En esta, el mimo caminaba detrás de algunos transeúntes durante varios metros (varios segundos), imitando su caminata, postura y aparente estado de ánimo –"capturando" con rapidez algo acerca de ellos. Los transeúntes generalmente no se daban cuenta de que estaban siendo imitados y ridiculizados. Simplemente seguían caminando. Entonces el mimo se detenía, se daba vuelta y seguía al próximo transeúnte, devolviéndose en la dirección opuesta. Y así sucesivamente, ida y vuelta. Las personas en la escalinata se divertían mucho. Luego empezó a seguir a una mujer. Pero ella muy pronto se dio cuenta de lo que estaba ocurriendo. Se detuvo, se dio vuelta, encaró al mimo y comenzó a regañarlo. Entonces él empezó a imitar su reprimenda. Luego ella comenzó a imitar su imitación de ella. Él dio el siguiente paso hasta que ambos empezaron a reírse. Se dieron la mano y se separaron. Todos aplaudieron. (Este no es el ejemplo [aunque podría serlo, porque el mimo, la mujer y el grupo de personas compartieron un momento]. Es solo el prólogo). En ese instante, me paré para irme y una pareja desconocida sentada a mi izquierda hizo lo mismo. Nos miramos sonriendo, levantamos las cejas, inclinamos la cabeza en forma graciosa, hicimos un indescriptible tipo de gesto facial y abrimos las manos con las palmas hacia el cielo, como diciendo: "Es un mundo loco y divertido". Ellos se fueron por su lado y yo por el mío.

Lo importante acerca del momento presente que compartí con esta pareja fue que se había establecido un contacto particularmente humano –un contacto que reafirmó mi pertenencia a otros miembros de la sociedad en términos mentales, afectivos y físicos. No estaba solo en la tierra, era parte de algún tipo de matriz humana psicológica, intersubjetiva. El efecto duró poco, pero fue un buen calce temporal.

Este libro trata sobre tales momentos, especialmente acerca de cómo operan en la psicoterapia para generar cambios.

Varias características del enfoque adoptado aquí son relativamente únicas. Primero, el libro explora el archipiélago de islas de la consciencia, los momentos presentes, que constituyen nuestra experiencia subjetiva, en lugar de la cadena montañosa submarina inconsciente (sea psicodinámica o de circuitos neuronales) que en ocasiones sale a la superficie formando islas. Estas islas son el primer plano psicológico, la realidad primaria de la experiencia. El presente y la consciencia son los centros de gravedad, no el pasado y lo inconsciente.

En segundo lugar, el libro explora el proceso terapéutico microanalíticamente y se adapta al tamaño del momento presente. Pasa en segundos de un evento pequeño a otro. Allí es donde se revela el momento presente y donde encontraremos una visión distinta de las cosas.

Por último, lo que más me interesa son los momentos presentes que surgen en el contexto de dos o más personas que interactúan. Después de todo, nuestro principal interés es el proceso psicoterapéutico que involucra a dos individuos. Los ejemplos de la entrevista del desayuno eran sobre alguien que estaba solo. Pero aun cuando alguien se encuentre solo, esa persona destina su actividad mental consciente para alguien más. Puede ser para un público fantaseado, alguien específico o uno de sus sí mismos dependientes del contexto.

He aquí la idea central sobre los momentos de cambio: durante ellos, de manera un tanto inesperada, surge una "experiencia real". Esta ocurre entre dos (o más) personas. Trata sobre su relación. Se produce en un periodo muy breve de tiempo que es vivenciado como *ahora*. Ese *ahora* es un momento presente con una duración en que se despliega un microdrama, una historia emocional, sobre su relación. Esta experiencia vivida en conjunto se comparte mentalmente, en el sentido de que cada persona participa de manera intuitiva en la experiencia del otro. Este compartir intersubjetivo de una experiencia mutua se aprehende sin tener que verbalizarlo y se vuelve parte del conocimiento implícito de su relación. El compartir crea un nuevo campo intersubjetivo entre los participantes que modifica su relación y les permite tomar juntos diferentes rumbos. El momento entra en una forma especial de consciencia y es codificado en la memoria. Y lo más importante, reescribe el pasado. Los cambios en la psicoterapia (o en cualquier relación) se producen a través de estos saltos no lineales en las formas-de-estar-con-un-otro.

La idea global es trazar una imagen de la experiencia vivida que difiere un tanto de lo que se encuentra habitualmente en el proceso psicoterapéutico. Anticipo que esta nueva perspectiva, a través del espejo del momento presente, cambiará muchos aspectos de cómo pensamos y hacemos la terapia.

Capítulo 2. La Naturaleza del Momento Presente

La presentidad de la vida subjetiva parece evidente. ¿Acaso podría ser de otra manera? Aun así, la idea sigue siendo problemática. Pensamos que la idea de vivir subjetivamente solo en el presente es contraintuitiva. Por ejemplo, cuando tenemos un recuerdo de un evento pasado, puede que nos sorprendamos levemente al constatar que toda la experiencia de recordar está ocurriendo ahora. Quizás estemos reviviendo algo, pero ese revivir se está produciendo ahora. Sentimos intuitivamente que no hemos retrocedido a ese momento. Incluso el relatar algo que acaba de ocurrir está sucediendo ahora. Narrar es una experiencia del ahora, aunque se refiera a un momento presente que ocurrió en el pasado. También tenemos expectativas sobre el futuro, pero estas también son vivenciadas ahora. Lo mismo vale para las fantasías, sueños y revisiones después del hecho. Este firme entrelazado de la experiencia dentro del presente es un aspecto básico de cualquier enfoque fenomenológico.

La sensación de presentidad plantea un desafío a las neurociencias. ¿Cómo sabemos que algo tuvo lugar en el pasado y cuándo? ¿Cómo reconocemos el ahora presente? ¿Cómo se marca el futuro? ¿Cómo se inserta el marcador del tiempo en la huella de la memoria, y en qué parte del cerebro ocurre esto? Muchos pensadores han planteado de diversas formas estos problemas durante más de un siglo (Bergson, 1896/1988; Husserl, 1964; James, 1890/1972); Merleau-Ponty, 1945/1962).

Recientemente, Dalla Barba (2001), entre otros, ha propuesto que la consciencia no es una dimensión unitaria, sino un conjunto de distintas modalidades para referirse al objeto de la consciencia. Dalla Barba sugirió dos: la consciencia que conoce y la consciencia temporal. La primera se refiere al objeto para conocerlo; y la segunda, para temporalizarlo, en términos de pasado, presente y futuro. Otros han hecho sugerencias similares (p.ej., Chalmers, 1995; Damásio, 2002). Supuestamente, los trastornos patológicos de la memoria son resultado de una disociación de estas dos modalidades.

Estos comienzos son promisorios, pero es probable que la tarea más difícil ligada con marcar el tiempo sea saber que estamos en el presente. Existen muchas interrogantes sobre la fenomenología de la presentidad para la cual sería muy interesante una base neuronal.

La presentidad es algo así como un afecto existencial. Las neurociencias tendrán que ocuparse de ello. Esto tiene gran significación clínica, porque los estados patológicos de disociación pueden influir en la sensación de presentidad. La escenificación de recuerdos traumáticos es un buen ejemplo. Parece haber una pérdida de la sensación existencial de estar en un presente o pasado sentido.

El sentimiento de presentidad también parece requerir una sensación de sí mismo. ¿Y qué es esto en términos neurofisiológicos? (Pronto retornaré a esta pregunta).

A menudo uno se siente parcialmente en el momento presente. ¿Pero entonces adónde más se encuentra uno? Por ejemplo, uno puede estar prestando atención a algo, aquí y ahora, pero al mismo tiempo preocupado por algo que ocurrió ayer o que está sucediendo ahora en la sala contigua. En tales ocasiones, uno se siente débilmente en el momento presente, como si parte de uno se hallara en otro lugar y en algún otro espacio temporal. Pero no existe tal espacio temporal subjetivo. Uno sigue estando en el momento presente, solo que están ocurriendo en paralelo (al menos) dos experiencias, como en un dúo. Puede que una experiencia invada la experiencia de primer plano y la empuje al trasfondo, pero con eso uno no se ha escapado del presente. En términos fenomenológicos, no existe escapatoria. Más bien, las experiencias en el presente pueden ser polifónicas o politemporales.

El momento presente es una unidad procedimental subjetiva y psicológica de la cual uno toma consciencia. Puede que a veces sea difícil definir la forma en que se inicia y termina. Merleau-Ponty (1945/1962) describió la llegada de un momento presente ante nosotros como el surgimiento de un presente fresco –el carácter repentino de un recuerdo o de un nuevo pensamiento o percepción. No somos conscientes de cómo llegó allí, ya que lo compusimos de manera inconsciente, intuitiva. Este surgimiento también puede chocarnos como una ola o aparecer casi sin previo aviso para luego desvanecerse como una marea en el mar.

La duración del ahora

¿Cómo puede el ahora tener una duración lo suficientemente larga como para que algo ocurra en él? En otras palabras, ¿podemos devolver el tiempo al momento presente de manera que sea un evento vivido analógicamente en tiempo real? La duración del ahora depende de cómo concebimos el paso del tiempo. Aquí tenemos que volver a la distinción entre *chronos* y *kairós*. Tanto la psicología como el psicoanálisis han sido capaces de vivir con la visión del presente descrita por *chronos*. Sin embargo, la experiencia común –nuestra sensación subjetiva de la vida tal como es vivida en el nivel local segundo a segundo– no encaja bien con la idea de que el presente carece de densidad temporal. La experiencia de escuchar música, ver danza o interactuar con alguien requiere de un presente con una duración (como veremos), al igual que la vida en el nivel local.

Los momentos presentes psicológicos deben tener una duración en que ocurran cosas y al mismo tiempo transcurrir durante un ahora subjetivo único. Un ejemplo de la música aclara esta aparente contradicción: una frase musical breve es la unidad procedimental básica de la experiencia de escuchar música. Una frase es el análogo musical de un momento presente en la vida cotidiana. Una frase musical se aprehende intuitivamente como una unidad global con límites. Tiene una duración que se percibe (por lo general, entre 2 y 8 segundos). Y lo más interesante, se siente que la frase musical, tal como es escuchada, ocurre durante un momento que no es instantáneo, pero tampoco parcelado en el tiempo en fragmentos secuenciales como las notas escritas en la partitura. Más bien, es un todo continuo, analógico y fluido que sucede durante un ahora. Habitualmente, no somos conscientes del paso del tiempo durante un ahora, pero el flujo temporal está siendo registrado de alguna manera fuera de la consciencia.

La frase representa una entidad global que no puede ser dividida sin perder su gestalt. No se puede tomar el equivalente de una fotografía de una frase musical tal como es escuchada a medida que transcurre. No es un resumen de las notas que la componen. La mente impone una forma a la frase a medida que se despliega. De hecho, sus posibles finales se intuyen antes de que la frase se complete, mientras aún está transcurriendo. Es decir, el futuro está implícito en cada instante del viaje de la frase a lo largo del momento presente.

Lo mismo se aplica a las agrupaciones similares a frases en la conducta verbal y no verbal que se observa en la vida cotidiana y en la psicoterapia.

Pero volvamos al problema de encontrar suficiente tiempo dentro del presente en movimiento como para que perdure y se despliegue un momento presente. ¿Cómo podemos abrir *chronos* y crear un presente lo suficientemente largo como para acomodar *kairós*?

Una serie de filósofos se han preocupado de esta pregunta durante siglos, incluyendo San Agustín (1991), Husserl (1964), Heidegger (1927/1996), Merleau-Ponty (1945/1962), Ricoeur (1984-1988) y Varela (1999). Husserl (1913/1930/1980, 1930/1989, 1931/1960, 1962, 1964) introdujo el concepto clave para abordar este problema. Propuso un momento presente que tiene una duración y que consta de tres partes:

- Un presente-del-momento-presente (que no es tan distinto al instante presente de *chronos*, el punto de paso del tiempo en movimiento).
- Un pasado-del-momento-presente.
- Un futuro-del-momento-presente.

Husserl llamó al pasado-del-momento-presente "retención". Este es un pasado inmediato que sigue haciendo eco en el instante presente. Husserl lo describió como la cola de un cometa. Cabe señalar que este pasado retenido sigue estando dentro del presente sentido. No ha sido separado del instante presente olvidándolo o eliminándolo de la mente. Así, no es como la memoria de trabajo, que puede estar fuera de la mente por un breve periodo de tiempo pero ser recordada con facilidad. No se necesita recordar el pasado-del-momento-presente, ya que sigue estando en el momento presente. El futuro-del-momento-presente se denominó "protención". Este es el futuro inmediato, que es anticipado o está implícito en lo que ya ha ocurrido durante el pasado- y el presente-de-los-momentos-presentes. Este futuro-del-momento-presente es parte de la experiencia del momento presente sentido, porque su presagio, aunque sea vago, actúa en el instante presente para brindar direccionalidad y, a veces, una sensación acerca de lo que está a punto de desplegarse.

Quizás lo más esencial de este momento presente tripartito es que todas sus partes están reunidas, subjetivamente, como una experiencia única, unificada, coherente y global que ocurre en un ahora subjetivo. (Para un análisis reciente de este presente tripartito, ver también Varela [1999]).

Proteger el momento presente del pasado y el futuro, y encontrarle un lugar

El momento presente puede ser tomado como rehén por el pasado o el futuro. El pasado puede eclipsar el presente al proyectar sobre este una sombra tan grande que el presente solo puede confirmar lo que ya se sabía y no puede agregar mucho más. Es esencialmente obliterado. El pasado psicodinámico corre este peligro. Es una de las razones por las cuales el psicoanálisis ha sido capaz de minimizar el presente. Es concebido solamente como otro ejemplo de patrones pasados. El pasado se presenta de muchas formas influyentes, incluyendo no solo la historia pasada del paciente, sino también las metas a largo plazo del tratamiento por parte del terapeuta y las expectativas que tiene el paciente en relación al tratamiento.

El futuro también puede aniquilar el presente reorganizándolo tanto y con tanta rapidez que el presente se vuelve efímero y casi abandona la existencia. Aquellos que proponen un papel excesivamente determinante para la reconstrucción verbal/narrativa después del hecho, corren este riesgo porque actúan como si la única realidad psicológica clínicamente relevante fuera conferida cuando la experiencia es expresada verbalmente.

El desafío es imaginar el momento presente en algún tipo de equilibrio dialógico con el pasado y el futuro. Si el momento presente no está bien arraigado en un pasado y un futuro, saldría volando como una mota carente de significado. Si está demasiado bien arraigado, se reduce. Asimismo, el presente tiene que ser capaz de influir, quizás en la misma medida, en el pasado y el futuro tal como estos influyen en el presente. De nuevo, el ejemplo de una frase musical nos puede ayudar a abordar algunos de estos problemas. Supongamos que la frase es escuchada en ausencia de cualquier experiencia musical pasada, es decir, libre de influencia cultural. Desde luego, esto es imposible. No obstante, *estamos* biológicamente programados para ser capaces de formular una idea de cómo podría ser el final del pasaje (mientras la frase aún se está desplegando) con mínima experiencia previa. La psicología de la Gestalt ha identificado los principios de la organización perceptual (probablemente universales), tales como la proximidad, la buena continuación, el destino común y la similitud. Estos permitirían la formación de posibles futuros, cualquiera de los cuales se podría realizar, a medida que se despliega la frase. Entonces esta podría adoptar algún tipo de forma sin experiencia previa. Otras restricciones y tendencias perceptuales están menos o para nada libres de influencia cultural (ver Deutsch, 1999a, 1999b).

Aunque no existen públicos musicales independientes de la cultura, un interesante experimento toca el asunto. Schenellenberg (1996) ha demostrado que a mitad de una frase musical novedosa, tenemos la capacidad de predecir los posibles finales. Creamos e imponemos forma cuando está ocurriendo, mientras escuchamos, y lo hacemos sin pensar. A medida que transcurre la frase, aún incompleta, construimos naturalmente en nuestra mente diversas implicaciones para el futuro inmediato en relación con lo que aún estamos escuchando ahora. Estas ideas se basan en el modelo de implicación-realización de Narmour (1990).

Específicamente, si a varias personas se les pide por separado que escuchen solo parte de una frase y luego predigan cómo podría terminar, coincidirán bastante respecto a los diversos posibles finales. De hecho, los occidentales que no están familiarizados con la música china, la cual tiene una escala tonal diferente, pueden completar una frase inconclusa de música china tradicional, imaginando más o menos los mismos posibles finales que oyentes chinos (que tampoco hayan escuchado antes la frase). Cuando el experimento se realiza a la inversa, el oyente chino predice casi tan bien como el occidental los posibles finales de una frase novedosa de música occidental tradicional. (Los músicos entrenados lo hacen mejor).

En este sentido, una frase musical contiene un pasado y un futuro inmediatos. El oyente revela y aprehende la forma de la frase musical a medida que la cresta del instante presente inmediato pasa del horizonte aún resonante del pasado (del momento presente) al horizonte anticipado del futuro (del mismo momento presente) (Darbellay, 1994). Gran parte del encanto de escuchar música radica en las sorpresas que el compositor brinda al inventar vías finales que nos sorprenden pero que no violan excesivamente las implicaciones que anticipamos.

Parte de la música contemporánea es construida precisamente para jugar con, violar o paralizar nuestra tendencia a realizar implicaciones.

Este imponerle una forma a la frase mientras está ocurriendo reviste gran interés, porque arroja luz sobre la naturaleza del ahora, especialmente sobre el problema de la influencia del futuro en el presente, es decir, la relación de los eventos con las (re)construcciones de estos. En la música, la forma de una frase no espera a que surjan las frases subsiguientes. Algunos pensadores han sugerido que la forma de la frase musical solo es evidente después que esta ha concluido y que es retomada por la mente. Si esto fuera cierto, nunca escucharíamos nada. Solo "pensaríamos" la música. No obstante, esta es la radical postura de algunos pensadores psicoanalíticos a la hora de considerar el diálogo terapéutico. Sostienen que no existe un evento (*coup*) hasta que es expresado simbólicamente después. Solo existe una (re)construcción (*après coup*). Solo entonces la experiencia adopta por primera vez su forma subjetiva.

Al menos en la música, la frase adopta una forma unitaria y coherente en la mente mientras está ocurriendo. Y esto resultará ser así con muchos otros aspectos de la experiencia. También es cierto que la (re)construcción se produce de manera generalizada en la música y en otras experiencias de la vida.

Gran parte de la riqueza de la música radica en el hecho de que cada frase subsiguiente recontextualiza la frase previa y viceversa, ad infinitum. Las variaciones y estructuras temáticas más amplias contextualizan y recontextualizan todas las frases, una y otra vez. Todas las recontextualizaciones modifican los fenómenos, pero no los crean. Y ese es el punto esencial. Durante el momento presente se aprehendió una experiencia coherente, aun cuando esta pueda tener múltiples destinos.

Pero ¿qué hay de la acción del pasado al determinar la forma del momento presente, tanto en la música como en la vida? Consideremos el ejemplo del estudiante de posgrado de la entrevista del desayuno. Sus preocupaciones de la noche anterior y sus arraigados rasgos de carácter determinaron en gran medida el verter el jugo de naranja. El pasado adopta muchas formas: esquemas, representaciones, modelos, preconceptos, expectativas, fantasías originales, etc. Estas estructuras del pasado se encuentran con los eventos que se despliegan en el presente. Se pone en marcha un diálogo dinámico. (El presente siempre es un tanto novedoso; tiene sus propias condiciones locales únicas. Aun cuando el presente fuera solo una repetición exacta de algo que ocurrió antes, la diferencia es que está sucediendo por segunda vez, lo que en sí lo hace único). El presente está bajo mucho control del pasado y este puede ser realizado, modificado o incluso sorprendido por el presente. Asimismo, el presente determina qué piezas del pasado serán escogidas para ser reanimadas y ensambladas. El pasado y el presente siempre están operando entre sí. Narmour (1990, 1999) es enfático al argumentar esto respecto a la música en el presente en movimiento.

En resumen, el momento presente nunca se ve totalmente eclipsado por el pasado ni es completamente borrado por el futuro. Conserva una forma propia mientras es influenciado por lo que ocurrió antes y por lo que viene después. Asimismo, determina la forma del pasado que se trae al presente y los esbozos del futuro imaginado. Este diálogo tripartito entre pasado, presente y futuro se produce casi continuamente de momento a momento en el arte, en la vida y en la psicoterapia.

Características del momento presente

En general, la psicología ha estudiado poco el momento presente. Algunos de los trabajos más importantes sobre este tema, esenciales para escribir este libro, se realizaron en el siglo pasado. En sus recientes investigaciones acerca de la consciencia, la psicología redescubrió la perspectiva fenomenológica. Pero el momento presente como entidad psicológica existía mucho antes de eso bajo diferentes nombres: el "presente engañoso" (James, 1890/1972), el "presente personal" (W. Stern, 1930), el "presente efectivo" (Koffka, 1935) y el "presente percibido" o "presente psicológico" (Fraisse, 1964). Es una entidad crucial en la fenomenología de la percepción (Merleau-Ponty, 1945/1962) y en las perspectivas actuales sobre la consciencia. Todos ellos reflejan aspectos ligeramente diferentes de esta experiencia subjetiva. Algunas de estas unidades procedimentales están más orientadas al significado; otras, a la percepción; y algunas se centran principalmente en la naturaleza de la consciencia. Pero en cualquier caso, intentan identificar una unidad procedimental que yo llamo momento presente.

Algunas de las características fenomenológicas del mundo subjetivo, descritas hace casi un siglo por Husserl, son bastante evidentes; otras siguen sorprendiéndome, e incluso dejándome atónito. Al mismo tiempo, son tan obvias que generalmente pasan inadvertidas. Están escondidas a plena vista.

A continuación, una lista mínima de las características de un momento presente clínicamente relevante:

1. *El darse cuenta o la consciencia es una condición necesaria para un momento presente.* El momento presente se despliega durante un tramo de darse cuenta o algún tipo de consciencia. Sin embargo, el momento presente y la consciencia no son lo mismo. El momento presente es la experiencia sentida de lo que ocurre durante un breve tramo de consciencia.
2. *El momento presente no es el relato verbal de una experiencia.* Es la experiencia tal como se vive originalmente. Proporciona la materia prima para un posible relato verbal posterior.
3. *La experiencia sentida del momento presente es lo que sea que se encuentre en el darse cuenta ahora, durante el momento que se está viviendo.* En este punto, tenemos que volver a la perspectiva fenomenológica. El contenido de un momento presente es simple: es lo que se encuentra en el escenario mental ahora. La experiencia subjetiva no "llega" pasivamente a la consciencia, ni aparece plenamente formada en ella. Es construida de manera activa por nuestra mente y cuerpo en un trabajo conjunto (Clark, 1997; Damásio, 1994, 1999; Sheets-Johnstone, 1999; Varela, Thompson y Rosch, 1993). Pero, en términos subjetivos, los contenidos actuales de la mente que figuran en un momento presente parecen deslizarse inadvertidamente o a veces saltar a la consciencia sin conocimiento de que han sido compuestos. Lo aceptamos como algo completamente natural.

   El momento presente a menudo es difícil de aprehender, pues saltamos con demasiada frecuencia y rapidez fuera de la experiencia presente en curso para adoptar el punto de vista objetivo y en tercera persona. Intentamos asir lo que acabamos de experimentar, colocándolo en palabras o imágenes en el momento posterior. Estos intentos de introspección (retrospección inmediata) parecen objetivar la experiencia. Y desde esa perspectiva más distanciada, podemos preguntar: "¿Puede ser explicado por esto y aquello?" o "Lo que realmente pasó fue que...". Lo que por lo general pasamos por alto es que cuando saltamos fuera de un momento presente, simplemente saltamos a otro (el próximo) momento presente –en este caso, la nueva experiencia presente de preguntarse acerca de la última experiencia presente. Pero actuamos como si la segunda experiencia se diera desde una perspectiva objetiva en comparación con la primera. En realidad, sigue siendo una experiencia en primera persona en torno a intentar adoptar una postura en tercera persona en relación con algo que acaba de suceder.

Este problema natural es la razón por la cual Husserl insistía en que, para aprehender la experiencia fenoménica y examinarla por sí misma, debemos ponerla entre paréntesis (la *époché* de Husserl) para impedir que sea "justificada" en otro nivel. Por eso es tan difícil aprehender la experiencia subjetiva. Es demasiado evidente, como el oxígeno en el aire que respiramos.

4. *Los momentos presentes son de corta duración.* El momento presente dura aproximadamente varios segundos. (Cuenten 4 segundos en voz alta. Verán que es sorprendentemente largo). Las definiciones de "experiencia" en el diccionario se refieren a "pasar por" o "experimentar personalmente", cada una de las cuales implica duración.

   También vivenciamos muchos eventos muy breves que duran bastante menos de 1 segundo, como el reconocimiento inmediato de un rostro familiar. Pero generalmente no somos conscientes de estas experiencias mientras suceden, solo si perduran en la mente por alguna razón durante varios segundos. Por lo tanto, no se consideran como momentos presentes. Profundizaré en este asunto en el próximo capítulo, el cual aborda los aspectos temporales del momento presente.

   El momento presente no solo tiene una duración, sino que de alguna manera percibimos que lo que está ocurriendo ahora, está sucediendo en el intervalo de tiempo de la presentidad inmediata.

5. *El momento presente tiene una función psicológica.* Una experiencia subjetiva tiene que ser suficientemente novedosa o problemática para entrar en la consciencia y convertirse en un momento presente. Los momentos presentes se forman en torno a eventos que irrumpen en la

cotidianidad o violan un funcionamiento fluido esperado. Por lo tanto, requieren acción mental (y quizás física). Ya que debe o podría hacerse algo para lidiar con la irrupción en la consciencia, estos momentos conllevan un sentido de consecuencia y compromiso con el mundo. De nuevo, piensen en *kairós*. En otras palabras, el momento presente conlleva una intención implícita de asimilar o acomodar la novedad o resolver el problema. Esto puede ser experimentado como una sensación de movimiento o inclinación hacia delante, hacia algún objetivo no revelado pero progresivamente insinuado a medida que se pasa por el momento presente. Todo esto puede ocurrir con novedades o problemas de muy pequeña magnitud. Por ejemplo, en la primera entrevista del desayuno del Capítulo 1, el primer momento presente comienza con un problema implícito que no es exactamente novedoso pero sí inesperado: "No hay mantequilla". Difícilmente se trata de una violación grave de alguna expectativa, pero de todos modos es una violación.

Hasta aquí solo nos hemos referido al significado psicológico de la intención, o sea, llevar a cabo una acción (mental o física) con un objetivo en mente y adaptar los medios a los fines. El significado filosófico de la intencionalidad se refiere a la acción puramente mental de la mente "alcanzando" o "estirándose" hacia algún contenido de la mente (un recuerdo, una imagen, etc.). Por ejemplo, lo que ocurre cuando alguien dice: "Piensa en la luna". Su mente "alcanzará" una imagen. Hay un estado final involucrado. El momento presente también se relaciona con esta forma de intencionalidad (Brentano, 1874/1973).

Por lo tanto, el momento presente tiene que realizar un trabajo psicológico. Su labor es la tarea altamente móvil de lidiar de manera constante con o prepararse para lidiar con lo que está ocurriendo en un mundo que cambia casi continuamente. Toma las secuencias de pequeños eventos de fracciones de segundo que el mundo nos arroja y las reúne en unidades coherentes que son más útiles para la adaptación.

6. *Los momentos presentes son eventos holísticos*. El momento presente es una gestalt. Organiza secuencias o agrupaciones de unidades perceptibles más pequeñas (como notas o fonemas) que pasan por debajo de la consciencia focalizada, en unidades mayores (como una frase significativa). Consideren la experiencia de decirle "hola" a alguien que nos desagrada. Esta experiencia puede ser separada al salirse de uno

mismo, por así decirlo, y observarse en tercera persona. Desde esa perspectiva distanciada, uno puede dividirla en componentes separados: afectos, cogniciones y una secuencia de acciones, percepciones y sensaciones. Cada una puede mirarse por separado. Pero una experiencia en primera persona no se divide así; es sentida como una totalidad.

7. *Los momentos presentes son temporalmente dinámicos.* Gran parte de nuestro pensamiento sobre los fenómenos psicológicos ha sido ciego al tiempo o ha ignorado la dinámica temporal de la experiencia vivida (Sheets-Johnstone, 1999). En cambio, el momento presente tiene una marcada dinámica del tiempo, al igual que una frase musical. Como vimos, estas formas temporales dinámicas se llaman *afectos de vitalidad* (analizados en el Capítulo 4; ver también Stern, 1985; Stern, Hofer, Haft y Dore, 1984).

Consideremos dos ejemplos muy diferentes: observar fuegos artificiales que se elevan en el cielo, explotan y se despliegan en abanico; o alguien que nos dice: "No creo que estés diciendo la verdad", seguido de algunos segundos de silencio. A medida que se despliegan estos momentos presentes, hay microcambios de fracciones de segundo en la intensidad o cualidad de nuestros sentimientos. En el ejemplo de los fuegos artificiales, se produce una creciente excitación y mayores expectativas a medida que el cohete se eleva, hay una repentina oleada de sentimientos mientras explota, luego el entusiasmo decae y, con ello, un creciente asombro y placer a medida que el despliegue de luz se abre en abanico y cae. Al mismo tiempo, existe una cambiante retroalimentación de nuestros movimientos (p.ej., modulaciones en la tonicidad o tensión, en la posición) y fluctuaciones del interés, la fuerza intencional, etc. Estos cambios constantes trazan un perfil temporal, como una frase musical. A medida que el momento se despliega, surgen afectos de vitalidad. Esto se aprecia en términos tales como *acelerado*, *desvanecido*, *explosivo*, *inestable*, *tentativo*, *forzoso*, etc. Estos sentimientos con su contorno temporal podrían asociarse con afectos, movimientos, flujos de pensamiento, sensaciones y cualquier tipo de actividad, sea mental o física. Varias formas temporales podrían estar progresando simultáneamente. En vez de considerar que no están relacionadas, las vemos como polifónicas y polirrítmicas. Esta característica es crucial, porque los afectos de vitalidad desempeñan un papel importante al brindarnos un contorno temporal que ayuda al proceso de subdivisión, esencial para componer un momento presente. Hace esto envolviendo el trozo subdividido, con lo cual lo marca y consolida como una unidad.

Una perspectiva temporalmente dinámica es fundamental para muchas de las ideas presentadas en capítulos posteriores de este libro, en especial: "momentos ahora", "momentos de encuentro", "formas temporales de sentimiento" y "viajes compartidos de sentimientos". La noción de afectos de vitalidad ha circulado de diversas maneras desde hace un tiempo[3], pero, en mi opinión, hasta ahora no ha sido recogida por las ciencias clínicas, las ciencias conductuales o las neurociencias, aun cuando tales nociones sean de gran ayuda para entender la experiencia fenoménica tal como se despliega, se recuerda y se integra a redes.

Gracias a los avances en las técnicas de imagenología cerebral y de registro neurofisiológico, las neurociencias actualmente están en condiciones de arrojar luz sobre estos asuntos. Se requieren dos tipos de datos. Primero, el registro temporal exacto de la actividad cerebral correlacionado con las experiencias fenoménicas. Y segundo, el registro temporal de los cambios analógicos de intensidad o magnitud de la activación neuronal durante las mismas experiencias fenoménicas. Esto bastaría para proponer un correlato científico de la experiencia subjetiva de los afectos de vitalidad. Y lo más importante, surgiría una tipología de las formas temporales de la actividad neuronal relacionada con diversas experiencias. Tal tipología podría ser muy valiosa para estudiar más a fondo el funcionamiento de la memoria, la vinculación de redes y la formación de patrones asociativos, tanto en términos neurocientíficos como mentales. Por ejemplo, ¿los qualia temporalmente dinámicos del "*crescendo*" o "*diminuendo*" se vinculan o son vinculables a través de las modalidades, del tiempo, de los contextos? Si es así, muchos problemas relacionados con la memoria y la asociación tienen otro asidero, uno que claramente opera a nivel clínico.

Una tipología de qualia temporalmente dinámicos resulta atractiva por otra razón. Esta tipología se refiere principalmente a experien-

---

[3] En *El mundo interpersonal del infante* se describen los afectos de vitalidad descritos por Stern. Para una descripción detallada, ver el Glosario. (N. del E.).

cias afectivas y emocionales. Hasta ahora, afectos y sentimientos han carecido de muchas de las características o marcadores de los objetos físicos que permiten asociaciones, tales como forma, tamaño, color, textura, etc. En cambio, los qualia temporalmente dinámicos les proporcionan a los afectos determinados marcadores que son mucho más notorios y pueden permitir una actividad asociativa. Justo allí donde se necesitan más características para una base de asociación. En resumen, la dinámica temporal es un fenómeno que no ha sido suficientemente estudiado

Además, al emplear las capacidades de registro del tiempo y las capacidades de tipificar los afectos de vitalidad propias de las neurociencias, se podrían explorar aspectos de la intersubjetividad. ¿Hasta qué punto dos mentes pueden compartir la misma experiencia, al menos como es medida por la forma temporal de los afectos de vitalidad que se observa a nivel de la actividad neuronal? Esto abre un enorme campo de investigaciones sobre el contagio mental, la resonancia, la identificación, la empatía, la simpatía, etc.

Un asunto relacionado atañe a cómo los aspectos temporales de la experiencia polifónica y polirrítmica se manejan a nivel neuronal y se coordinan a nivel fenoménico. Recuerden que gran parte de nuestra actividad mental subjetiva es polifónica y polirrítmica aun cuando estemos solos, y para qué hablar cuando estamos interactuando con alguien. Por ejemplo, las metáforas, las *presentaciones multitemporales* (donde se cambia la figura por el fondo) y las *progresiones relacionales* dependen de mantener simultáneamente en orden dos o más estímulos procesados mientras están siendo comparados. Podría ser de gran utilidad un diálogo continuo sobre estos puntos entre los niveles fenoménico/descriptivo y neurocientífico.

8. *El momento presente es parcialmente impredecible a medida que se despliega.* Es imposible saber con exactitud cómo resultará el momento presente, porque uno como sujeto está arriba, como en la cresta de una ola, y aún no ha concluido el deslizamiento. Cada pequeño mundo de un momento presente es único. Es determinado por las condiciones locales de tiempo, espacio, experiencia pasada, y por las particularidades de las condiciones siempre cambiantes en que adopta su forma. Por lo tanto, no puede saberse con antelación.

9. *El momento presente involucra algún sentido de uno mismo.* Durante el momento presente vivido, tú eres el único que vivencia tus propias experiencias subjetivas. Sabes que tú eres quien está vivenciando. No es cuestión de que te pertenezcan, *son* tú. Nuestras experiencias subjetivas mentales están tan profundamente encarnadas en nuestras acciones y movimientos y en los cambios fisiológicos que permiten, crean y acompañan la experiencia, que no es de extrañar que sepamos que estamos vivenciando (Clark, 1997; Damásio, 1999; Sheets-Johnstone, 1984, 1999). Aunque esto es evidente, su fundamento neurocientífico sigue sin aclararse. (Ciertas experiencias intersubjetivas son potenciales excepciones a las que nos referiremos más adelante). Existe otro problema relacionado con esto. Se considera que la subjetividad misma es construida a partir de la experiencia. En contraste, también existe una postura esencialista que sostiene que la subjetividad es algo humano dado y que el constructivismo debe construir sobre algo (Zahavi, 2002). Yo creo que ambas perspectivas son válidas.
10. *El sí mismo que vivencia adopta una postura en relación con el momento presente.* Una "postura" se refiere a la distancia o cercanía respecto de la experiencia, el grado de involucramiento en ella, la participación, el interés, la inversión emocional y la evaluación de lo que está ocurriendo. Nuevamente, no está claro cómo sentimos y registramos nuestra posición en relación con las acciones que vivimos, pero aun así, lo hacemos sin esfuerzo y sin pensar. Aquí también siguen sin aclararse los fundamentos neurocientíficos, en la medida que involucran aspectos del sí mismo subjetivo y del sí mismo que vivencia.
11. *Diferentes momentos presentes tienen diferente importancia.* Existe una amplia gama de momentos presentes, desde los poco frecuentes y trascendentales (*kairós* con *K* mayúscula), donde gran parte de una vida puede cambiar, hasta los casi irrelevantes. Dependiendo del contexto local y de lo que está en juego, estos diversos momentos reciben distintos nombres: "un momento en el tiempo", "un momento fuera del tiempo", "el momento decisivo" (al tomar una fotografía, Cartier-Bresson, 1952), "un momento definitorio" (como al captar la esencia de una situación), "un momento de verdad" (como en una corrida de toros), un "extraño y maldito momento" (como en la jerga policial, donde una vida o una relación depende de una decisión del momento,

al estilo del novelista Scott Turow [1987]) y un "momento ahora" (en la terapia, Stern, Sander, Nahum y colegas [1998]).

También existen momentos presentes extremadamente banales (micro*kairós*) que modifican el curso de una vida, momento a momento, de maneras pequeñas pero reconocibles: "No hay mantequilla". Son la sustancia, los trozos de nuestra experiencia en curso y, lo más importante, aquello que genera cambios a nivel local en la psicoterapia.

Capítulo 3. La Arquitectura Temporal del Momento Presente

Para entender las interacciones humanas que se despliegan en tiempo real, que son la mayoría, se requiere alguna unidad procedimental con una duración. Lleva tiempo analizar y subdividir en unidades lo que sucede al observar a alguien haciendo o diciendo algo. Toma tiempo reunir las unidades de nuestra propia conducta. Y lleva tiempo de exposición para que los eventos provocados por los seres humanos emerjan en la consciencia. El momento presente es esta unidad procedimental. Conocer sus parámetros temporales es crucial.

El momento presente dura entre 1 y 10 segundos, con una duración promedio de unos 3 a 4 segundos. Existen tres principales razones para este lapso de tiempo. Es el tiempo necesario para hacer agrupaciones significativas de la mayoría de los estímulos perceptuales que emanan de las personas, para componer unidades funcionales de nuestros rendimientos conductuales y para permitir que surja la consciencia.

Agrupaciones de estímulos perceptuales

Los seres humanos podemos percibir eventos separados en una secuencia que dura solo entre 20 y 150 milisegundos. Estas son las unidades básicas de la percepción. Pero en sí mismas no hacen significativa la vida. Somos bombardeados con secuencias casi constantes de tales pequeñas unidades. Si consideráramos cada una de esas unidades perceptuales como un evento potencialmente importante y significativo que requiere de atención y toma de consciencia, sería como estar continuamente bajo el fuego de una ametralladora. Estas secuencias deben ser agrupadas en unidades mayores más adecuadas para la adaptación.

Aun cuando los momentos presentes son en gran medida experiencias no verbales, el habla constituye el ejemplo más estudiado de la agrupación de unidades perceptuales más pequeñas en totalidades significativas mayores. Los fonemas son las unidades perceptuales básicas del habla. Duran entre 40 y 150 milisegundos en promedio. También existen unidades (tales como una palabra) en un rango intermedio, 150-1.000 milisegundos (pero las palabras tienen un significado limitado fuera del contexto de una frase). Se agrupan varias palabras para hacer un solo conjunto psicológico, la frase, que es una agrupación altamente significativa que dura varios segundos. La duración de un momento presente es la duración de una frase. Esta jerarquía temporal es un fenómeno general (ver Trevarthen, 1999/2000; Varela, 1999). Una de las principales tareas de la mente es encontrarle sentido al flujo casi ininterrumpido de estimulación. La frase es el trozo más pequeño que nos proporciona el máximo significado para enfrentar el mundo del lenguaje[4]. Podemos encontrar los mismos parámetros temporales en la música, la poesía, la danza, los gestos, la cinética y el discurso. Cada disciplina que trata con el flujo de eventos seriales ha tenido que abordar este problema en sus propios términos.

¿Por qué el momento presente no es más largo que 10 segundos? En realidad, puede serlo en condiciones especiales. Los momentos presentes continuos más largos se buscan en los estados meditativos logrados mediante diversas técnicas que se practican en tradiciones como el vedanta, el budismo, el taoísmo y el zuanzang (ver Kern, 1988; Lancaster, 1997; Shear y Jevning, 1999; Wallace, 1999), o cuando uno entra en lo que se ha denominado el "flujo" de la experiencia óptima (Csikszentmihalyi, 1990). Asimismo, algunos de los momentos que Virginia Woolf (1977) ha llamado "momentos de ser" pueden durar mucho más.

Sin embargo, tales estados mentales son diferentes de lo que denominamos momentos presentes. En los estados meditativos o de flujo, la idea es perder el sentido de uno mismo y que la consciencia mantenga un foco concentrado, relativamente impermeable a otros estímulos. En

---

[4] Chomsky describe dentro de las frases las llamadas "unidades constituyentes", agrupaciones más pequeñas o asociaciones frecuentes de palabras que van juntas, no llegando a ser separadas por puntuación (comas) (N. del E.).

cambio, durante los momentos presentes que aquí nos atañen, la atención y la consciencia tienden a revolotear y enfocarse en un solo evento durante periodos más breves de tiempo, permaneciendo abiertas a cualquier otro estímulo potencialmente interesante o distractor. Como dijera William James, "Al igual que la vida de un pájaro, [el flujo de consciencia] parece ser una alternancia de vuelos y paradas" (modificada por Bailey, 1999 [citando a James, 1890/1972], p. 243). Los momentos presentes constituyen las paradas. Los vuelos son los espacios entre los momentos de consciencia que forman parte del momento presente. Estos "vuelos" son inaccesibles e inaprehensibles. Por lo tanto, la consciencia queda libre para cambiar el foco de un momento presente al siguiente, y la sensación de uno mismo como experimentador jamás se percibe como interrumpida, aun cuando las paradas sean discontinuas. Estos momentos presentes son la sustancia de la subjetividad durante los estados mentales cotidianos.

El límite de 10 segundos de los momentos presentes no significa que no existan unidades de tiempo más largas compuestas de varios momentos presentes agrupados. Este es claramente el caso en la música y otros ámbitos. Según Trevarthen (1999/2000), existe una unidad mayor de unos 30 segundos relacionada con los ciclos de activación del sistema nervioso autónomo. En mi opinión, estas unidades mayores generalmente se componen de variaciones de diversos momentos presentes en una secuencia que profundiza o amplía la experiencia. (Retomaré esta idea en los capítulos sobre las aplicaciones clínicas, cuando analice las "progresiones relacionales"). Pero el momento presente sigue siendo la unidad fundamental.

En resumen, el flujo de estímulos perceptuales debe ser trozado de la mejor forma posible en unidades significativas dimensionadas para volvernos más adaptativos de una manera rápida y eficiente. El trozar es labor del momento presente. Es el componente básico de las experiencias subjetivas psicológicamente significativas que se extienden en el tiempo.

Unidades funcionales del rendimiento conductual

La segunda razón por la cual los momentos presentes no duran más de 10 segundos es porque la conducta humana significativa (comunicativa, expresiva, etc.) parece producirse/realizarse/empacarse naturalmente en unidades de 1 a 10 segundos. A continuación, ejemplos de distintos ámbitos.

Duración del momento presente en el lenguaje

La lingüística ha logrado sortear el problema de jerarquizar eventos de diferente duración: el fonema, a la palabra, a la frase, a la oración, al párrafo, etc. Aunque se escuchen los dos niveles de alta frecuencia (el fonema, 20-150 milisegundos; y la palabra, 150-1.000 milisegundos), la frase es la unidad para analizar el sentido de lo que se está diciendo. Uno escucha al pasar los fonemas y las palabras, por así decirlo, para llegar a la frase, que es la configuración[5] básica en el habla tal como se escucha. Es la unidad en que se revela la sintaxis y se capta el significado funcional. Desde luego, se registran los fonemas y las palabras exactos y se pueden recordar con bastante fidelidad durante un breve lapso de tiempo después. Sin embargo, el significado de la frase dura mucho más.

Aunque la lingüística se ha concentrado en estas unidades desde el punto de vista de su contribución al significado, también existe una dimensión temporal. A la luz de esto, es instructivo revisar brevemente la duración de algunas unidades de análisis de significado en el habla, así como la duración de las agrupaciones que regulan el discurso verbal en situaciones diádicas (Jaffe y Feldstein, 1970; Trevarthen, 1999/2000). En general:

- La mayoría de las frases habladas duran unos 3 segundos. Las oraciones habladas más largas rara vez duran más de 4 a 5 segundos (Trevarthen, 1999/2000).
- Cuando un sujeto escucha el habla normal registrada, interrumpirá el flujo para dar cuenta de lo que acaba de escuchar más o menos cada 3 segundos –es decir, en los límites de las frases. La frase actúa como unidad de procesamiento (Wingfield y Nolan, 1980).
- Recitar un verso en voz alta toma un promedio de 3 segundos y un máximo de 5 segundos (Turner y Pöppel, 1988).
- Toma 2 a 3 segundos, en promedio, el que dos hablantes se turnen para hablar (es decir, una vocalización por parte de un hablante, más la pausa de cambio después que el primer hablante se ha detenido y antes que el segundo comience) (Jaffe y Feldstein, 1970).
- Un ciclo respiratorio (una inspiración y una espiración) toma alrededor de 3 segundos (produciéndose unas 15 veces por minuto).

---

[5] Se refiere a la propiedad de la mente encargada de configurar lo que percibimos y darle un sentido (N. del E.).

Al parecer, la unidad fisiológica para producir una agrupación de sonidos (el ciclo respiratorio), la unidad mental para analizar sintácticamente el habla (la frase) y las unidades de discurso que gobiernan la conversación (el turno) tienen una duración similar. Es probable que las unidades temporales para la producción del habla, el análisis del significado y el diálogo evolucionaran juntas. Cualquier otra disposición sería poco manejable.

Duración del momento presente en la música

La música ha tenido que resolver los mismos problemas generales de agrupación, pero aquí la dimensión temporal ocupa el primer plano. En lugar de fonemas y palabras, tenemos notas, ritmos y compases, que deben ser agrupados en frases (o motivos) y ser dominados por una línea melódica o un patrón rítmico. Y aquí también, como en el caso del lenguaje y la vocalización, el rango de 3 a 4 segundos parece ser el más común. Estos son algunos ejemplos reveladores:

- Se considera que el *presente perceptual* en la música es un lapso de tiempo durante el cual los contenidos del presente están activos y directamente disponibles sin ninguna mediación de la memoria (el presente tripartito de Husserl). Una frase musical percibida como gestalt llenaría tal presente perceptual. Más adelante analizaremos si acaso el presente perceptual puede ser concebido en términos de la memoria de trabajo (Clarke, 1999; Michon, 1978).
- Fraisse (1978) sugirió que el presente perceptual en la música no dura más de 5 segundos.
- Clarke (1999), en su revisión de varios autores, situó este presente perceptual en la música entre los 2 y 8 segundos.
- La sensación subjetiva del *movimiento de avance* en la música se percibe solo si dos eventos tonales se producen dentro de un lapso de 3 segundos. Después de un silencio de 3 segundos, se siente que el movimiento de avance se detiene (Whittman y Poppel, 1999/2000). Parte de la música moderna viola estos límites de tiempo al separar eventos tonales por más de 3 segundos, creando así efectos tales como superficies y texturas tonales cambiantes, y no un movimiento de avance. (En el habla existe un efecto similar; después de una pausa de 3 segundos, es probable que cambie el turno o el tema).

Duración del momento presente en las acciones

El mismo problema de agrupación tiene que ser resuelto en actividades tales como el movimiento, el ritual y la danza. Esto es especialmente llamativo en la danza moderna, que se acopla a un ritmo musical con menos frecuencia que, por ejemplo, el ballet. Con el movimiento, diferentes unidades de tiempo pueden entrar en juego para componer unidades de significado: el ciclo respiratorio (3 segundos), el ciclo de contracción-relajación (en la danza moderna es variable, pero generalmente de 1 a 10 segundos) y las limitaciones temporales impuestas por el tamaño, velocidad, extensión, abducción/aducción y fuerza de las partes del cuerpo.

Muchos movimientos, sea un gesto, paso, expresión facial u otros, tienen una frecuencia en el rango intermedio de 150-1.000 milisegundos. En una caminata rápida, por ejemplo, un paso toma 300-700 milisegundos; a paso lento, 700-1.500 milisegundos (Trevarthen, 1999/2000). Es interesante que tendamos a crear agrupaciones de una serie de pasos. Por ejemplo, cuando uno se hace consciente de caminar, los pasos suelen sincronizarse con el ciclo respiratorio. Tendemos a dar dos pasos por inspiración y dos o tres pasos por espiración. Eso resulta en cuatro o cinco pasos por agrupación. Y si los pasos se producen en intervalos de 700 milisegundos, habrá entre 2,8 y 3,5 segundos por cada agrupación. Volvemos a la duración promedio de frase de un momento presente. (Estas fracciones cambian según la velocidad y el esfuerzo).

Otro ejemplo de agrupación se observa en el ámbito militar. Para sincronizar a quienes marchan, alguien va gritando el ritmo. Existen cuatro conteos por agrupación –en otras palabras, cuatro pasos por frase, con el pie izquierdo en el sonido acentuado (p.ej., SONIDO silencio, UNO dos, SONIDO silencio, TRES cuatro). Terminamos con una agrupación de 2 a 3 segundos. (En realidad, los cuatro conteos no tienen que enfatizarse de manera desigual; la psicología de la Gestalt demuestra que cuando se escuchan dos ritmos iguales, se percibe subjetivamente que se enfatiza el primero).

Para crear sus frases, la danza y el ritual pueden utilizar el sonido (música), los ciclos respiratorios, los ciclos de contracción-relajación, las agrupaciones naturales o cualquier combinación de estos. De nuevo, la fraseología se ajusta al rango temporal de 1 a 10 segundos. Por ejemplo: un ritual completo de saludo entre dos amigos que se encuentran consiste en sonrisas, arqueamientos de cejas, alzamientos de cabeza, vocalizaciones y algún gesto con la mano o abrazo relativamente simultáneos (Kendon, 1990). Este proceso físico y mental toma varios segundos y establece un nuevo contexto local de significado para lo que ocurre a continuación: "¿Qué te pasa?" o "Te ves feliz hoy".

En las interacciones diádicas parcialmente ritualizadas y moldeadas por la cultura, existe una jerarquía de movimientos desde lo pequeño a lo grande (desde los ojos a la cabeza, al torso, a la pelvis o las partes que soportan el peso). Los movimientos mayores más lentos enmarcan a los más pequeños (Fivaz-Depeursinge, 1991; Frey, Hirsbrunner, Florin, Daw y Crawford, 1983; Frey, Jorns y Daw, 1980). Por ejemplo, durante una conversación en que los interlocutores están sentados, cuando uno de ellos cambia la postura de la pelvis descruzando una pierna, llevando el peso a la otra cadera, cruzando la otra pierna y reajustando el torso y la cabeza, se está señalando un cambio significativo en el estado interactivo. Se reposiciona la postura completa. Es análogo a cerrar un párrafo y empezar otro. Se da entrada a un tema o actitud interpersonal nuevo o modificado. Ha ingresado un nuevo momento presente. Los cambios en este nivel toman alrededor de 2 a 5 segundos.

La imitación es un complejo acto perceptivo-motriz-propioceptivo de comunicación y pertenencia. Puede ser de acciones o vocalizaciones (que también son acciones). Según Kugiumutzakis (1998, 1999), los episodios de imitación entre adultos y bebés en sus primeras semanas y meses duran entre 2 y 7 segundos. Nadel (1986) y Nadel y Peze (1993) descubrieron estallidos de imitación entre niños mayores que duran alrededor de 4 segundos. En este contexto, la imitación es particularmente interesante, porque exige ensamblar la percepción del otro con el movimiento guiado propioceptivamente a partir del sí mismo.

La mente tiene estrategias tanto innatas como culturales para agrupar estas partes y discontinuidades en unidades significativas mayores, es decir, totalidades coherentes. Un reciente estudio de Zacks y colegas (2001) demostró que ambas pueden operar en conjunto. Mostraron a sus sujetos grabaciones televisivas de labores cotidianas como planchar una camisa u otras acciones menos obvias y registraron la actividad neuronal en regiones especializadas del cerebro, utilizando imagen por resonancia magnética funcional (IRMf). Cuando se les pidió a los sujetos que segmentaran la tarea en unidades, aumentó la actividad neuronal en torno a los límites de los movimientos funcionales, sugiriendo que su conocimiento de la tarea estaba impulsando el análisis durante esta observación activa. Sin embargo, cuando a los mismos sujetos se les pidió que vieran televisión sin instrucciones y sin una tarea en mente (es decir, una observación pasiva), aumentó la actividad neuronal en los mismos límites. Esto sugiere que existen muchas claves ante las cuales un proceso innato podría reaccionar, como un cambio en la densidad, dirección o velocidad del movimiento, aun cuando el individuo no esté familiarizado con la función de la actividad o no le esté prestando atención.

Duración del momento presente en la interacción madre-hijo no verbal

Los bebés, desde que nacen, están expuestos a diversas formas de fraseología humana en el rango de 3 segundos:

- Los turnos de vocalización entre las madres y los bebés no verbales (compuestos de habla de bebés y balbuceos recíprocos) toman entre 2 y 3 segundos (Beebe, Jaffe, Feldstein, Mays y Alson, 1985; Jaffe, Beebe, Feldstein, Crown y Jasnow, 2001; Malloch, 1999/2000; Stern, 1977).
- Las frases breves en las canciones que las madres entonan a sus bebés se encuentran en el mismo rango (Malloch, 1999/2000; Trevarthen, 1999/2000).
- Durante el juego cara-a-cara con niños pequeños, las madres llevan a cabo breves series de expresiones faciales exageradas o secuencias de gestos o caricias. Estos grupos de movimientos (y sonidos) maternos proporcionan el espectáculo de estímulos que padres e hijos usan para regular mutuamente el estado de excitación y activación del bebé momento a momento. Estos grupos duran alrededor de 2 a 5 segundos (Beebe *et al.*, 1985; Beebe, Stern y Jaffe, 1979; Stern, 1974, 1977; Stern *et al.*, 1985; Weinberg y Tronick, 1994).
- Fivaz (comunicación personal, 12 de enero de 2002) descubrió que los episodios de actividad en la triada (madre, padre, bebé) duran en promedio 3,5 segundos, con un rango entre 2 y 10 segundos.
- Los bebés aprenden con rapidez, pero la situación de aprendizaje debe respetar la duración del momento presente. A los 3 meses de edad, adquieren un repertorio de conductas instrumentales (para obtener

una respuesta) tales como la sonrisa social y la vocalización. Estas conductas son reforzadas fácilmente por los padres en una situación natural. No obstante, para que este tipo de condicionamiento funcione, el reforzamiento por parte de los padres (responder con una sonrisa o vocalización) debe producirse dentro de 3 segundos a partir de la conducta del bebé. Si el lapso entre la conducta deseada y el reforzamiento es mayor, no se producirá aprendizaje (Watson, 1979). En otras palabras, la conducta y su reforzamiento deben ocurrir en el mismo momento presente para que el bebé los asocie. Es como si el movimiento de avance de la música se detuviera para él.

Duración del momento presente en las operaciones mentales generales

Muchos han sugerido que el presente psicológico (vale decir, el momento presente) es esencialmente lo mismo que la memoria de trabajo. Esta es el almacenamiento a corto plazo que guarda una pequeña cantidad de información en almacenamiento activo durante un tiempo limitado. Mientras se encuentra en almacenamiento activo, la información puede ser recuperada y utilizada cuando sea necesario (Baddeley, 1986, 1989). La duración de este almacenamiento activo (sin ensayos) es aproximadamente la misma que aquella del momento presente. De nuevo, el tiempo de retraso de la memoria depende de múltiples variables, tal como sucede con la duración del momento presente.

Sin embargo, existen varias razones para no equiparar el momento presente con la memoria de trabajo. En primer lugar, el momento presente es una unidad procedimental subjetiva. La memoria de trabajo es objetiva. Asimismo, una noción básica de la memoria de trabajo es que contiene al menos dos componentes: el material que está actualmente bajo el foco de atención activa y el material que se encuentra fuera del foco atencional pero que se mantiene activado y puede ser recuperado o traído de vuelta al foco de atención, durante un periodo de tiempo limitado (Cowan, 1988). En cambio, el momento presente no tiene un elemento que se encuentre fuera del foco de atención. Si algo puede ser llevado de vuelta a la atención, ¿dónde estaba fenomenológicamente antes de ser recuperado? No puede haber estado en el momento presente.

La memoria de trabajo decae con rapidez durante los primeros 2 segundos, luego más lentamente durante alrededor de 15 a 30 segundos

(Baddeley, 1984, 1989; Cowan, 1984, 1988). Sin embargo, puede ser mantenida más tiempo con ensayos repetidos. Por eso la mayoría de los experimentos sobre la memoria de trabajo emplean paradigmas de interferencia, donde se presenta la información y luego la información no relacionada (que interfiere) impide el ensayo antes de poner a prueba la recuperación de la información original.

Tal procedimiento es contrario a la idea central de un momento presente, a saber, que un evento continuo coherente llena la duración de todo un momento presente. El momento presente es una sola totalidad. Se refiere a los eventos analógicos. Por otro lado, la memoria de trabajo generalmente se remite a una serie de trozos no relacionados de información (es decir, eventos digitales), algunos de los cuales pueden ser devueltos al foco atencional después que la mente ha sido distraída.

Existen varios diseños conocidos que pueden verse en dos formas bastante diferentes. Uno es de una copa o dos personas[6]: visto de un modo, la imagen parece ser una copa en el centro de la ilustración; visto de otro modo, parece ser el perfil de dos personas mirándose. Solo podemos ver una de las dos imágenes en un momento dado. Pero podemos cambiar de ver la copa a ver los dos perfiles. Generalmente toma alrededor de 1 a 3 segundos realizar el cambio (si uno no ha practicado). Esto sugiere que ciertas manipulaciones mentales también requieren un periodo de 1 a varios segundos para crear una nueva totalidad (Kelso, Holroyd, Hovarth, Raczaszek, Tuller y Ding, 1994; Rubin, 2001).

El surgimiento de la consciencia

Se requiere cierta cantidad de tiempo para que los estímulos entrantes lleguen a la consciencia. Como veremos en el Capítulo 8, se cree que la consciencia surge, en términos neuronales, a través del proceso de reentrada (p.ej., Edelman, 1990). En palabras muy simples, cuando un grupo de neuronas es activado por un estímulo entrante, puede que envíen una señal a otro grupo de neuronas. Entonces el segundo grupo reactiva (retroalimenta) al primero y se crea un circuito de reentrada o recursivo. Luego esto podría diseminarse a un tercer grupo que retroalimentaría al primero

[6] Por ejemplo, el logo de esta editorial, idea original del psicólogo y fenomenólogo danés Edgar Rubin (N. del E.).

y al segundo. Esta combinación de una experiencia más una segunda o tercera experiencia sobre la experiencia original es lo que abre la puerta al fenómeno de la consciencia.

La primera vuelta por el circuito de reentrada es rápida y probablemente la activación del circuito sea muy breve. Su duración es de unos 250 milisegundos. Ese es el tiempo necesario para sentir en forma intuitiva inconsciente lo que me agrada o desagrada[7]. Sin embargo, si se producen varios recorridos por el circuito de reentrada, su activación puede estabilizares durante un tiempo suficientemente largo como para que surja la experiencia fenoménica de la consciencia. Si se dieran cuatro o más vueltas por el circuito, estaríamos en el rango de tiempo de un momento presente.

La activación estabilizadora continua del circuito de reentrada que toma 1 o más segundos cumple la función de impedir que la mente se haga consciente de sucesos cada fracción de segundo. Los eventos deben ganarse la consciencia, por así decirlo, siendo suficientemente sobresalientes (cargados de valor) como para estabilizar en forma momentánea un circuito de reentrada. El momento presente es el tiempo necesario para que tal circuito tenga suficiente estabilidad como para hacer surgir la consciencia.

Resulta atractivo pensar que los tiempos que lleva agrupar estímulos perceptuales, ejecutar unidades funcionales de conducta y tomar consciencia de un evento debieran tener aproximadamente la misma duración: 3 a 4 segundos. Si no fuera así, sería mucho más difícil volver coherente nuestra experiencia. Los seres humanos parecen estar hechos de tal manera, que convierten los eventos a escala mental en unidades básicas de momentos presentes: las unidades fundamentales para comprender experiencias temporalmente dinámicas que se producen entre las personas.

Dependiendo de qué es exactamente lo que se está agrupando, podemos esperar variabilidad en la duración, dentro de ciertos límites. Es una unidad psicobiológica flexible, y no fijada de manera rígida. Factores tales como la modalidad, el número o frecuencia de los eventos a ser agrupados, la complejidad, si el tiempo (o espacio) es vacío o lleno, la familiaridad, etc., pueden influir en la duración efectiva del proceso de agrupación. Por

[7] Este proceso es la clave del efecto de la publicidad y la propaganda: producir agrado y deseo en forma intuitiva inconsciente para el sujeto (N. del E.).

eso es más aconsejable pensar en términos de un rango de aproximadamente 1 a 10 segundos para el momento presente.

Los momentos presentes se hilvanan de formas muy variables y puede ser difícil determinar el tiempo entre dos momentos presentes. A veces hay huecos en la consciencia que los separan (como los vuelos del pájaro de la consciencia de William James en camino a la próxima parada). En otras ocasiones se agrupan firmemente en secuencias de momentos adyacentes, con transiciones breves como un corte brusco a una nueva escena en un montaje fílmico. En el mejor de los casos, nuestro darnos cuenta de estas transiciones es vago y generalmente no existe. Pero puede que la secuencia trace un tema, una progresión direccional o algún otro patrón.

Además, el tiempo entre momentos presentes varía enormemente dependiendo de lo que esté ocurriendo. En algunas situaciones de concentración focalizada o de alta carga afectiva, los momentos presentes parecen sucederse a intervalos cortos. En otras ocasiones, un momento presente parece alargarse bastante más de 10 segundos. No obstante, al examinarlo con mayor detención, parece existir una renovación del "mismo" momento presente cada 2 segundos. Por ejemplo, cuando observamos algo fascinante pero que cambia relativamente poco, como un eclipse de sol, puede parecer que uno se sumerge en la misma escena del momento presente por largos periodos –30 segundos o más. Pero dentro de ese lapso de 30 segundos, cada 2 segundos se produce un ligero cambio en los pensamientos, sentimientos, acciones, postura, etc., que rápidamente renueva o reactiva la mente. La unidad básica del momento presente se conserva; solo que se reaplica varias veces.

A estas alturas, en que ya tenemos una idea de lo que significa *ahora*, de cuánto dura un momento presente y de lo que logra en ese tiempo, en el próximo capítulo podremos ver cómo se organizan los momentos presentes.

Capítulo 4.
El Momento Presente como una Historia Vivida:
Su organización

Un momento presente contiene los elementos esenciales para componer una historia vivida. Este es un tipo especial de historia porque es vivida a medida que ocurre, y no cuando se pone en palabras después. Es no verbal y no necesita ser puesta en palabras, aun cuando podría hacerse con cierta dificultad. Tiene una duración muy breve comparada con la mayoría de las historias. Se compone principalmente de sentimientos que se revelan, una especie de narración emocional no declarada.

Hay que aclarar ciertos términos. El *formato narrativo* es una estructura para organizar mentalmente (sin lenguaje) nuestra experiencia con la conducta humana motivada. *Las historias vividas* son experiencias que se formatean narrativamente en la mente pero no se verbalizan ni relatan. Una historia relatada –p.ej., una narración– es contarle a alguien sobre la historia vivida.

Una mirada al desarrollo infantil puede ayudar a clarificar estas distinciones. En primer lugar, el niño debe ser capaz de analizar sintácticamente y formatear su experiencia en el formato narrativo: en una historia vivida. Esto ocurre muy temprano, antes del lenguaje, bastante antes de los 18 meses de vida. La idea central es que los niños, temprano en la vida preverbal, tienden a analizar sintácticamente y experimentar el mundo humano en términos de intenciones, al igual que los adultos. Esta es una tendencia natural de la mente. El formato narrativo está diseñado para construir significados en torno a las intenciones (existen *significados* tanto emocionales como cognitivos). Esto es en gran medida lo que Bruner (1990) quería decir cuando propugnaba la primacía de los "actos de significado" en nuestro análisis sintáctico de las interacciones sociales humanas. En segundo lugar, el niño debe tornarse verbal con un uso adecuado del tiempo (p.ej., pasado, presente, futuro). Esto ocurre durante el segundo año de vida. Finalmente, el niño debe adquirir la capacidad de traducir a un lenguaje la historia vivida en forma de una historia relatada. Aproximadamente desde los 3 o 4 años, los niños empiezan a contar relatos autobiográficos. Sus historias relatadas siguen siendo bastante primitivas hasta más o menos los 6 años (Favez, 2003; Nelson, 1989; Peterson y McCabe, 1983). Esta secuencia evolutiva de las historias vividas, luego el lenguaje y después las historias relatadas es conocida en el desarrollo, donde la comprensión aparece mucho más temprano que la producción.

La historia vivida y la historia relatada (así como el formato narrativo) tienen elementos esenciales en común. En el momento presente, algunos de estos pueden aparecer en forma incompleta. Estos elementos son:

En primer lugar, debe haber una razón para crear la historia o tener consciencia de que se está viviendo una historia. Algo tiene que ocurrir para traerla a la vida psicológica. El desencadenante puede ser la novedad, lo inesperado, un problema, un conflicto o algún tipo de problema o contratiempo que necesita ser resuelto. No puede ser una mera lista de eventos. Por eso las historias nos cautivan. Una historia depende de una suposición implícita acerca de cómo funciona el mundo y qué se puede esperar normalmente (Bruner, 2002a, 2002b). Cuando las expectativas normales no son confirmadas o se ven entorpecidas por los eventos, se hace el intento de volver la situación a la normalidad. Y, finalmente, se necesita un colofón para adaptar la expectativa original, tomando en cuenta lo que acaba de ocurrir (Bruner, 2002). (Es como la necesidad de asimilación y acomodación concebida por Piaget). Bruner dio un ejemplo de lo que se entiende por *perturbador*: "Iba caminando por la calle cuando se me acercó un hombre y me dijo: '¿Le gustaría comprar un mito personal?'". La pregunta viola las expectativas normales de que los mitos personales no se venden (Bruner, 2002b). El colofón podría ser algo tan simple como pensar: "A veces el mundo es extraño".

Entonces, ¿qué desencadenó los momentos presentes identificados en las entrevistas del desayuno del Capítulo 1? Parecen completamente banales. Y lo son, pero cada uno es desencadenado por un problema, por muy insignificante que sea, en el mundo cotidiano. "¿Dónde está la mantequilla?" y los sentimientos negativos asociados reflejan la violación de una expectativa cotidiana. "Bien, de acuerdo –es bueno para la dieta" y la oleada de sentimientos positivos lo resuelve. "¿Qué hacer con este pan?" es una respuesta a la novedad, y así sucesivamente. La estructura de la situación es más o menos la misma, aunque la magnitud de la consecuencia varía enormemente.

En segundo lugar, las historias se estructuran en torno a una trama. Contienen un quién, un por qué, un qué, un cuándo, un dónde y un cómo que cohesionan a todos los elementos de la historia. En las escuelas de periodismo se aprende a posicionar los elementos narrativos para captar rápidamente el interés humano respondiendo las preguntas del ¿quién?, ¿por qué?, ¿qué?, ¿cuándo?, ¿dónde? y ¿cómo? en la primera o segunda frase. Después se completan los detalles. Estas preguntas proporcionan la información que capta la atención de la gente. Son la columna vertebral del formato narrativo utilizado para entender y hablar sobre la conducta motivada (Burke, 1945). Son la sustancia del chisme, esa forma esencial de comprender y relatar ciertos asuntos humanos, así como el material de novelas, mitos, casos criminales legales (Bruner, 2002) y relatos clínicos de vida (Schafer, 1981; Spense, 1976).

Finalmente, una historia debe tener una línea de tensión dramática que actúa para llevar e impulsar la historia desde el desarrollo, pasando por la crisis, hasta la resolución (Labov, 1972). Esto amarra la historia en términos temporales.

No es de extrañar que tanto se pueda empaquetar dentro de un momento presente; después de todo, el formato narrativo es nuestra principal manera de percibir y organizar (así como también relatar) la conducta humana motivada. Aparentemente, este es el caso en las unidades coherentes más pequeñas de la experiencia y en las más grandes, y para las experiencias emocionales y cognitivas.

El momento presente como una historia vivida también puede ser compartido. Cuando eso ocurre, la intersubjetividad comienza a tomar cuerpo. En el instante en que alguien puede participar en la historia vivida de otro, o crear con él una historia vivida por ambos, se crea un diferente tipo de contacto humano. Se ha producido más que un mero intercambio de información. Ese es el secreto del *aquí y ahora*. Más adelante retomaremos este tema.

El momento presente lleva dentro de su breve existencia una historia vivida, una especie de "mundo en un grano de arena". Generalmente, el tamaño o duración de una estructura narrativa relatada es más grande y largo. Esto es especialmente así en el ámbito clínico, donde hablamos de relatos de vida o incluso de relatos transgeneracionales. Sin embargo, las estructuras narrativas más grandes se componen de otras más pequeñas insertas en ellas. Por lo general, el tamaño de las historias de vida anidadas más pequeñas no se explora en detalle. Esto nos lleva a la siguiente pregunta: ¿existen historias vividas mínimas a partir de las cuales se construyen todas las estructuras narrativas más grandes? Responderé que sí y propongo que los momentos presentes son los componentes básicos.

La idea inicial de un momento presente que contiene una historia vivida ha sido presentada en forma preliminar bajo el nombre de "envoltura protonarrativa" (Stern, 1994). Se utilizó la palabra *proto* porque se suponía que era más primitivo y anterior al lenguaje. Sin embargo, aquí considero que este fenómeno no es en absoluto primitivo, sino más bien un aspecto plenamente desarrollado, normal y generalizado de la vida de los niños y los adultos. También lo considero un relato emocional sentido, y no una historia construida cognitivamente que se verbaliza. Por estas razones he cambiado el nombre *envoltura protonarrativa* a *historia vivida.*

A continuación se examinan cada uno de los elementos necesarios para una historia vivida que sigue el formato narrativo y la forma que adoptan dentro de los estrechos confines de un momento presente.

Los elementos de la trama

¿Quién?

De alguna manera, durante el momento presente, tenemos la consciencia de trasfondo de que somos nosotros quienes estamos viviendo la experiencia. (Los "sentimientos de trasfondo" de Damásio [1999] a partir del cuerpo –su posición, tono, nivel de alerta, etc.– serían esenciales para cualquier sentido existencial del sí mismo). Esta toma de consciencia también coincide con las ideas actuales del sí mismo como producto de la mente encarnada (Clark, 1997; Schore, 1994; Sheets-Johnstone, 1999; Varela, Thompson y Roach, 1993). Se ha sostenido que la diferenciación temprana de un sí mismo que realiza el vivenciar ocurre quizás desde el nacimiento (Stern, 1985). La sensación de un sí mismo vivenciador sobrevive a las numerosas experiencias que obliteran parcialmente los límites mentales entre las personas, tales como el contagio emocional, la empatía, la identificación, la identificación proyectiva, la imitación, el compartir intersubjetivo, el organismo sexual, etc.

Independientemente de, o quizás junto con, estas explicaciones altamente plausibles, la realidad fenoménica sigue siendo que estamos conscientes de nuestro estatus como experimentadores. Esto es especialmente así durante un momento presente cuando el pájaro de la consciencia de James está posado y se abre un nuevo paisaje presente. También es así, pero menos, cuando el pájaro de la consciencia de James está volando, porque hay tan poca experiencia formada a la que aferrarse, únicamente el proceso.

El *quién* es nosotros, como el dueño de la experiencia. Dependiendo de la naturaleza de la experiencia, el sí mismo se siente como el sujeto, el agente o el paciente. Esta toma de consciencia del vivenciar cuelga en el trasfondo o en el primer plano durante todo el momento presente.

¿Cuándo?

Yo sostuve que el momento presente se siente como ocurriendo durante un ahora extendido, con un pasado, un presente y un futuro inmediatos. Pero no abordé la realidad fenoménica que "conocemos" o la sensación de que la experiencia que estamos viviendo está ocurriendo ahora, independientemente de que se refiera a un evento pasado o futuro. Husserl y otros han descrito esto en detalle. No pretendo extenderme más en este punto, excepto para señalar que el momento presente está claramente situado en el tiempo en términos fenomenológicos. Tiene un *cuándo*, aunque ese cuándo sea complejo (p.ej., "Ayer me acordé que la próxima semana me encontraré con ella en la estación"). El presente vivido es tanto el punto de referencia como el momento de experiencia. En otras palabras, es cuando está ocurriendo el recordar el recuerdo de ayer sobre el futuro.

¿Por qué?

La pregunta "¿Por qué?" indaga acerca de las intenciones. Estas son esenciales para los relatos y para el momento presente como historia vivida. Las intenciones proporcionan el impulso. Examinemos esto con mayor detención.

Un flujo de sensación de intencionalidad recorre el momento presente. Una vez que un nuevo presente está ante nosotros, su intencionalidad comienza a desplegarse durante sus segundos en el escenario. Cualquier cosa que se vivencie durante el nuevo momento presente, será temporalmente dinámica. Fluye en tiempo analógico. No hay una secuencia de entidades separadas, específicas; solo una totalidad con un contorno temporal –como en una frase musical. Este despliegue lleva consigo una sensación de movimiento de avance, de direccionalidad orientada hacia algún objetivo que se vuelve más específico en el camino. El momento presente está yendo a algún sitio. Puede que llegue a ese destino o se detenga abruptamente y jamás llegue allí. Puede que sea tan poco interesante que no nos quedemos con él durante el viaje. Al margen del resultado, tiene un impulso.

En otras palabras, el momento presente lleva consigo la sensación de intencionalidad en movimiento (aunque la intención sea hacer nada, decir nada, pensar nada y permanecer inmóvil). Llamaré a esta sensación de movimiento "flujo de sensación de intención". Pero incluso en el sentido filosófico de intención o *acercadeísmo* (*aboutness*) hay una direccionalidad, un "alargar la mano" o un "estirarse" de la mente para alcanzar algo. Se podría decir que la mente ha sido puesta en movimiento mental.

La literatura sobre el desarrollo infantil, en particular, ha definido los criterios necesarios para una intención (psicológica) "verdadera", de modo que razonablemente puedan preguntar cuándo surgen las intenciones desde una perspectiva del desarrollo. Existe un consenso generalizado respecto a que las intenciones verdaderas deben tener un propósito y estar orientadas a un objetivo, con medios adaptados a los fines, y tener alguna existencia mental antes de la acción. Todos estos criterios se cumplen alrededor de los 18 meses de vida (ver Zelazo, 1999).

Vale la pena ahondar un poco más en el asunto de las intenciones verdaderas versus las protointenciones o intenciones parciales, no solo porque los niños parecen tener múltiples conductas parecidas a intenciones mucho antes de los 18 meses, sino porque en los adultos también existen intenciones impensadas, no verbalizadas e implícitas e intenciones que no son verdaderas (en las cuales no están presentes todos los criterios). De hecho, es probable que hayan muchas más de estas intenciones que intenciones verdaderas, dada la naturaleza *ad hoc* e improvisada de gran parte de la vida.

Independientemente de los criterios que se utilicen para definir una intención verdadera, la psicología considera que los elementos de criterio son entidades separadas, específicas, que conforman las piezas de una secuencia. En contraste, desde una perspectiva fenomenológica, el flujo de sensación de intención es la forma temporal analógica de la experiencia. Corre como una frase completa por debajo de los contenidos específicos de la intención. Es, en parte, lo que hace sentir que la intención se está inclinando hacia delante. Añade lo que se llama una línea de tensión dramática a medida que la acción va llegando a su fin. Forma parte de la dinámica temporal de la experiencia.

En resumen, podemos decir que el lugar de las intenciones –el *por qué*– es un elemento fundamental del momento presente.

¿Qué, cómo y dónde?

Estos elementos de la estructura narrativa encajan en su sitio en virtud de los detalles del contexto exacto del nivel local en que ocurre el momento presente y las posibilidades que presenta.

En pocas palabras, los elementos esenciales de una trama se pueden distinguir en un momento presente.

La línea de tensión dramática: afectos de vitalidad

Los contornos temporales y los afectos de vitalidad constituyen la esencia de la dinámica microtemporal y el sentido de tensión dramática crucial en las historias vividas. Son parte importante de lo que hace que la experiencia directa sea fluida y no digital.

Los afectos de vitalidad fueron introducidos para explicar la sintonización afectiva de la madre con su hijo, como una forma temprana de intersubjetividad (Stern *et al.*, 1984; Stern, 1985). Pero la idea tiene una aplicación mucho más amplia. Hay dos nociones complementarias involucradas. La primera se refiere a la estimulación que afecta al sistema nervioso desde adentro o desde afuera. Gran parte de la estimulación es contorneada en tiempo real. Tiene una forma o contorno temporal que consiste en cambios graduales (fracción de segundo a fracción de segundo) en la intensidad, ritmo o forma del estímulo. (Recuerden el ejemplo de los fuegos artificiales presentado en el Capítulo 2). Esto es lo que anteriormente se denominó forma temporal. Reservaré el término *contorno temporal* para la forma temporal objetivable de un estímulo.

Por ejemplo, una sonrisa vista en la cara de otro tiene un contorno temporal nítido que toma tiempo en formarse. Crece (se podría decir *crescendos*) tal vez en 1 o 2 segundos; alcanza su máxima expresión, que se mantiene por un instante con pequeñas modulaciones; y luego se descompone quizás en 1 segundo. Esta descomposición puede ser rápida, como un apagón, o lenta, como un fundido a negro, o intermedia. La ejecución completa fluye junta como un paquete de estímulos ininterrumpidos de varios segundos. Hay un desarrollo analógico, no una secuencia de estados o eventos separados. Es una conducta que se capta en un solo momento presente.

Desde luego, hay millones de sonrisas. Y la diferencia entre ellas radica, en parte, en sus contornos temporales. Estas diferencias no son triviales, porque gran parte del valor de la señal reside en la orquestación del contorneo temporal de la ejecución, no en el simple hecho de que es una sonrisa con un significado convencional. Imaginen que alguien los saluda en la calle con una sonrisa. *El tiempo de crescendo* de la sonrisa (¿es explosiva o furtiva?) puede indicar placer espontáneo o sorpresa culpable al verlos. La duración del mantener el punto álgido puede reflejar el nivel de placer. La velocidad de la descomposición puede indicar la autenticidad de la expresión, etc. La forma convencional de una sonrisa es solo una armazón sobre la cual se desarrolla la parte verdaderamente importante de la comunicación en la forma de su contorno temporal: ¿esa persona en realidad cuán feliz está de verlos? ¿Está siquiera sorprendida de verlos, o en ese lugar, en ese momento? ¿Quiere algo de ustedes que no habían anticipado? ¿Su relación con ella ha cambiado de alguna manera desde la última vez que la vieron? Esto mismo es válido para los gestos y gran parte de la conducta humana.

Las palabras son solo excepciones parciales. La referencia simbólica se capta con tanta rapidez que es imposible hablar del contorno temporal de la transmisión del símbolo. Pero la palabra hablada, como un sonido, es muy rica en contornos temporales, debido a la presencia de la paralingüística. Esto es evidente en la vida cotidiana y en la psicoterapia (Crystal, 1975; Knoblauch, 2000). Sin contornos, las palabras sonarían como si las pronunciara un robot. Como hemos escuchado más de alguna vez: no es lo que dices, sino cómo lo dices.

Todo lo que hacemos, vemos, sentimos y escuchamos de la gente posee un contorno temporal. También les atribuimos contornos a muchos eventos de la naturaleza. Estamos inmersos en una "música" del mundo en el nivel local: un complejo marco polifónico y polirrítmico donde los diferentes contornos temporales se mueven hacia adelante y hacia atrás entre el primer plano y el trasfondo psicológicos.

Estos contornos temporales de los estímulos actúan sobre y dentro de nuestro sistema nervioso y se transponen a los contornos de sentimientos en nosotros. Estos sentimientos contorneados son lo que yo llamo *afectos de vitalidad.* Son el complemento de los contornos temporales. En otras palabras, cuando hablo de *contorno temporal*, me refiero a los cambios objetivos (incluso pequeños) en el tiempo (incluso breve) de la intensidad o calidad de la estimulación (interna o externa). Cuando hablo de *afecto de vitalidad*, me refiero a los cambios vivenciados subjetivamente en los estados emocionales internos que acompañan al contorno temporal del estímulo.

La calidad de la sensación de los afectos de vitalidad se plasma en términos kinéticos tales como *creciente*, *desaparecido*, *fugaz*, *explosivo*, *tentativo*, *esforzado*, *acelerado*, *desacelerado*, *culminante*, *desbordado*, *dilatado*, *alcanzado*, *vacilante*, *inclinado hacia delante*, *inclinado hacia atrás*, etc. Desde el nacimiento estamos cotidiana y continuamente expuestos a estas experiencias a través de la respiración, el movimiento, la succión, la deglución, la digestión, la defecación, etc. Cada uno tiene su propio contorno temporal y afecto de vitalidad.

Los afectos de vitalidad son intrínsecos a todas las experiencias en todas las modalidades, ámbitos y tipos de situaciones. Ocurren tanto en presencia como en ausencia de los afectos darwinianos categóricos. Por ejemplo, un estallido de ira o alegría, una repentina inundación de luz, una secuencia acelerada de pensamientos, una oleada de sentimientos provocada por la música, una ráfaga de dolor y una inyección de estupefacientes pueden sentirse como “torrentes”. Comparten una similar distribución de excitación/activación a lo largo del tiempo, una similar pauta de flujo de sensación –en otras palabras, un similar afecto de vitalidad. Y debido a nuestra capacidad de transformación intermodal, un afecto de vitalidad producido desde una modalidad puede asociarse con un afecto de vitalidad desde cualquier otra modalidad, tiempo o situación. Los afectos de vitalidad se prestan a la formación de redes asociativas, al igual que los símbolos. Estos afectos de vitalidad reflejan el modo en que se realiza un acto y el sentimiento que hay detrás del acto que le da su forma definitiva.

Aún no se comprende a cabalidad y exactamente cómo el sistema nervioso ejecuta esta transformación desde los contornos temporales de la estimulación hasta los afectos de vitalidad de nuestros sentimientos subjetivos. Tomkins (1962) sugirió que el contorno temporal de la estimulación produce un correspondiente contorno temporal de la densidad de la activación neuronal en el sistema nervioso. Además, relacionó pautas específicas de activación neuronal con emociones darwinianas separadas específicas, sugiriendo, por ejemplo, que independientemente de la modalidad de la estimulación, un rápido aumento de la intensidad del estímulo (p.ej., una moto que, sin ser vista, acelera a corta distancia) causa temor, un aumento más lento despierta interés, etc. Existe una especie de isomorfismo temporal entre el contorno del estímulo y el contorno de la actividad neuronal. Clynes (1978) propuso un modelo similar, pero asocia la forma temporal de la estimulación con una diferente gama de sentimientos.

A la luz de las investigaciones sobre las neuronas espejo, los osciladores adaptativos y los mecanismos internos de sincronización (p.ej., la teoría tau), se está volviendo más explicable la trasposición de contornos temporales observada en la conducta de otra persona en los afectos de vitalidad producidos en el observador.

La noción básica detrás de los afectos de vitalidad ha existido desde hace mucho tiempo. El filósofo Langer (1967) hablaba de las "formas de sentimiento" en la experiencia de la música. En el movimiento, la música y la danza, la noción de "forma de esfuerzos" descrita por Lamb (1979) y los métodos de Dalcroze (Bachman, 1994; Boepple, 1910) se basan esencialmente en la intuición de los afectos de vitalidad. Kestenberg (1965a, 1965b, 1967) ha desarrollado un sistema de análisis del movimiento para niños con distintos trastornos, utilizando el trabajo de los autores mencionados y especialmente el de Laban (1967).

Los afectos de vitalidad también son una característica generalizada de la danza moderna, bajo distintos disfraces y estilos (Jowitt, 1998). Tustin (1990) describió las "formas de sentimiento" vivenciadas por niños autistas durante sus conductas motoras estereotípicas. Mi noción de los afectos de vitalidad es menos específica que la de Tomkins o Clynes, más general en términos situacionales que la de Langer o Tustin y se centra más en los sentimientos que en los movimientos. En mi opinión, los afectos de vitalidad resultan de todas y cada una de las experiencias, y el tipo de sentimiento producido no está innata o estrechamente vinculado con la naturaleza del contorno temporal de la estimulación. Los "sentimientos de trasfondo" identificados por Damásio (1999) parecen superponerse con los afectos de vitalidad. Sin embargo, él se preocupa menos de los aspectos diacrónicos, analógicos, y se centra sobre todo, pero no únicamente, en los sentimientos que surgen del cuerpo.

Los afectos de vitalidad también subyacen a la apreciación de la mayoría de las formas de arte abstracto que formalmente carecen de "contenido", como gran parte de la música y la danza (ver Jowitt, 1988; Langer, 1967; Stern, 1985). Cualquier persona del mundo del arte da todo esto por sentado. Sin embargo, puede ser ilustrativo examinar el nivel local micromomentáneo en las artes escénicas.

Dado que la frase es la unidad procedimental en el nivel local en la música, resulta fascinante escuchar a un director darle forma a la ejecución de su orquesta. Muchos programas radiales transmiten ensayos o clases magistrales. El director dice cosas como: "No, ataquen esas primeras notas con más fiereza, *da da daaa*... Sí, bien. Ahora, más pianísimo, y para la siguiente frase también... Ahora, aquí, suban más lento, l-e-n-t-o... No, no puede detenerse de golpe, se apaga poco a poco, así...".

Los coreógrafos también dan forma y hacen ajustes de esta misma manera. Y nuevamente es a nivel del gesto y la frase. "Cuando giren la cabeza ahí, no lo hagan tan rápido. Tienen que ladearla hacia el otro lado como si los hubieran abofeteado... Aquí, esperen un momento, después del compás, antes de correr juntos, luego exploten, *¡zas!*... Deténganse como si estuvieran sorprendidos... No, esa postura es demasiado rígida; háganlo como si estuvieran al borde de un precipicio y se pudieran caer...".

Estos ajustes de las notas escritas o los pasos de baile implican el ajuste de los afectos de vitalidad encarnados en las frases. Esto es lo que constituye una interpretación y lo que distingue una ejecución artística de una ejecución técnica. La diferencia es de ritmos elásticos versus ritmos formales. La magia de los ritmos elásticos está en dar una forma precisa a los afectos de vitalidad para expresar los sentimientos exactos que hay detrás de los actos transmitidos al público. Y la magia en una sesión de terapia o en las relaciones íntimas, más allá o debajo de los significados explícitos, también está ahí. Ahí es donde reside la autenticidad[8].

---

[8] Siempre se ha considerado importante, e incluso esencial, la distinción entre ejecuciones técnicas e interpretaciones artísticas. Tiene una interesante historia técnica en la evolución de la música "grabada". A fines del siglo XIX, los pianos que reproducían la música perforada en un rollo de papel estaban bien avanzados. Producían esa característica sincronización mecánica. Para capturar el sonido temporalmente dinámico de una interpretación, en 1904

Todo esto tiene gran relevancia, ya que una de nuestras preguntas fundamentales es: ¿cómo les transmitimos a los demás lo que sentimos y lo que se siente ser uno mismo?

Muchas artes visuales como la pintura y la fotografía parecen no tener un contorno temporal porque congelan una imagen en el tiempo. Se torna atemporal. Aunque esto es válido para la obra, no lo es para los actos físicos y mentales de visualizar. Físicamente, para "ver" la obra, hay que efectuar movimientos oculares de barrido, ajustes en la posición de la cabeza y a veces cambios posturales (Clark, 1997; Sheets-Johnstone, 1984; Varela, Thompson y Roch, 1993). Toma tiempo ejecutarlos y por lo general el artista ha construido la obra de modo que el ojo siga ciertos caminos de barrido con sus propias formas temporales basadas en complementos o contrastes cromáticos, líneas de fuerza, movimientos entre el trasfondo y el primer plano, etc. Estos caminos de barrido son frases visual-motor-afectivo-cognitivas que producen afectos de vitalidad temporalmente llenos. Se dice que en una ocasión el pintor impresionista Bonnard comentó: "Un cuadro es una serie de manchas que se van entretejiendo hasta formar un objeto sobre el cual el ojo pasea sin tropiezo" (Melikian, 2002, p. 9).

El pintor David Hockney ha explorado conscientemente esta realidad creando *collages* de fotografías del "mismo" sujeto desde varios ángulos y distancias ligeramente distintos. Su idea es que la actividad de ver, especialmente de cerca (p.ej., ver el rostro de la persona que está acostada contigo), involucra muchas visiones diferentes del mismo objeto a lo largo de un breve periodo de tiempo, de modo que la realidad es más parecida a un cuadro cubista que a otra cosa (Hockney, 1986). Y mientras más uno observa, más cambian los patrones de barrido.

Además del acto físico de visualizar, que tiene un contorno temporal, cuando uno se enfrenta a una imagen estática, se producen dos actos

---

se diseñó un Welte-Mignon, un piano que contenía una máquina con papel enrollado, y cada vez que se tocaba una nota, dibujaba una línea en el papel. Se invitó a pianistas famosos a interpretar sus versiones de los clásicos en esta máquina y así se registró fielmente su estilo temporal. Después las líneas hechas por las notas que el pianista estaba tocando eran recortadas, dejando un papel perforado que se podía poner en un reproductor de piano especialmente adaptado y que producía una réplica de la interpretación real, con todos los afectos de vitalidad característicos del ejecutante (Benhôte, 1972). Pronto el fonógrafo dejó obsoleto al Welte-Mignon. Pero los esfuerzos desplegados dicen mucho.

mentales diferentes. Ambos tienen una dimensión temporal. El primero es la interrelación entre la percepción y el recuerdo inmediatos. La visualización de una sección de un cuadro durante un instante se produce con el recuerdo inmediato de otra sección que acaba de ser vista, etc. El camino del barrido tiene un despliegue perceptual-recordado. Esto no difiere tanto de la situación con la música.

El segundo acto mental implica imaginar una línea narrativa temporal. Esto es más evidente en la fotografía, que captura una acción o "historia" a mitad de camino, o como lo llamaba Cartier-Bresson (1952), el "momento decisivo". Lo fascinante del momento decisivo es que el observador proporciona, en la imaginación, la acción que conduce hasta el momento decisivo y la acción resolutiva. Mientras uno observa una imagen estática, se añade un contorno temporal imaginario. Se convierte en un pequeño relato emocional –de nuevo, "un mundo en un grano de arena".

El modo en que se enmarca y centra una imagen estática también puede provocar una experiencia temporal. Por ejemplo, un pergamino colgante japonés de peces en un arroyo, de Maruyama Ōkyo (1733-1795)[9], conduce a tres diferentes sensaciones de movimiento: el flujo rápido del agua, la circulación de los peces con y contra la corriente, y lo más extraordinario, el deseo del observador de mover la cabeza y los ojos. La pintura está enmarcada de tal modo que sólo se ve una parte muy pequeña del arroyo, como si uno estuviera en la orilla, inclinándose hacia él e inclinando la cabeza. Uno siente que al segundo siguiente tendrá que retroceder y levantar la cabeza para mirar hacia arriba o hacia abajo del arroyo para situar la escena. Pero, desde luego, uno está sostenido ahí por el marco. Se pone en marcha una dinámica muscular con su propio afecto de vitalidad.

Los contornos temporales y los afectos de vitalidad son parte de todas nuestras experiencias, banales y estéticas. No solo constituyen el estilo o modo de hacer las cosas, sino que proporcionan el sentimiento detrás de nuestra experiencia. Devuelven el tiempo dinámico a la experiencia. El estilo de las ejecuciones, cotidianas u otras, requiere mucha más atención del campo de la psicología. Implica una dinámica temporal (ver Sheets-Johnstone, 1999). Los afectos de vitalidad son parte de lo que ha faltado

---

[9] "Sweetfish in Summer and Autumn" de la Mary Griggs Burke Collection. http://www.metmuseum.org/art/collection/search/53404

en nuestras psicologías. Hemos estado sorprendentemente ciegos a la dinámica temporal, en especial la dinámica microtemporal, a pesar de que la vivimos en todo momento y aunque no podemos comenzar a explicar la peculiaridad de una ejecución interpretativa sin ella.

Ahora podemos volver a la sensación de movimiento o inclinación hacia delante que recorre el momento presente. Recuerden el movimiento de avance de una frase musical hacia alguna resolución. Los afectos de vitalidad, así como las frases musicales, transmiten la sensación de inclinarse hacia delante a través del momento presente.

En resumen, los afectos de vitalidad que actúan con el flujo de sensación de intención proporcionan una línea de tensión dramática que da una sensación de coherencia al despliegue del momento presente. Los afectos de vitalidad actúan como un pilar temporal de donde se cuelga la trama. También ayudan al proceso de agrupamiento al contener la frase dentro de una envoltura. Dan al momento presente el efecto dramático de una historia vivida.

Perturbar expectativas o el "problema"

No se puede hablar de perturbar lo esperado o el problema en el relato a menos que estén claros los elementos de la estructura narrativa, se mida intuitivamente su equilibrio y se perciba su falta de convencionalidad. Sin embargo, en términos fenomenológicos, mientras uno está en medio de un momento presente a medida que evoluciona, su resultado exacto es impredecible y está abierto a todo tipo de perturbaciones y eventualidades problemáticas. En este sentido, hay una incertidumbre inherente con respecto a lo que puede ocurrir. Este es un tipo de problema potencial inespecífico. También existen perturbaciones específicas a partir de los afectos inesperados o indeseados que surgen a medida que el momento se despliega.

En síntesis, el momento presente se vivencia subjetivamente como una historia vivida. Y se puede describir objetivamente como una experiencia que tiene un formato narrativo, en términos estructurales y temporales. Como veremos más adelante, esto lo hace más útil como fenómeno clínico.

Ahora hay que proporcionar un contexto para el momento presente, de modo que se evidencie su relevancia en las situaciones clínicas.

Parte II.
Contextualizar el Momento Presente

Capítulo 5. La Matriz Intersubjetiva

Los momentos presentes que más nos interesan son aquellos que surgen cuando dos personas establecen un tipo especial de contacto mental, o sea, un contacto intersubjetivo. Esto implica la interpenetración mutua de mentes que nos permite decir: "Sé que sabes que sé" o "Siento que sientes que siento". Se leen los contenidos mentales del otro. Tales lecturas pueden ser mutuas. Dos personas ven y sienten casi el mismo paisaje mental por un momento al menos. La psicoterapia consiste principalmente en estos encuentros. También proporcionan los acontecimientos que cambian nuestra vida y se convierten en los recuerdos que componen la historia de nuestras relaciones íntimas. Por lo tanto, los momentos de contacto intersubjetivo entre las personas son contextos muy relevantes que debemos examinar.

Los momentos de creación intersubjetiva son momentos presentes especiales. Vuelvo a una pregunta planteada al principio del libro: ¿cómo se vivencia el *ahora*, o el momento presente, cuando es cocreado y compartido con alguien en un momento de contacto intersubjetivo?

Somos capaces de "leer" las intenciones de otras personas y sentir dentro de nuestro cuerpo lo que ellas están sintiendo. Esto no ocurre de una manera mística, sino al observar su rostro, movimientos y postura, escuchar su tono de voz y percatarnos del contexto inmediato de su conducta. Somos muy buenos en esta "lectura de mentes", aunque nuestras intuiciones requieren de verificación y ajustes (Whiten, 1991).

La naturaleza ha diseñado nuestro cerebro y mente para que podamos intuir directamente las posibles intenciones de los demás a través de la observación de sus acciones intencionadas (incluso sin conocer el objetivo). Por ejemplo, a medida que levantan una mano al costado de su cabeza, de inmediato suponemos que se rascarán la cabeza, se acomodarán los lentes, se tocarán una oreja o se arreglarán el pelo. A medida que su mano se acerca y empieza a posicionarse para el objetivo escogido, lo adivinamos. Asimismo, al ver su expresión facial, postura y movimientos, podemos sentir directamente algo muy parecido a lo que ellos están sintiendo. Y mientras les hablamos y nos escuchan en silencio, podemos sentir sus cambiantes respuestas a lo que decimos, observando los pequeños movimientos de sus rasgos faciales, su cabeza, la dirección de su mirada y el tono de los sonidos de fondo de su voz. Las expresiones afectivas hablan de lo que estamos pensando y sintiendo. Y cuando ellos se mueven, podemos sentir cómo debe ser moverse de ese modo. Lo sentimos en nuestro cuerpo y lo percibimos en nuestra mente. También es posible captar así lo que un grupo está experimentando.

Nuestro sistema nervioso está construido para ser captado por el sistema nervioso de otros, de manera que podamos vivenciarlos *como si* estuviéramos dentro de su piel y de la nuestra. Una especie de ruta emocional directa hacia la otra persona está potencialmente abierta y resonamos con y participamos en sus experiencias y ella en las nuestras. (Enseguida presentaré la evidencia que respalda esta idea).

Las otras personas no son solo otros objetos, sino que se reconocen inmediatamente como tipos especiales de objetos, objetos como nosotros, disponibles para compartir estados internos. De hecho, nuestra mente funciona naturalmente para buscar las experiencias en los demás con las cuales podemos resonar. Analizamos en forma natural la conducta de las otras personas en términos de los estados internos que podemos aprehender, sentir, participar en y, por ende, compartir.

Esto debe ser visto a la luz del hecho de que somos animales muy sociales que probablemente pasamos la mayor parte de nuestra vida en presencia de otros, reales o imaginarios. A veces nuestros compañeros imaginarios son presencias vívidas; otras, son figuras, espectadores o testigos vagos en el trasfondo que entran y salen de nuestra consciencia. Pero de todos modos están ahí.

Cuando juntamos todo esto, surge un determinado mundo intersubjetivo. Ya no consideramos que nuestra mente sea tan independiente, separada y aislada. Ya no somos los únicos dueños, amos y guardianes de nuestra subjetividad. Los límites entre uno mismo y los demás siguen siendo claros pero más permeables. De hecho, un sí mismo diferenciado es una condición de la intersubjetividad. Sin él, solo habría fusión (Rochat y Morgan, 1995; Stern, 1985). Vivimos rodeados por las intenciones, sentimientos y pensamientos de otros que interactúan con los nuestros, de manera que empieza a colapsar lo que es nuestro y lo que pertenece a otros. Nuestras intenciones se modifican o nacen en un diálogo cambiante con las intenciones sentidas de otros. Nuestros sentimientos son moldeados por las intenciones, pensamientos y sentimientos de otros. Y nuestros pensamientos son cocreados en el diálogo, aun cuando este sea solo con nosotros mismos.

En resumen, nuestra vida mental es cocreada. Este continuo diálogo cocreativo con otras mentes es lo que yo llamo la matriz intersubjetiva.

En este sentido, ya no es sostenible la idea de una psicología unipersonal o de fenómenos puramente intrapsíquicos. En los últimos tiempos, el pensamiento actual en psicoanálisis ha recorrido un largo camino desde una psicología unipersonal a una psicología bipersonal (Renik, 1993). Aquí sugiero que vayamos incluso más lejos. Solíamos pensar en la intersubjetividad como una especie de epifenómeno que surge ocasionalmente cuando interactúan dos mentes separadas e independientes. Ahora consideramos la matriz intersubjetiva (que es un subconjunto especial de la cultura y la psicoterapia) como el crisol primordial en el cual las mentes interactuantes adoptan su forma actual.

Dos mentes crean intersubjetividad. Pero igualmente esta moldea ambas mentes. El centro de gravedad se ha desplazado desde lo intrapsíquico a lo intersubjetivo.

Asimismo, la intersubjetividad en la situación clínica ya no puede ser considerada solo como una herramienta útil o una de las muchas formas de estar con otro que van y vienen según sea necesario. Más bien, se pensará que el proceso terapéutico ocurre en una matriz intersubjetiva permanente. Se considerará que todos los actos físicos y mentales tienen un importante determinante intersubjetivo porque están insertos en este tejido intersubjetivo. Desde luego, algún material proviene del repertorio (pasado y presente) de un individuo. Pero incluso entonces, su momento de aparición en la escena, la forma final exacta que adopta y la coloración de su significado se forjan en la matriz intersubjetiva.

Evidencia para la matriz intersubjetiva

Entonces, ¿cuál es la evidencia para tal matriz intersubjetiva? El siguiente análisis intenta responder esta pregunta. No pretende ser exhaustivo, sino simplemente respaldar la idea.

Evidencia neurocientífica

El descubrimiento de las *neuronas espejo* ha sido crucial. Estas proporcionan posibles mecanismos neurobiológicos para comprender los siguientes fenómenos: leer los estados mentales de otras personas, especialmente sus intenciones; resonar con la emoción de otro; vivenciar lo que alguien más está vivenciando; y captar una acción observada para poder imitarla –en síntesis, empatizar con otro y establecer contacto intersubjetivo (Gallese y Goldman, 1998; Rizzolatti y Arbib, 1998; Rizzolatti, Fadiga, Fogassi y Gallese, 1996; Rizzolatti, Fogassi y Gallese, 2001).

Las neuronas espejo están ubicadas junto a las neuronas motoras. Se activan en un observador que no está haciendo más que observar la conducta de otra persona (p.ej., alargar la mano para tomar un vaso). Y el patrón de activación en el observador imita el patrón exacto que el observador utilizaría si él mismo estuviera alargando la mano para tomar el vaso. En resumen, la información visual que recibimos cuando observamos actuar a otro es mapeada en la representación motora equivalente en nuestro cerebro por la actividad de estas neuronas espejo. Nos permite participar directamente en las acciones de otro sin tener que imitarlas. Experimentamos al otro *como si* estuviéramos ejecutando la misma acción, sintiendo la misma emoción, haciendo la misma vocalización o siendo tocados tal como el otro está siendo tocado. Damásio (1999) y Gallese (2001) han descrito estos mecanismos del *como si*. Esta "participación" en la vida mental de otro crea una sensación de sentir/compartir con/entender a la persona, en particular sus intenciones y sentimientos. (Estoy usando deliberadamente el término *sentimientos* en vez de *afectos*, a fin de incluir emociones, sensaciones sensoriales y motoras, junto con los afectos darwinianos clásicos).

Claramente, el sistema de las neuronas espejo nos permitirá comprender a fondo (a nivel neuronal) el contagio, la resonancia, la empatía, la simpatía, la identificación y la intersubjetividad. En este momento, la evidencia para tal sistema de resonancia es sólida para las acciones vocales, de manos, boca, rostro y pies. Algunos han subrayado el posible papel de las neuronas espejo en la adquisición del lenguaje. Creo que ese resultará un camino menos interesante que su importancia para la intersubjetividad en general.

Este sistema posee otra característica: es particularmente sensible a las acciones orientadas a un objetivo (p.ej., movimientos con una intención que se puede inferir fácilmente). Además, la percepción de una intención atribuible parece tener su propia localización cerebral –una especie de centro detector de intenciones (Blakemore y Decety, 2001). Por ejemplo, el centro cerebral detector de intenciones se activa si la acción, en su contexto, parece tener una intención. Si se observa exactamente el mismo movimiento, pero en un contexto distinto donde no se puede atribuir una intención, el centro cerebral no se activará.

Tales hallazgos afianzan la antigua idea de una tendencia de la mente humana a percibir e interpretar el mundo humano en términos de intenciones. Y la lectura de las intenciones de los otros es fundamental para la intersubjetividad.

Existe otro hallazgo que puede servir de correlato neuronal para la intersubjetividad. Para resonar con alguien, puede que sea necesario estar inconscientemente sincronizado con esa persona. Uno podría moverse en sincronía, tal como los amantes cuando se sientan frente a frente en un café y trazan una danza a medida que simultáneamente acercan y alejan sus rostros uno del otro o mueven juntos sus manos en el mismo instante. O uno podría coordinar la velocidad y ritmo del cambio de sus propios movimientos para crear conjuntamente algún tipo de *pas de deux* práctico cotidiano –por ejemplo, uno lava los platos y el otro los seca. Uno pasa los platos lavados húmedos a quien los seca con un movimiento conjunto fluido sin pausa entremedio. Y se observan mutuamente solo con una mirada periférica.

Para esta coordinación diádica se debe disponer de algunos mecanismos. El descubrimiento de los osciladores adaptativos puede dar una pista. Estos actúan como relojes dentro de nuestro cuerpo. Pueden ser reseteados una y otra vez y su velocidad de activación puede ajustarse para calzar con la velocidad de un estímulo entrante. Estos relojes internos emplean las propiedades de tiempo real de las señales entrantes (p.ej., de alguien que nos pasa un plato) para "fijar" nuestros osciladores adaptativos, de manera que sincronizan inmediatamente su propia velocidad de activación neuronal con la periodicidad de la señal entrante (Port y Van Gelder, 1995; Torras, 1985). El resultado es que el brazo estirado de la persona que seca los platos está en perfecta coordinación temporal con la mano extendida de la persona que pasa el plato. Lee (1998) ha elaborado elegantes modelos (teoría tau) para describir cómo se podría producir este tipo de coordinación y sincronía diádicas.

La necesidad de tal mecanismo es evidente cuando se piensa en la extraordinaria coordinación temporal de la cual son capaces los seres humanos y los animales. Consideren cuán fácil nos resulta patear una pelota de fútbol en movimiento mientras corremos, o atrapar a la carrera una pelota en el aire. En las interacciones interpersonales, los problemas de coordinación temporal pueden ser aún más complejos, ya que alteramos las trayectorias con mayor rapidez e imprevisibilidad que las pelotas en movimiento. Aun así, cuando dos personas acercan sus cabezas para besarse, incluso para un primer beso repentino y apasionado, rara vez terminan quebrándose los dientes. Generalmente se produce un suave aterrizaje.

Otro trabajo reciente sobre la sincronización de fases y la integración a gran escala en el cerebro promete esclarecer más estos fenómenos en niveles fundamentales (Varela, Lachaux, Rodríguez y Martinerie, 2001).

El punto esencial es que cuando las personas se mueven en sincronía o con coordinación temporal, están participando en un aspecto de la experiencia del otro. Están viviendo en parte desde el centro del otro.

Hasta ahora, toda esta evidencia es aplicable a una intersubjetividad unilateral ("Sé lo que estás sintiendo"). Pero ¿qué pasa con la intersubjetividad bilateral o plena? ¿Una aparente redundancia? ("Sé que sabes que sé lo que estás sintiendo", y viceversa). Esto requiere de otro paso. ¿Podrían bastar los mecanismos antes descritos? Se requieren al menos dos "lecturas" del otro para la intersubjetividad bilateral. La primera es saber lo que está experimentando el otro. La segunda es saber cómo está vivenciando el otro mi experiencia de él. Se produce una lectura recursiva o reiterativa. Aquí es crucial el papel del contexto. La presencia de la intersubjetividad unilateral es el contexto determinante en el cual la segunda lectura del otro debe ser interpretada para llegar a la intersubjetividad plena. Sin embargo, quizás se necesite algo más que un mecanismo resonante, o incluso reiterado. Pronto nos referiremos a esto como un aspecto del desarrollo.

Existe un problema. Si estos mecanismos funcionan tan bien que vivimos del todo en una matriz intersubjetiva, ¿por qué no somos captados constantemente por el sistema nervioso de los demás e impregnados por su experiencia? Ahora que sabemos que existen mecanismos claros que permiten la intersubjetividad, la pregunta no es cómo lo *hacemos*, sino cómo nos *detenemos*. Evidentemente, el sistema necesita frenos. De hecho, existen tres conjuntos de frenos. El primero es la selección. Tiene que existir una puerta de entrada de la atención para que el otro sea captado e incluido suficientemente por la mente o sea excluido del proceso. Se necesita otro conjunto para garantizar que la activación de las neuronas espejo no se desparrame y active las correspondientes neuronas motoras, provocando la imitación automática o refleja que se observa en pacientes dementes con ecopraxia o "conducta imitativa" (citado en Gallese, 2001). Se requiere un tercer conjunto para inhibir o, mejor dicho, dosificar el grado de resonancia con el otro. Esta es un área de gran potencial, tanto a nivel neurocientífico como clínico. Recuerden que muchos trastornos psiquiátricos se caracterizan en parte por una falta de empatía y una incapacidad para adoptar el punto de vista de los demás. No estoy pensando en el caso extremo del autismo, sino en personalidades narcisistas, limítrofes y antisociales, donde esta falta puede ser llamativa y les causa a los pacientes los problemas que los traen a psicoterapia.

Incluso dentro del rango normal, las personas difieren mucho en la manifestación de ciertas formas de intersubjetividad. ¿Están interferidos sus mecanismos básicos para la resonancia? ¿O están sobreactuando sus sistemas para frenar e inhibir su inmersión intersubjetiva? ¿Cuál es el papel de la experiencia durante el desarrollo al fijar estos parámetros? Aquí se requiere mucha más investigación.

Evidencia evolutiva

Inmediatamente después del nacimiento se pueden observar formas tempranas de intersubjetividad en los bebés. Esto aboga por la naturaleza fundamental de la matriz intersubjetiva en la cual nos desarrollamos. Diversos investigadores han descrito conductas intersubjetivas en niños preverbales, presimbólicos. Esta manifestación temprana de la intersubjetividad habla de su cualidad innata. Beebe, Knoblauch, Rustin y Sorter (2002) aportaron una excelente revisión y comparación de tres enfoques paralelos de la intersubjetividad temprana.

Trevarthen (1974, 1979, 1980, 1988, 1993, 1999/2000; Trevarthen y Hubley, 1978) descubrió la intersubjetividad primaria en niños muy pequeños mediante la observación de la estrecha coordinación mutua de la conducta de madre e hijo durante el juego libre: la sincronización de sus movimientos, la aparición de sus expresiones faciales y su anticipación de las intenciones del otro. Por ejemplo, en un experimento, madre e hijo interactúan a través de un montaje televisivo: están en habitaciones separadas, pero se ven y escuchan entre sí en un monitor como si estuvieran sentados cara a cara. Si se introduce experimentalmente un retraso de fracciones de segundo en el sonido o la imagen de la madre en acción, el niño lo advierte con rapidez y la interacción se detiene. La correspondencia se prevé desde ya en el contacto interhumano. Correspondencia es la palabra clave que lleva a Trevarthen a hablar de "intersubjetividad primaria".

La imitación temprana ha sido otra vía importante para proponer formas tempranas de intersubjetividad (Kugiumutzakis, 1998, 1999, 2002; Maratos, 1973; Meltzoff, 1981, 1995; Meltzoff y Gopnik, 1993; Meltzoff y Moore, 1977, 1999). Meltzoff y colegas empezaron concentrándose en neonatos que imitaban acciones observadas en el rostro de un experimentador (p.ej., sacar la lengua). ¿Cómo se podrían explicar tales conductas cuando el bebé no sabía que tenía un rostro o una lengua –cuando solo veía una imagen visual del acto del experimentador–, pero aun así respondía con un acto motor guiado por su propia retroalimentación propioceptiva (no visual)? ¿Y cuando no habían existido procesos de aprendizaje previos para establecer tal imitación (invisible)? La respuesta se encuentra en una forma temprana de intersubjetividad basada en la transferencia modal cruzada[10] de forma y sincronización. Se descubrieron otros ejemplos de imitación temprana. Meltzoff y colegas concluyeron que los bebés internalizan algo del otro en el acto de imitación, lo cual consolida la sensación de que el otro es "como yo" y "yo soy como ellos". Luego especula

---

[10] Se refiere a representaciones en una modalidad que se transfieren a otra modalidad. Por ejemplo, un estímulo auditivo de un violonchelo que se transfiere a una sensación kinestésica de paz o a una sensación visual de un halo azul verdoso (N. del E.).

que para que un bebé aprenda sobre (haga representaciones internas de) los objetos inanimados, debe manipularlos o introducírselos en la boca, pero para que aprenda sobre (y represente a) las personas, debe imitarlas. La mente del bebé utiliza diferentes canales para las personas.

Mis colegas y yo hemos tomado una tercera vía (Stern, 1977, 1985, 2000; Stern *et al.*, 1984). Me he interesado más en cómo los individuos de la díada se comunican entre sí sus estados emocionales internos. Por ejemplo, si un niño muestra una conducta afectiva luego de un evento, ¿cómo podría la madre comunicarle que ha captado, no solo lo que él hizo, sino también el sentimiento que este vivenció que subyacía a lo que hizo? El énfasis ha pasado de la conducta manifiesta a la experiencia subjetiva subyacente. Propuse la *sintonización afectiva*, una forma de imitación selectiva y modal cruzada, como vía para compartir estados emocionales internos, en contraste con la imitación fiel como vía para compartir conductas manifiestas.

Jaffe y colegas (2001) añadieron otra evidencia muy interesante. Demostraron cómo los bebés preverbales (4 y 12 meses) y sus madres sincronizan con precisión el comienzo, detención y pausas de sus vocalizaciones para crear un acoplamiento rítmico y coordinación bidireccional de sus diálogos vocales. Esto implica que han "captado" no solo su propia sincronización, sino también la del otro.

Obviamente, la coordinación de los momentos oportunos es esencial para la sincronización y el acceso a la experiencia de un otro. Watson (1994) y Gergely y Watson (1999) descubrieron una forma fascinante en que el bebé se vuelve sensible a la conducta y los momentos oportunos de otros. Proponen que nosotros y los bebés tenemos "analizadores innatos de detección de contingencias". Tales módulos miden el grado en que la conducta de alguien se sincroniza exactamente con o responde a la nuestra. Descubrieron que antes de los 3 meses, los bebés se interesan más en eventos que son perfectamente contingentes con su conducta. Esto haría que fueran más sensibles a sí mismos. Entre los 4 y 6 meses se produce un cambio. Los bebés se interesan más en eventos que son extremada pero imperfectamente contingentes con su propia conducta. Eso es exactamente lo que hace un otro que interactúa. Ahora se interesan más en los momentos oportunos conductuales de otros, utilizándose a sí mismos como estándar.

El trabajo de muchos otros investigadores también ha influido significativamente en estos temas (p.ej., Emde y Sorce, 1983; Klinnert, Campos, Sorce, Emde y Svejda, 1983; Sander, 1975, 1977, 1995b; Stern, 1971; Stern y Gibbon, 1978; Tronick, 1989; Tronick, Als y Adamson, 1979; Tronick, Als y Brazelton, 1977). Lo más importante es que todos estos autores coincidieron en que los bebés nacen con una mente que está especialmente sintonizada con otras mentes, lo que se manifiesta en su conducta. Esto se basa en gran medida en la detección de correspondencias en el momento oportuno, intensidad y forma que son intermodalmente aplicables. El resultado es que desde el nacimiento en adelante, se puede hablar de una psicología de mentes mutuamente sensibles.

Además, estos investigadores coinciden en que durante la infancia preverbal, los bebés son especialmente sensibles a la conducta de otros seres humanos; utilizan diferentes capacidades perceptuales y de expectativas en las interacciones interpersonales, en comparación con las interacciones consigo mismos o con objetos inanimados. Tratan a los demás como si se parecieran a ellos y esperan que sean parecidos pero no idénticos a ellos. Forman representaciones presimbólicas de otros o de estar-con-otros. Pueden participar en el estado mental de un otro. En resumen, está presente una forma de intersubjetividad temprana.

No se han realizado estudios de neuronas espejo u osciladores adaptativos en niños de esta edad. Sin embargo, tales osciladores, o algo muy parecido, deben estar presentes.

Aproximadamente después de los 7 a 9 meses de edad, la escena cambia un poco. El bebé es capaz de una forma más elaborada de intersubjetividad, lo que Trevarthen y Hubley (1978) han denominado "intersubjetividad secundaria" (ver también Stern, 2000). Estas formas de intersubjetividad también aparecen mucho antes de que el bebé sea verbal o simbólico. Los estados mentales compartibles empiezan a incluir intenciones orientadas a un objetivo, el foco de atención, afectos y evaluaciones hedónicas y, como antes, la experiencia de la acción. Cada uno de estos es un ámbito parcialmente separado de la intersubjetividad. La participación en los sentimientos del otro es solo uno de estos ámbitos. Se están realizando muchas más investigaciones sobre el compartir el foco de atención con la finalidad de triangular un objeto, donde el niño "pasa a través del otro" para alcanzar el objeto. Este es un aspecto más cognitivo de la intersubjetividad necesario para la simbolización y el lenguaje (p.ej., Hobson, 2002).

Nuestros intereses se encuentran más en la esfera emocional/vivencial de la intersubjetividad. En este ámbito, la lectura de intenciones merece especial atención, porque las intenciones son esenciales para las formas de intersubjetividad que más nos interesarán en términos clínicos. El argumento, para resumir por adelantado, es que la capacidad de leer intenciones aparece a muy temprana edad.

En todas las perspectivas sobre la actividad humana motivada, la intención es fundamental. Se requiere de algún elemento psicológico para empujar, tirar, activar o movilizar de algún modo los eventos. Las intenciones se presentan bajo muchos disfraces y variantes. En la psicología popular, usando los ejemplos del periodismo y los chismes, el motivo –el *¿por qué?*– es lo que impulsa la historia. En el psicoanálisis, es el anhelo o el deseo. En la etología, es la motivación activada. En la cibernética, es el objetivo y su valor. En las teorías narrativas, puede ser el deseo, la creencia, el objetivo, el motivo o el problema. Las intenciones, en una u otra forma y en uno u otro estado de completitud, siempre están ahí, actuando como el motor que impulsa la acción, la historia o la mente.

Nosotros vemos el mundo humano en términos de intenciones. Y actuamos en términos de nuestras propias intenciones. No se puede funcionar con otros seres humanos sin leer o inferir sus motivos o intenciones. Esta lectura o atribución de intenciones es nuestra principal guía para responder e iniciar la acción. La inferencia de intenciones en la conducta humana parece ser universal. Es un primitivo mental. Se refiere a cómo analizamos e interpretamos nuestro entorno humano. Si uno es incapaz de inferir las intenciones de otros o está profundamente desinteresado en hacerlo, ellos actuarán fuera del límite humano. Se ha asumido que las personas autistas y algunos esquizofrénicos se encuentran en esta posición. (Para una discusión del autismo en la esquizofrenia desde una perspectiva fenomenológica, ver Parnas, Bovet y Zahavi [2002]). Reconocer y descifrar la intencionalidad es un punto de partida razonable para la adaptación y la supervivencia.

Existe otra razón para asignar tal importancia a la interpretación de intenciones en la conducta como una especie de primitivo mental: la percepción/inferencia de intenciones en las acciones humanas comienza a muy temprana edad. Meltzoff (1995; Meltzoff y Moore, 1999) ha descrito dos situaciones en que los niños preverbales captan la intención de alguien que actúa, aun cuando jamás hayan visto la intención plenamente representada, en otras palabras, como habiendo alcanzado su objetivo intencionado. En tal situación, el captar la intención requiere de una inferencia.

En un experimento, un niño preverbal observaba a un experimentador tomar un objeto e "intentar" colocarlo en un recipiente. Pero, en el camino, dejaba caer el objeto, de manera que no se alcanzaba el objetivo intencionado. Más tarde, cuando el niño era llevado de vuelta a la escena y se le proporcionaba el mismo material, tomaba el objeto y lo ponía directamente en el recipiente. En otras palabras, representaba la acción que supuso se pretendía, no la que vio. Había elegido privilegiar la intención no vista, asumida, en vez de la acción observada, efectiva.

En otro experimento de este tipo, un niño preverbal observaba a un experimentador actuar como si quisiera sacarle un disco a una especie de mancuerna, pero no lo conseguía. Más adelante, cuando al niño se le entregaba el objeto, de inmediato trataba de sacar el disco. Lo lograba y parecía contento. Sin embargo, si el "experimentador" era un robot que realizaba las mismas acciones fallidas, el niño no intentaba sacar el disco. Los niños parecen asumir que solo las personas, no los robots, tienen intenciones que vale la pena inferir e imitar.

Gergely, Nadsasdy, Csibra y Biro (1995) y Gergely y Csibra (1997) han realizado un experimento relacionado con niños más pequeños, utilizando dibujos animados de la televisión. También aquí los niños que observan la animación interpretan la escena en términos de las intenciones que infieren en lugar de las acciones que ven. (Ciertamente es crucial el hecho de que los objetos son animados, es decir, actúan como personas). Rochat y colegas han demostrado la misma primacía de la intención inferida por sobre la acción vista en bebés de 9 meses (Rochat, 1995, 1999; Rochat y Morgan, 1995).

En todo caso, la lectura de intenciones (en cualquier nivel del desarrollo) es posible y necesaria desde muy temprana edad. Nuevamente se puede plantear una interrogante neuroanatómica: ¿no existirá un centro ya desarrollado en el cerebro del niño, tal como existe en los adultos, que se activa en presencia de una conducta a la cual se puede atribuir una intención dirigida a un objetivo? Tendría que haber uno.

Bråten (1998a, 1998b) ha reunido la anterior evidencia evolutiva en el niño presimbólico acuñando el término *participación altero-centrada*. Con esto se refería a que la intersubjetividad se presenta en la infancia gracias a la capacidad innata de entrar y participar en la experiencia del otro. Sugirió que la mente humana está construida para el encuentro con "otros virtuales" y, por supuesto, otros reales. Sus conclusiones calzan muy bien con la presencia de mecanismos subyacentes de neuronas espejo y osciladores adaptativos. En este contexto, la noción de *otros virtuales* sirve de preludio a la perspectiva fenomenológica analizada al final del capítulo.

A los 12 meses se observa la "referenciación social" (Emde y Sorce, 1983; Klinnert, Campos, Sorce, Emde y Svejda, 1983). Un ejemplo común es cuando un bebé que recién está aprendiendo a caminar se cae y se sorprende, sin haberse lastimado. Mirará el rostro de su madre y "sabrá" qué debe sentir. Si la madre expresa miedo y preocupación, el bebé llorará. Si sonríe, el bebé probablemente reirá. En otras palabras, en situaciones de incertidumbre o ambivalencia, el estado afectivo observado en otros es pertinente a cómo el bebé se sentirá.

Después de los 18 meses, cuando el niño se torna verbal, rápidamente se agregan nuevas formas de intersubjetividad (Astington, 1993). En cuanto el niño pueda hacer, sentir o pensar algo por su propia cuenta, probablemente sea capaz de participar en lo que otros estén haciendo, sintiendo o pensando. La amplitud de la intersubjetividad del niño solo aguarda su propio desarrollo. (Aquí hay una interesante pregunta sin resolver: ¿podría un niño participar en la experiencia de un otro incluso antes de poder hacerlo por sí mismo? Esta es una pregunta legítima, porque, como regla del desarrollo, las capacidades receptivas aparecen antes que las productivas).

Según la psicología cognitiva, alrededor de los 5 años, los niños adquieren una "teoría de la mente" más general, desarrollando una capacidad más formal para representar estados mentales en otros. Actualmente se debaten diversas versiones de la teoría de la mente en niños (p.ej., Baron-Cohen, 1995; Fodor, 1992; Goldman, 1992; Gopnik y Meltzoff, 1998; Harris, 1989; Hobson, 2002; Hobson y Lee, 1999; Leslie, 1987). Un punto central del debate es si acaso (y en qué medida) la capacidad para representar otras mentes es un proceso cognitivo formal o si depende de la resonancia o la simulación que permite algún tipo de acceso emocional directo a la experiencia del otro. Por cierto, cada uno podría reforzar al otro a medida que el desarrollo avanza. Pero no puedo imaginar ninguna base fundamental para la intersubjetividad sin resonancia o simpatía de algún mecanismo. A fin de cuentas, se trata de sentimientos, no de cognición (ver también Widlocher, 1996).

Existen otros dos puntos que vale la pena mencionar. La intersubjetividad diádica requiere algún tipo de participación recursiva en o representación de la mente del otro. La teoría de la mente puede resultar útil en tales consideraciones, al menos después de la infancia. Por ejemplo, la intersubjetividad unilateral ("Yo sé/siento que tú...") no requiere de una teoría de la mente. Sin embargo, puede que la reiteración intersubjetiva necesaria para la intersubjetividad bilateral ("Yo [o nosotros] sé/siento [sabemos/sentimos] que tú sabes que yo [nosotros] sé [sabemos]...") tampoco requiera de una teoría de la mente, pero la mejoraría considerablemente cuando se desarrolle. (La tajante distinción que he trazado entre las intersubjetividades unilateral y diádica es excesiva, en especial en la práctica. En la mayoría de las situaciones, es más provechoso pensar en términos de grados de simetría y asimetría, donde estas representan los polos de un espectro).

Creo que muchos teóricos de la teoría de la mente fijan criterios demasiado estrictos acerca de cuándo es factible asumir una teoría genuina de la mente, a menudo utilizando la capacidad para representar creencias erróneas en otros como único y último criterio (alrededor de los 5 años). Sin embargo, el trabajo de Dunn (1999) y Reddy y colegas (Reddy, 1991; Reddy, Williams y Vaughn, 2002) sobre las bromas, burlas, engaños, mentiras y crueldad de los niños pequeños sugiere que con frecuencia se observan formas aún más tempranas de la teoría de la mente en contextos naturales.

En síntesis, la evidencia evolutiva sugiere que, desde el nacimiento, el niño entra en una matriz intersubjetiva. Esto se puede asegurar porque de inmediato manifiesta formas básicas de intersubjetividad. A medida que desarrolle nuevas capacidades y disponga de nuevas experiencias, el niño será arrastrado a la matriz intersubjetiva, que tiene su propia ontogénesis. La amplitud y complejidad de esta matriz se expande con rapidez, incluso durante el primer año de vida, cuando el niño aún es presimbólico y preverbal. Luego, al cumplir 2 años y ser capaz de nuevas experiencias –p.ej., las emociones "morales" de vergüenza, culpa y humillación–, estas emociones son atraídas a la matriz intersubjetiva como algo que ahora puede experimentar dentro de sí mismo y en otros. La riqueza intersubjetiva vuelve a aumentar con la aparición de capacidades cognitivas más desarrolladas durante la niñez. Y de nuevo, en cada fase del desarrollo a lo largo de la vida, la matriz intersubjetiva se profundiza y enriquece más.

En el trabajo de Hofer (1994) se presenta una suerte de analogía neurobiológica de la matriz intersubjetiva. Él descubrió que en la relación madre-cría entre ratas, las conductas de la madre (p.ej., lamer, tocar, vocalizar) desempeñan un papel crucial en la regulación fisiológica de la cría (p.ej., ritmo cardiaco, temperatura corporal, digestión, niveles hormonales). Lo más sorprendente es la especificidad con la cual determinadas conductas maternas regulan determinados mecanismos fisiológicos. Estos hallazgos son análogos en el sentido de que las crías que están desarrollando su homeostasis fisiológica parecerían estar bajo el control de sus propios mecanismos regulatorios: una biopsicología de una rata. Sin embargo, también están bajo el control de las conductas maternas manifiestas: una biopsicología de dos ratas. Al igual que en el caso de la intersubjetividad, las intenciones y sentimientos que se determinan en el bebé humano en desarrollo son fuertemente regulados por y están sujetos a la influencia de la vivencia expresada de la madre.

Evidencia clínica sugerente

El mundo que experimentan las personas autistas no deja de impactar. Lo que las hace tan extrañas y al mismo tiempo tan fascinantes es que se ven tan totalmente humanas, pero violan tanto de lo que esperamos de los seres humanos. Parecen vivir fuera de nuestra acostumbrada matriz intersubjetiva. Existen varios relatos conmovedores de esta condición. Algunos, como el retrato autobiográfico de Temple Grandin (1995) –con introducción de Oliver Sacks–, tratan de adultos con síndrome de Asperger, una subcategoría de alto funcionamiento del espectro autista. Estos relatos son quizás los más sugestivos, porque con el síndrome de Asperger el cuadro clínico está menos plagado de las incapacidades y otras formas patológicas que se observan en muchas otras formas de autismo cuando hay presente algún grado de trastorno generalizado del desarrollo.

Otros relatos se centran más en niños con diversas formas de autismo (p.ej., Baron-Cohen, 1995; Happé, 1998; Hobson, 1993; Maestro,

Muratori, Cavallaro *et al.*, 2002; Nadel y Butterworth, 1999; Nadel y Peze, 1993; Sigman y Capps, 1997). Pero allí también invariablemente se comenta la evitación del contacto visual (la ventana al alma y a la mente del otro) por parte de estos niños, su relativa falta de respuesta al contacto humano (físico y psicológico) y su desinterés o incapacidad para comunicarse verbal o no verbalmente (excepto de manera instrumental). Respecto a este último punto, sirva un ejemplo. Aproximadamente al año de vida, cuando los niños empiezan a señalar con el dedo, se distinguen dos tipos de señalar: para obtener algo y para mostrar algo que es interesante o novedoso. Solo el segundo tipo de señalar es intersubjetivo en el sentido de que la intención es compartir la misma experiencia. Algunos niños autistas señalan, pero solo para obtener algo que desean, muy rara vez para compartir una experiencia.

Lo más llamativo de las personas autistas es que no están inmersas en una matriz intersubjetiva. Parece haber una falla en la "lectura de mentes". Aún más, da la impresión de que no hay ningún interés en leer la conducta o la mente del otro, como si no tuviera ningún atractivo especial o posibilidades –en todo caso, no más que un objeto inanimado. Otros, como Tustin (1990), han afirmado que este "desinterés" y falta de atención a las cuestiones humanas son defensas que los protegen de umbrales dolorosamente bajos a la estimulación humana. Aun cuando esta explicación sea correcta, totalmente en algunos casos y en parte en otros, el resultado es el mismo. El mundo humano no es tratado como algo especial y "como ellos".

Existe una falla masiva de la intersubjetividad. Parecen ser "ciegos a las mentes". Esto hace que los autistas a menudo parezcan extraños o de "otro mundo", como dice Sacks cuando describe a Grandin como "una antropóloga de Marte" que lucha por entender a los demás seres humanos que la rodean. En su caso, no hay discapacidad intelectual, tiene un doctorado y es mundialmente famosa en su especialidad. Sin embargo, debe recordar preguntar si alguien tiene hambre o sed, porque esto no le llega en forma directa, empáticamente, sino más bien como una probabilidad lógica dadas las circunstancias. Uno de los eventos humanos que más la desconcierta es cuando ve jugar a los niños. No comprende qué los hace reír o pelear de repente. No establece relaciones sociales íntimas. Le resultan demasiado complicadas e incomprensibles.

De hecho, muchos de los esfuerzos educacionales con personas autistas de alto funcionamiento están dirigidos a los intercambios sociales del tipo más instrumental, como en qué momento decir "Gracias", "De nada", "¿Quiere sentarse, por favor?", etc. Tales respuestas suelen fluir directamente al participar en la experiencia de un otro.

Bråten (1998b) relató una anécdota clínica esclarecedora sobre este punto. Cuando una madre levanta las manos, con las palmas hacia delante, es probable que su niño normal también levante las manos de modo que sus palmas se toquen (paso previo para los juegos de palmaditas). ¿Eso es una imitación? Sí, en el sentido de que el niño ha hecho lo que la madre hizo. Sin embargo, él está viendo las palmas de su madre, no el dorso. ¿Por qué el niño no coloca el dorso de sus manos contra las palmas de su madre y así puede ver sus propias palmas tal como vio las de ella? Eso es precisamente lo que hacen muchos niños autistas. Los niños normales han imitado desde adentro del punto de vista de la madre, en el cual participaron. Los niños autistas han imitado desde su propio punto de vista, participando solo parcialmente en la experiencia de la madre.

La existencia del autismo no constituye de por sí prueba fehaciente de la matriz intersubjetiva. Sin embargo, la imagen de personas que viven sin estar inmersas en una matriz intersubjetiva ofrece una perspectiva sobre la matriz en la cual vivimos normalmente. Esta matriz es como el oxígeno. Lo respiramos todo el tiempo sin advertir su presencia. Cuando nos enfrentamos al autismo, podemos percibir el mundo sin oxígeno, lo cual resulta impactante.

Apoyo desde la fenomenología

Había esperado encontrar un dios o diosa de la antigüedad que tuviera el don de leer mentes (no predecir el futuro) y pudiera ofrecérselo a un ser humano. Este don volvería transparentes las mentes de los otros. Aún tengo que encontrar tal deidad. Mis colegas expertos en estos temas me aseguraron que mi búsqueda es en vano. Al menos en la antigüedad occidental, la mente no estaba confinada a, ni aprisionada en, la cabeza o el corazón de una persona. La mente circulaba con mayor libertad, recibiendo estímulos constantes de la naturaleza y los dioses. No pertenecía a alguien como una propiedad secreta y privada. No era muy necesario el don de volver transparentes las mentes de los otros.

Históricamente, nosotros, en el Occidente moderno, orientado a la ciencia, hemos aislado la mente del cuerpo, la naturaleza y otras mentes. Nuestra experiencia de nuestro cuerpo, de la naturaleza y otras mentes tiene que construirse en forma privada y tal vez de manera muy idiosincrásica dentro de nuestra propia mente. Hasta hace poco, esta ha sido la opinión imperante y prácticamente no ha encontrado oposición excepto de parte de los filósofos.

Ahora estamos experimentando una revolución, no de vuelta a los puntos de vista de la antigüedad, sino acercándonos a ellos. Esta revolución ha sido inspirada en gran medida por la obra del filósofo de la fenomenología Edmund Husserl (1913/1962, 1930/1980, 1930/1989, 1931/1960, 1964). El enfoque fenomenológico ha sido revitalizado por filósofos contemporáneos e incorporado por algunos científicos a las actuales visiones alternativas de la naturaleza humana que rápidamente están cobrando fuerza (p.ej., Beer, 1995; Clark, 1997, 1999; Damásio, 1994, 1999; Freeman, 1999a, 1999b; Gallagher, 1997; Marbach, 1999; Sheets-Johnstone, 1999; Thompson, 2001; Varela, 1996, 1999; Zahavi, 1996, 1999, 2001).

Según esta nueva visión, la mente siempre se encarna en y se hace posible gracias a la actividad sensomotriz de la persona, se entreteje con y es cocreada por su entorno físico inmediato y se constituye mediante sus interacciones con otras mentes. La mente adopta y mantiene su forma y naturaleza a partir de este tránsito abierto. La mente emerge y existe, a partir de procesos autoorganizativos intrínsecos, interactuando con otras mentes. Sin estas constantes interacciones, no habría una mente reconocible.

Una de las consecuencias de esta visión de la "cognición encarnada" es que la mente está, por naturaleza, "abierta en términos intersubjetivos", pues se constituye en parte a través de su interacción con otras mentes (Husserl, 1931/1960; Thompson, 2001; Zahavi, 1996, 2001). Esto significa que los seres humanos poseen un primitivo mental descrito como "la experiencia prerreflexiva pasiva (no iniciada voluntariamente) del otro en cuanto ser encarnado como uno mismo [...]" (Thompson, 2001, p. 12).

En términos neurobiológicos, se puede considerar que esta experiencia prerreflexiva de la apertura intersubjetiva surge de mecanismos tales como las neuronas espejo, los osciladores adaptativos y otros procesos similares que probablemente se descubran pronto. Pero a nivel vivencial, esta apertura intersubjetiva crea las condiciones para la intersubjetividad primaria (sincronía, imitación, sintonización, etc.) que se observa en la primera infancia, y para las manifestaciones de la intersubjetividad secundaria (como la empatía "genuina") que se aprecia después. En tal sentido, en mi opinión, Bråten (1998a) escribió que el niño es obligado por su naturaleza a encontrarse con "otros virtuales". Estamos preacondicionados para entrar en la matriz intersubjetiva, que es una condición de lo humano.

Cualquier consideración acerca del proceso psicoterapéutico debe tomar en cuenta las premisas anteriores. La existencia de una matriz intersubjetiva define el contexto psicológico en el cual la relación terapéutica cobra forma. Transferencia y contratransferencia son solo casos especiales de un proceso constante. La idea de una psicología unipersonal es impensable en esta situación.

Estas consideraciones arrojan otra luz sobre los momentos presentes. Los encuentros intersubjetivos tienen una duración relativamente corta. Son creados en uno o varios momentos presentes. Por lo tanto, el momento presente sigue siendo una unidad procedimental fundamental en la cocreación de la matriz intersubjetiva.

Capítulo 6. La Intersubjetividad como Sistema Motivacional Básico y Primario

La intersubjetividad es una condición de lo humano. Sugeriré que también es un sistema motivacional innato y primario, esencial para la supervivencia de la especie, y tiene un estatus como la sexualidad o el apego.

El deseo de intersubjetividad es una de las principales motivaciones que impulsa a una psicoterapia. Los pacientes desean ser conocidos y compartir qué se siente ser ellos. Este deseo se ve equilibrado en parte por diversas inquietudes. Cuando examinamos detenidamente el proceso terapéutico, descubrimos que es más fácil comprenderlo como la regulación del campo intersubjetivo entre terapeuta y paciente. Este deseo de ser conocido y la regulación permanente del espacio intersubjetivo también son características esenciales de cualquier amistad íntima.

Estas ideas me han llevado a examinar la intersubjetividad desde una perspectiva aún más amplia que la psicoterapia y ver si acaso no sería mejor considerarla como una necesidad humana básica. Un sistema motivacional básico debiera ser una tendencia universal a comportarse de un modo característico de una especie. Esta tendencia debiera favorecer fuertemente la supervivencia de la especie. Debiera ser universal e innata, aunque puede requerir de un importante moldeamiento ambiental. Debe poseer una cualidad preferente, de modo que su valor para el organismo pueda tener prioridad y las conductas se puedan alistar, reunir y organizar según sea necesario. No es una presión constante, pero puede activarse y desactivarse. ¿En qué medida la intersubjetividad cumple con estos criterios?

Otorga una ventaja para la supervivencia

La intersubjetividad hace tres importantes contribuciones para garantizar la supervivencia: propicia la formación de grupos, mejora el funcionamiento de estos y asegura la cohesión grupal al dar origen a la moralidad. El mismo impulso que contribuye a la supervivencia de la especie también puede servir para posibilitar la psicoterapia y la intimidad psíquica entre amigos.

Formación de grupos

Los seres humanos somos una especie relativamente indefensa. Sobrevivimos gracias a nuestro cerebro y la actividad grupal coordinada. La supervivencia humana depende de la formación de grupos (familias, tribus, sociedades) y la cohesión grupal casi constante. Somos los mamíferos más hipersociales e interdependientes. Muchas capacidades y motivaciones diferentes actúan en conjunto para formar y mantener los grupos: los vínculos de apego, la atracción sexual, las jerarquías de dominio, el amor, la sociabilidad. A esta lista se debe agregar la intersubjetividad.

Independientemente de cómo la definamos, la intersubjetividad tiene que operar tanto para los grupos como para las díadas. La pareja es un subsistema de las unidades básicas de adaptabilidad evolutiva: la familia y la tribu. En esta materia, cobra especial importancia el trabajo de Fivaz y el Grupo de Lausana (Fivaz-Depeursinge, 2001; Fivaz-Depeursinge y Corboz-Warnery, 1998). Han demostrado que, en las primeras fases de la formación de la familia, cuando el bebé tiene entre 3 y 6 meses, se empiezan a observar los inicios de una intersubjetividad tripartita entre la madre, el padre y el bebé. La intersubjetividad debe existir entre tres así como entre dos para forjar una tríada psicológica con reciprocidad, aunque sea asimétrica –en otras palabras, una familia íntima en términos intersubjetivos.

Estos autores han demostrado, por ejemplo, que cuando un bebé de 3 a 6 meses, la madre y el padre están sentados en triángulo, se puede producir una fascinante interacción tripartita que sugiere una intersubjetividad triádica. Por ejemplo, mientras juegan juntos, es probable que el bebé alterne rápidamente sus orientaciones y señales afectivas entre sus padres, como si quisiera compartir su placer e interés, o frustración, con ambos. O, mientras juega con el padre y sucede algo emocionante y placentero entre ambos, es probable que el bebé se dé vuelta para mirar a la madre, como si quisiera decir: "¿Viste eso?". Lo más interesante es que si ha ocurrido algo inesperado o extraño entre el bebé y uno de los padres, es probable que él mire al otro progenitor, como diciendo: "¿De qué se trata eso?". Aquí es posible que estemos siendo testigos de una forma temprana de referenciación social.

A los 9 meses se ha diferenciado la referenciación social tripartita (triangular); el bebé "consultará" constantemente los rostros de sus padres respecto a lo que está ocurriendo entre ellos o en el ambiente. Los procesos mediante los cuales responden –leer su mente, sintonizar afectivamente con sus sentimientos, a veces acertando, otras equivocándose– permanecerán en la modalidad implícita y puede que constituyan momentos clave de crear significados como trío.

El dominio de la experiencia intersubjetiva de la familia crece con el tiempo en la vida de una familia. Adopta nuevas dimensiones con el desarrollo (p.ej., con la aparición de las emociones morales y luego las conarraciones) y también con el tamaño de la familia. Los mismos fenómenos observados en el triángulo surgen en la unidad de la familia cuando esta aumenta a cuatro o más miembros (F. Frascarolo, comunicación personal, 8 de abril de 1998).

Esta historia compartida es parte del pegamento que define la identidad y estatus de la familia como unidad singular. De hecho, las familias pueden alcanzar impresionantes niveles de riqueza y sutileza intersubjetivas. Esto se suele evidenciar cuando un "extraño" participa en una animada cena familiar. El lenguaje se mueve alrededor de los bordes de la experiencia pasada compartida de la familia, haciendo solo referencias fugaces. Abundan los circuitos pequeños, las elipses y las palabras en clave. Los miembros de la familia captan de inmediato lo que están pensando los otros integrantes. Y el extraño, aunque haya entendido el significado nominal de cada palabra, no puede comprender aquellos momentos en que todo el grupo estalla en carcajadas o cuando se produce un cambio en el tono afectivo.

En líneas generales, el sistema motivacional intersubjetivo se encarga de regular la pertenencia psicológica versus la soledad psicológica. Los polos de este espectro son, en un extremo, la soledad cósmica y, en el otro, la transparencia mental, la fusión y la desaparición del sí mismo. El sistema motivacional intersubjetivo regula la zona de confort intersubjetivo entre ambos polos. El punto exacto de confort depende de nuestro papel en el grupo, con quién estamos y la historia personal de la relación que llevó a ese momento. El punto en el continuo debe ser negociado constantemente con ajustes segundo a segundo. Demasiadas cosas están en juego como para que sea de otro modo.

Lo que está en juego es la intimidad y la pertenencia psicológicas, que desempeñan un importante papel en la formación y mantención del grupo. La pertenencia psicológica es diferente de los vínculos físicos, sexuales, de apego o de dependencia. Es un distinto tipo de relacionamiento. Es una forma de pertenencia grupal ya sea exclusiva de los seres humanos o que ha dado un enorme salto cuantitativo y cualitativo en nuestra especie. Se podría argumentar que ese salto es el lenguaje. Pero sin la intersubjetividad, no podría haberse desarrollado el lenguaje.

Se puede considerar que el sistema motivacional intersubjetivo está separado de y es complementario al sistema motivacional de apego –e igualmente fundamental. En términos clínicos, vemos conductas sexuales o de apego al servicio de la pertenencia intersubjetiva (y viceversa). (Para un análisis más detallado de estos temas, ver Dornes, 2002; Lichtenberg, 1989; y McDonald, 1992). En la teoría del apego existen dos motivaciones y polos opuestos: la proximidad/seguridad y la distancia/exploración-curiosidad. El sistema de apego intercede entre estos dos polos. La ventaja básica de supervivencia está en mantenerse físicamente juntos para protegerse de amenazas ambientales, ya sean tigres, automóviles, enchufes u otras personas, y al mismo tiempo, permitir la exploración para aprender acerca del mundo. El sistema de apego está diseñado para la cercanía física y la unión grupal, más que para la intimidad psicológica. Muchas personas que están "fuertemente" apegadas no comparten cercanía o intimidad psicológicas (de hecho, todo lo contrario). Para ello se requiere del sistema de intersubjetividad.

Hago una clara distinción entre los sistemas motivacionales de apego y de intersubjetividad, aun cuando pueden apoyarse y complementarse mutuamente. El autismo proporciona algunas evidencias para esta distinción. Los niños autistas presentan destrezas intersubjetivas muy deficientes, pero son apegados a sus padres. Shapiro, Sherman, Calamari y

Koch (1987) y Sigman y Capps (1997) describieron que los niños autistas muestran conductas de apego claras e identificables aun cuando las pautas de apego sean anormales. Las investigaciones en apego no miden la fuerza del apego, sino los patrones conductuales utilizados para apegarse. Sin embargo, nadie sugiere que los niños autistas parezcan desapegados o apegados de manera más débil.

Separar los dos sistemas motivacionales es importante tanto teórica como clínicamente. Las personas pueden estar apegadas sin compartir intimidad intersubjetiva o ser íntimas en términos intersubjetivos sin estar apegadas, o ambas o ninguna. Para una conexión plena entre las personas, se necesita apego e intersubjetividad, además de amor. En la situación clínica, la intersubjetividad es esencial; el apego y el amor no tanto. Sin embargo, suele haber una mezcla de los tres, variando ampliamente las proporciones.

En todo caso, el apego y la intersubjetividad se apoyan mutuamente. El apego mantiene a las personas cerca, con lo cual se puede desarrollar o profundizar la intersubjetividad, y esta crea las condiciones propicias para la formación de apegos. En el desarrollo del niño, es difícil decir cuál surge primero. Sabemos que la sensibilidad y la capacidad de respuesta del cuidador en los primeros meses de vida son tanto una manifestación de la intersubjetividad como una condición indispensable para el apego seguro (Fonagy, 2001). Ambos sistemas motivacionales actúan conjuntamente para garantizar la cohesión grupal necesaria para la supervivencia. Aunque se apoyan mucho entre sí, siguen siendo sistemas independientes.

En algunas sociedades, la mente individual no se considera privada, única e independiente. El concepto del sí mismo es menos individualista y está más conectado con la matriz intersubjetiva del grupo. En estas situaciones, la pertenencia se mantiene más a través de rituales y actividades grupales (danza, movimiento, canto, narración, cántico) que a través de aislados intercambios verbales intersubjetivos diádicos. En tales situaciones, la expulsión o marginación física del grupo causa una alienación que es una mezcla de apego dañado y soledad psíquica.

En la mayoría de las culturas occidentales, la pertenencia psíquica se logra en gran parte a través de contactos intersubjetivos diádicos y familiares. No solo somos una especie muy social, sino también muy íntima, donde la intimidad mental es la clave de las relaciones. En la mayoría de nuestros conceptos occidentales modernos del amor y la amistad, la intersubjetividad es tal vez *el* elemento indispensable. Con el desarrollo, las personas con quienes uno busca con mayor avidez el relacionamiento intersubjetivo cambian, empezando por los padres, luego los pares en la adolescencia y alguien amado en la adultez temprana. Y cuando uno está sufriendo mentalmente, recurre a un terapeuta para el relacionamiento intersubjetivo, lo que en ocasiones puede significar la supervivencia.

Funcionamiento grupal

Para sobrevivir, los seres humanos necesitan actuar en conjunto. La capacidad para leer las intenciones y sentimientos de otras personas permite una coordinación extremadamente flexible de las acciones del grupo. La capacidad para comunicarse con rapidez y sutileza dentro del grupo, utilizando movimientos intencionales, señales y lenguaje, aumenta la eficiencia y rapidez de las acciones del grupo –en otras palabras, su adaptabilidad. El lenguaje mismo no podría surgir si no tuviera una base intersubjetiva. No hablamos con alguien a menos que creamos que puede compartir nuestro paisaje mental y actuar en consecuencia. Se supone que esta es una de las razones por las cuales los niños autistas tienen tantas dificultades con la adquisición del lenguaje.

Además del lenguaje, los seres humanos poseen un riquísimo y muy desarrollado repertorio de expresiones faciales y vocales (paralingüísticas). Estas también suponen una capacidad intersubjetiva dentro del grupo que va más allá de la mera decodificación de señales o comunicación instrumental.

Los seres humanos también invierten una enorme cantidad de tiempo en adquirir competencia en la intersubjetividad y practicarla en términos del desarrollo. Somos la especie más imitativa. Según Nadel (1986), la imitación recíproca constituye la principal forma de juego entre los niños hasta aproximadamente los 3 años. (Continúa después de los 3, pero con menor frecuencia). A la misma edad, molestar, bromear, engañar, etc., se convierten en actividades importantes de la niñez (Dunn, 1999; Reddy, 1991). Estas conductas también tienen una base intersubjetiva (para estudios sobre la comunicación tripartita en la infancia temprana, ver Nadel y Butterworth [1999]). Somos la especie más juguetona y pasamos años perfeccionando estas destrezas. Como cabría esperar, los niños autistas, con su relativo déficit intersubjetivo, tienen dificultades para molestar, engañar, "tontear" y en general jugar con otros. Son menos capaces de aumentar su considerablemente reducida capacidad intersubjetiva[11].

¿Y qué hay de la intersubjetividad dentro de los grupos? Es más fácil ver cómo surge la intersubjetividad diádica que ver la intersubjetividad grupal. En el caso de los grupos, existen dos aspectos: cómo actúan juntos de manera concertada o incluso en sincronía, y cómo son leídos como una unidad, incluso con una sola mirada. En nuestra vida cotidiana leemos los grupos como una unidad. Por ejemplo, en una discusión grupal o en una sesión de terapia familiar, bastan unos segundos para comprobar si todos están "ahí", si están prestando atención a la conversación y si están participando en la comunicación afectiva del grupo. Los terapeutas familiares han desarrollado teorías y técnicas para mejorar la participación intersubjetiva de una familia, en particular reintroduciendo rituales en la vida familiar para ayudar a resolver transiciones o pérdidas difíciles (Imber-Black y Roberts, 1992). Pero la complejidad involucrada en la comunicación grupal ha impedido la investigación, a pesar del trabajo pionero de Scheflen (1973), Kendon (1990) y Reiss (1981). (Para una aplicación a la terapia de pareja, ver De Roten, Fivaz-Depeursinge, Stern, Darwish y Coboz-Warnery [2000]). Está fuera del ámbito de este libro ahondar en estos temas, excepto para decir que la intersubjetividad grupal se da y que la supervivencia de la especie a través del grupo está en juego.

Además, consideremos el papel del altruismo en la supervivencia de la especie. Este es un tema complejo, pero puede que algunos aspectos o pasos de la conducta altruista entre los seres humanos tengan una base intersubjetiva.

Cohesión a través de la presión moral

La cohesión dentro de los grupos humanos mejora considerablemente a través de la persuasión moral. Sostendré que la intersubjetividad es la condición básica para la moralidad. Las "emociones morales" (vergüenza, culpa, pudor) surgen del ser capaz de verse uno mismo en los ojos de otro –vale decir, uno siente que el otro te ve. El relato de Freud acerca del

---

[11] Para más detalles sobre la intersubjetividad de personas con autismo, recomendamos el documental *El cerebro de Hugo* (*Le cerveau d'Hugo*, 2012), de Sophie Révil (N. del E.).

origen de la moralidad a través del superyó –la consideración internalizada de los padres– se basa en el mismo supuesto.

La intersubjetividad desempeña un papel esencial en la aparición de la consciencia reflexiva. La idea de la consciencia reflexiva como algo que se origina en la interacción social no es nueva. La característica fundamental es alguna forma de un "otro". El otro puede ser externo o interno, pero la experiencia primaria debe ser compartida desde un segundo punto de vista. (El Capítulo 8 aborda este problema en la creación de la consciencia reflexiva).

La aparición de la consciencia reflexiva, junto con el lenguaje, se considera clave para el éxito evolutivo de la especie humana. La consciencia reflexiva y el lenguaje mejoran la adaptabilidad al dar origen a nuevas opciones que pueden trascender patrones fijos de acción, hábitos y algunas experiencias del pasado.

En resumen, la intersubjetividad contribuye a la supervivencia grupal. Propicia la formación y la coherencia del grupo. Permite un funcionamiento grupal más eficiente, rápido, flexible y coordinado. Y sirve de base para que la moralidad actúe en la mantención de la cohesión grupal y el lenguaje actúe en la comunicación del grupo.

La intersubjetividad como motivo con valor preferente

Un sistema motivacional debe contener motivos sentidos subjetivamente que organicen y dirijan las conductas hacia un objetivo valorado. A medida que uno busca y se acerca al objetivo, existe una experiencia subjetiva de preferencia, sentida como deseo o necesidad. Cuando uno alcanza el objetivo, se produce una sensación subjetiva de gratificación o relativo bienestar o, al menos, una desactivación de la motivación. ¿Podemos hablar de un motivo intersubjetivo que tenga la cualidad subjetiva de preferencia?

Existen dos motivos intersubjetivos con tales características. El primero es la necesidad de leer las intenciones y sentimientos de un otro. Esto sirve para averiguar "¿En qué están ustedes dos?", "¿Qué está pasando?", "¿Cómo están las cosas?", "¿Hasta dónde es probable que lleguen?". Este sondeo de la situación diádica o grupal inmediata y sus posibilidades tiene lugar en el encuentro y luego se actualiza continuamente, a menudo segundo a segundo o minuto a minuto según sea necesario. Es una forma de orientación. Si no podemos orientarnos en el tiempo y el espacio, nos confundimos y angustiamos, y se activan conductas de búsqueda para resolver la incomodidad. Lo mismo se aplica a la orientación intersubjetiva en el espacio psíquico. Necesitamos saber dónde nos encontramos en el campo intersubjetivo con un individuo, familia o grupo. La "orientación intersubjetiva" también es un evento vital continuo en la psicoterapia. Es algo buscado y tiene un gran valor afectivo.

Cada una de las maniobras para buscar y ajustar la orientación intersubjetiva es un momento presente. Son momentos de *kairós* porque es necesario actuar sobre el estado intersubjetivo; uno debe sondear el campo intersubjetivo para descubrir/crear "dónde está uno". La necesidad de estar orientado en términos intersubjetivos se siente como una "fuerza" preferente que moviliza la conducta. Se ponen en acción motivos. (Esto se analiza en detalle en la Parte III).

La orientación intersubjetiva es una necesidad básica en el contexto del contacto social directo. Cuando no estamos orientados en términos intersubjetivos, surge la angustia y se movilizan mecanismos de afrontamiento o de defensa. Esta angustia podría llamarse *angustia intersubjetiva.* La psicología dinámica y otras han explorado profusamente lo que ha recibido una mejor denominación: los "miedos o angustias básicos". El estar solo siempre está en la lista, pero generalmente no queda claro si se trata de soledad física o mental. Es evidente que son dos temores distintos. El miedo a la soledad psíquica forma parte de nuestra condición intersubjetiva.

Este sondeo del estado de la díada es una forma de "psicoetología". Imaginemos un encuentro entre dos perros. Despliegan un rico repertorio de señales y conductas para explorar y establecer su relación inmediata (p.ej., sexual, agresiva, juguetona, dominante y una mezcla matizada de todas estas). Ahora imaginemos que los dos perros son dos personas "atadas" (por convención) a sillas separadas en un consultorio o que están de pie educadamente en una fiesta. La mayoría de los actos de exploración y establecimiento del estatus actual entre ellas tendrá que ser en forma de conductas que han sido mentalizadas y no puestas en práctica. También existen señas y señales (p.ej., el lenguaje corporal y el tono de voz) que pueden ser leídas claramente con una intersubjetividad unilateral (una persona lee a otra). Cuando se agrega la intersubjetividad bilateral (dos personas se leen mutuamente), la lectura mejora, se vuelve afectivamente más cálida y se matiza más. Y hay otra característica: el estatus de la relación creada se revela en el acto de su creación.

La segunda necesidad sentida de orientación intersubjetiva es definir, mantener o restablecer nuestra propia identidad y cohesión para establecer contacto con nosotros mismos. Necesitamos los ojos de otros para formarnos y mantenernos enteros. También aquí la necesidad de consideración del otro puede ser preferente. Los reclusos varones incomunicados con sentencias muy largas o cadena perpetua constituyen un ejemplo interesante. Conversar no les dará la libertad condicional anticipada ni los absolverá y no controlan ningún ambiente al cual necesiten adaptarse. Sin embargo, muchas veces desean hablar con alguien, compartir su mundo interior. ¿Por qué? Una razón puede ser que necesitan encuentros intersubjetivos para permanecer en contacto consigo mismos. En el aislamiento de la cárcel, donde los rodean tan pocas cosas hechas o escogidas por ellos, necesitan la consideración intersubjetiva del otro para reencontrar y mantener su identidad (Colette Simonet y Phillip Jaffe, comunicaciones personales, 23 de febrero y 27 de abril de 2000).

Sin algún estímulo continuo de una matriz intersubjetiva, la identidad humana se disuelve o desvía de maneras extrañas. No importa si este contacto adopta la forma de un compartir mental diádico, rituales grupales o alguna otra forma. Estamos familiarizados con la idea de sí mismos múltiples o distribuidos que cambian un tanto, dependiendo de con quién uno está o del contexto predominante. Esto se considera normal. Pero, ¿cuándo la brújula apunta al "verdadero sí mismo"? ¿O esta es una interrogante sin sentido? En cualquier caso, la consideración del otro ayuda a fijar la propia posición relativa y encontrar la propia sensación de un verdadero sí mismo (aunque sea ilusoria). En la cultura occidental, la sensación o incluso la ilusión de un sí mismo más o menos verdadero puede ser una condición vital para funcionar.

En este sentido, es fascinante considerar que la mayoría de los niños entre 6 y 12 años en las distintas culturas occidentales estudiadas tienen "amigos imaginarios" (Pearson *et al.*, 2001). La cifra es más alta entre las niñas, pero probablemente haya un registro insuficiente en el caso de los niños. ¿Por qué tantos? Casi siempre existe alguna forma de diálogo con esos amigos. Parecen ser creados para complementar, estabilizar, validar u orientar la identidad del niño a través de una relación subjetiva *inter-intra.*

Enamorarse ejemplifica otra situación para explorar la fuerza del impulso intersubjetivo. El enamoramiento presenta grandes diferencias culturales e históricas. Sin embargo, es un fenómeno tan generalizado, con suficientes características comunes, que merece ser examinado. En primer lugar, podría llamarse un estado especial de organización mental, pues reúne conductas, sentimientos y pensamientos tan diversos en un conjunto integrado que es fácilmente reconocible. De hecho, el "diagnóstico" de alguien enamorado es mucho más claro que la mayoría de las categorías en el *Diagnostic and Statistical Manual-IV* y es probable que posea una organización mental igualmente específica con "representaciones neuronales" características. A continuación, algunos de los elementos del enamoramiento que son impulsados por un motivo intersubjetivo (muchos de estos son compartidos tanto por los amantes como por los padres con sus bebés): los amantes pueden mirarse a los ojos, sin hablar, durante minutos y minutos –algo así como atravesar la "ventana del alma" para encontrar al otro interior. Por otra parte, quienes no se aman (en esta cultura) no pueden tolerar la creciente intensidad de una mirada mutua en silencio durante más de 7 a 9 segundos sin pelear, hacer el amor o alejarse. También existe una exquisita atención a las intenciones y sentimientos del otro, no solo para leerlos correctamente, sino incluso para anticiparlos. Hay una alegría que implica mucha imitación facial, gestual y postural. Además, está la creación de un mundo privado, una especie de espacio intersubjetivo privilegiado para el cual solo ellos tienen las llaves, que son palabras especiales con significados específicos, abreviaciones secretas, rituales y espacios sagrados, etc. Todas estas cosas crean un nicho psicológico donde puede florecer la intersubjetividad.

Person (1988) ha señalado que en este proceso uno crea un mundo bipersonal donde se forma una pareja y uno se recrea a sí mismo. Uno es lanzado a un turbulento proceso de autotransformación (si es permanente o no, es otra cuestión). La situación es casi la opuesta a la del condenado a cadena perpetua, donde nada puede cambiar y él solo puede permanecer igual, con esfuerzo. También el amante necesita los ojos del otro para verificar y validar su metamorfosis, para mantenerlo en contacto consigo mismo, con su identidad cambiante. La consideración del otro también ayuda a mantener la propia cohesión frente al deseo de comunión y fusión.

No se aprecia suficientemente la fuerza y el frecuente alistamiento del contacto intersubjetivo para situar y confirmar la propia identidad. Por ejemplo, la participación en rituales, actuaciones artísticas, espectáculos y actividades comunitarias como bailar o cantar en grupo puede resultar en un contacto intersubjetivo transitorio (real o imaginario). Todos los participantes asumen que los otros experimentan lo que está ocurriendo más o menos como ellos lo vivencian. Se miran (incluso los desconocidos) y se produce un contacto intersubjetivo imaginario entre ellos y junto a este una sensación de pertenencia psíquica. No solo han disfrutado de un evento, sino que también se han sumergido en la matriz intersubjetiva humana y confirmado su propia identidad.

Lo innato y la universalidad

Un sistema motivacional básico debe ser innato y universal, aunque diverso en sus modos de expresión. La evidencia presentada en el Capítulo 3 acerca de los fundamentos neurobiológicos y evolutivos de la intersubjetividad da ciertos pasos con respecto al tema de lo innato –al menos de la capacidad intersubjetiva humana. La forma en que se utiliza esta capacidad en cualquier sociedad o cultura es un tema fascinante que no abordaremos en este texto. Basta con decir que no puedo imaginar que esta capacidad no sea usada en alguna forma adaptativa en todas las sociedades[12].
En las sociedades occidentales modernas hay grandes diferencias individuales y culturales en cuanto al talento intersubjetivo. Está claro que existen factores constitucionales. El caso de ciertas formas de autismo lo pone de manifiesto. ¿Hay periodos sensibles? Gunnar (2001) sugirió que los niños que han vivido en situación de gran privación social durante el primer año de vida, como se observa en algunos orfanatos, sufren consecuencias afectivas posteriormente en la infancia, incluyendo habilidades intersubjetivas deficientes tales como la empatía.

Algunos podrían argumentar que la intersubjetividad es una condición humana y no un sistema motivacional en sí, porque la intersubjetividad es

[12] Un ejemplo de la mitología: en la *Odisea*, los cíclopes –y en especial Polifemo– no hablan ni se contactan entre sí (N. del E.).

inespecífica y se pone al servicio de casi todos los sistemas motivacionales. En este sentido, el motivo intersubjetivo equivaldría más a la "motivación de dominio".

Mi contraargumento es que, aunque la intersubjetividad puede estar al servicio de otros sistemas motivacionales, se activa considerablemente en situaciones interhumanas muy específicas e importantes donde el objetivo es el estado en sí. Estas situaciones son: cuando surge la amenaza de desorientación intersubjetiva, con la correspondiente angustia intersubjetiva (p.ej., cuando se cuestiona o no está bien definido nuestro lugar o posición en un grupo); cuando el deseo de intimidad psíquica es grande (como en el enamoramiento); cuando se requiere un funcionamiento grupal rápidamente coordinado y la coordinación debe ser modificada de un modo espontáneo, rápido y flexible de un momento a otro (p.ej., cazar un animal salvaje peligroso); y cuando la propia identidad se ve amenazada y es indispensable sumergirse en la matriz intersubjetiva para impedir la disolución o fragmentación del sí mismo. En estas situaciones, el contacto intersubjetivo se vuelve específico y primario.

Para nuestros fines, el motivo intersubjetivo también interviene al dirigir la regulación segundo a segundo del proceso terapéutico, donde se desea y se debe negociar el compartir paisajes mentales. En este contexto, el momento presente asume su papel y relevancia como estrategia o paso básico de negociación para establecer la naturaleza del espacio intersubjetivo en la psicoterapia.

Capítulo 7.
Conocimiento Implícito

Debido a que el momento presente se aprehende mentalmente mientras aún se está desplegando, su conocimiento no puede ser verbal, ni simbólico, ni explícito. Estos atributos solo se asignan después de trascurrido el momento. Entonces, ¿en qué forma se aprehende el momento original? Cae en un ámbito llamado "conocimiento implícito".

Durante la década del 90, la psicología empezó a dar mayor énfasis al conocimiento implícito en comparación con el conocimiento explícito (Bucci, 1997; French y Cleeremans, 2002; Lyons-Ruth, 1997, 1998; Lyons-Ruth, Bruschweiler-Stern, Harrison *et al.*, 1998; Schacter, 1994, 1996). Esta visión emergente del conocimiento implícito se ha visto muy enriquecida no solo por la observación de niños, sino también por el gran trabajo previo sobre la comunicación no verbal que allanó el camino (Bänninger-Huber, 1992; De Roten *et al.*, 2000; Frey *et al.*, 1980; Frey *et al.*, 1983; Gendlin, 1981, 1991; Kendon, 1990; Krause y Lütolf, 1988; Krause, Steimer-Krause y Ullrich, 1992; Scheflen, 1973; Scherer, 1992; Steimer-Krause, Krause y Wagner, 1990). Este cambio modifica cómo concebimos el momento presente y qué pensamos sobre la consciencia y lo inconsciente. Las implicancias para la teoría y práctica terapéuticas serán evidentes de inmediato.

Sin embargo, primero debemos aclarar la distinción entre lo implícito y lo explícito. En términos simples, el conocimiento implícito es no simbólico, no verbal, *procedimental* e inconsciente en el sentido de no ser reflexivamente consciente. El conocimiento explícito es simbólico, verbalizable, declarativo, susceptible de ser narrado y reflexivamente consciente. Profundizaré en estos puntos en breve.

Años de investigación observacional en niños y sus madres, en paralelo con la práctica de la psicoterapia de adultos, nos han sensibilizado a la importancia del conocimiento implícito. Los bebés no se comunican en el registro verbal explícito hasta después de los 18 meses, cuando empiezan a hablar. Por lo tanto, todas las interacciones sociales y afectivas ricas y analógicamente matizadas que ocurren en los primeros 18 meses de vida se producen, por defecto, en la esfera no verbal implícita. También pertenece a este ámbito no verbal todo el gran conocimiento que el bebé adquiere acerca de qué esperar de las personas, cómo tratar con ellas, cómo sentirse en relación a ellas y cómo estar-con-ellas. (La naturaleza fue sabia al no introducir a los bebés al lenguaje simbólico hasta después de los 18 meses, de modo que tuvieran suficiente tiempo para aprender cómo funciona realmente el mundo humano sin la distracción y complicación de las palabras –pero con la ayuda de la música del lenguaje [Stern, 1977, 1985]).

Este conocimiento nos ha vuelto sensibles al ámbito implícito, aun cuando esté entrelazado con el mundo explícito del lenguaje. Explica, en parte, el hecho de que demos prioridad a los eventos implícitos que ocupan el momento presente en el proceso terapéutico y que han sido menos estudiados.

Entonces, ¿qué es el ámbito implícito del conocimiento y qué contiene? Muchos consideran los ámbitos implícito y explícito como dos sistemas separados, paralelos y parcialmente independientes de conocimiento y memoria que surgen juntos. Más que un conocimiento implícito que se transforma en conocimiento explícito con el desarrollo, ambos coexisten y crecen a lo largo de toda la vida (Fischer y Granott, 1995; Marcel, 1983).

El conocimiento implícito no se limita al rico mundo de la comunicación no verbal o los movimientos y sensaciones corporales, sino que también se aplica a los afectos y las palabras, al menos aquello que se encuentra entre líneas. Por ejemplo, si alguien dice en forma reiterada: "Sí, pero...", rápidamente captamos que el "Sí" es un caballo de Troya para traspasar nuestros muros. El "pero" libera a los soldados. (Esa persona podría haber transmitido el mismo mensaje implícito con una sacudida de la cabeza).

Se suele pensar que el conocimiento implícito es más limitado y primitivo que el conocimiento explícito. Las primeras nociones del conocimiento implícito lo equiparaban con los procedimientos físicos o la inteligencia sensomotora (p.ej., llevarse el pulgar a la boca). Se pensaba que el conocimiento implícito dominaba las primeras fases del desarrollo y que después era sobrepasado ampliamente por y traducido al conocimiento verbal simbólico a medida que avanzaba el desarrollo (es decir, la adquisición del lenguaje). Nuestra visión actual es diferente. Ahora consideramos que el conocimiento implícito es extremadamente rico y no solo está vinculado a los procedimientos motores. También incluye los afectos, expectativas, cambios en la activación y motivación, y estilos de pensamiento –todos los cuales pueden producirse durante los pocos segundos de un momento presente. Por ejemplo, se evaluaron las pautas de apego entre una madre y su hijo de 12 meses (mucho antes del habla) en el momento de encuentro cuando la madre regresaba luego de una breve separación (Ainsworth, Blehar, Waters y Wall, 1978). El niño sabía implícitamente qué hacer con su cuerpo, rostro, sentimientos, expectativas, excitación, inhibiciones, reorientación de actividades, etc. "Sabía si" acercarse a su madre, levantar los brazos para un abrazo y contacto corporal, o si no moverse y aparentar que su regreso era un evento sin importancia, o si exagerar su deseo y necesidad de contacto para obtener más de ella. "Sabía" si soltar aquello con lo cual estaba jugando o seguir concentrado en los juguetes, aunque fuese con poco entusiasmo. "Sabía" si debía anticipar una gratificación psicofísica o tolerar un estado de estrés. "Sabía" cuándo acercarse a ella, si no lo hacía de inmediato, y a qué velocidad y con pasos que no fueran tan grandes o rápidos como para que ella lo rechazara. Este es un rico conjunto de conocimientos implícitos (p.ej., Lyons-Ruth, 1997). El "modelo operativo" de apego descrito por Bowlby (1969), que es la representación de lo que el niño no verbal esperará, hará, sentirá y pensará cuando se vea amenazado de cualquier manera, se conoce implícitamente.

Asimismo, es cuestionable la idea de que el conocimiento implícito se traducirá durante el desarrollo en conocimiento verbal explícito cuando aparezca en escena el lenguaje. Lo más probable es que gran parte de todo lo que sabemos acerca de cómo estar con otros resida en el conocimiento implícito y se mantenga allí. Esto es especialmente así si consideramos dos sistemas paralelos relativamente independientes, como se indicó con anterioridad.

Se han hecho dos interesantes sugerencias para una nueva división de los ámbitos implícito/explícito. Bucci (1997, 2001) los clasifica en tres categorías:

1. El código subsimbólico no verbal, que consiste en experiencias analógicas continuas tales como la forma de pintar un cuadro.
2. El código simbólico no verbal, que consiste en experiencias e información no verbales tales como el conocimiento en imágenes del rostro de alguien.
3. El código simbólico verbal, que consiste en palabras.

Esta redefinición de los límites es muy útil y se empleará en este libro en forma periódica. Sin embargo, en general, nos quedaremos con la primera división: implícito y explícito.

Fogel (2001, 2003) ha propuesto otra interesante y útil división de la memoria implícita en dos categorías. La primera es una "memoria reguladora implícita" que nos permite negociar de manera no consciente nuestras respuestas a los aspectos sensoriales, motores y afectivos de nuestro entorno físico y social. Esto existe, por ejemplo, en los patrones de apego (Siegel, 1999) y en la formación de un sí mismo[13] "nuclear" (Stern, 1985), un sí mismo "primario" (Damásio, 1999), un sí mismo "dialógico" (Fogel, De Koeyer, Bellagamba y Bell, 2002) o un sí mismo objetivo (Rochat, 1995); y en la formación del origen afectivo del sí mismo (Schore, 1994). La segunda categoría de Fogel es la "memoria participativa" que se activa en contextos específicos y da vida a una memoria implícita que es del pasado pero que se experimenta como ocurriendo en el presente. Un recuerdo traumático sería un ejemplo[14] (Siegel, 1995, 1996).

---

[13] El término en inglés es "*self*", que suele dejarse sin traducir. No obstante, aquí hemos optado por traducirlo como "sí mismo", al igual que en *El mundo interpersonal del infante*, de D. Stern, Paidós, 1991 (N. del E.).

[14] Estudios de neuroimágenes indican que existirían dos sistemas de memoria. El primero es la memoria verbalmente accesible, ubicada en la corteza frontal, donde radicaría la consciencia o los recuerdos autobiográficos. El segundo es la memoria situacionalmente accesible, la cual no tiene un centro específico, aunque se relaciona con la activación del complejo amigdalínico; sería la encargada de activar los recuerdos emocionales que no han sido integrados en la historia de la persona, activación que puede producirse por estimulación ambiental (un sonido, una luz). Por lo tanto, en ella estarían las memorias implícitas traumáticas. Para mayor información, ver S.J. Hellawell y C.R. Brewin (2002),

La mayoría de las veces no hay razón para poner lo implícito en palabras. Permanece en silencio a menos que los eventos fuercen una traducción verbal. Y entonces solo una pequeña parte de toda la base de conocimiento implícito puede traspasarse a palabras. Bollas (1987) ha acuñado el término "lo sabido no pensado" como una importante realidad clínica. Esta es una denominación acertada porque el conocimiento implícito, aunque es no consciente, suele ser potencialmente consciente y, por lo tanto, potencialmente verbalizable. (Más adelante aclararemos estas distinciones). Por esta razón utilizo el término *conocimiento* (*knowing* en vez de *knowledge*) implícito[15]. El participio *knowing* brinda una vaguedad constructiva. También ofrece un concepto más dinámico del conocimiento continuo en oposición al conocimiento estático, que puede interpretarse como algo que está en el pasado. Stolorow y Atwood (1992) emplearon otro término acertado conocido por la psicología clínica: *lo consciente prerreflexivo* (sin embargo, no debe ser considerado "pre" en ningún sentido ligado al desarrollo).

La relación con lo inconsciente

La relevancia clínica del conocimiento implícito ocupa un lugar preponderante. El conocimiento implícito es "descriptivamente (topográficamente) inconsciente". El término "inconsciente" debiera reservarse para material reprimido donde existe una barrera defensiva para ingresar en la consciencia. Siendo más precisos, el conocimiento implícito es no consciente. No está reprimido. En contraste, "lo inconsciente dinámico" psicoanalítico no es consciente porque la fuerza de la represión lo mantiene activamente fuera de la consciencia. Se supone que la represión no actúa sobre el conocimiento implícito. Por lo tanto, lo implícito es simplemente no consciente, mientras que el material reprimido es inconsciente.

"A Comparison of Flashbacks and Ordinary Autobiographical Memories of Trauma: Cognitive Resources and Behavioral Observations", *Behavior Research and Therapy*, 42, 1143-56; y Julio F.P. Peres, A. McFarlane, A.G. Nasello y K.A. Moores (2008), "Functional Neuroimaging and Psychotherapy", *Australian and New Zealand Journal of Psychiatry*, 42(6), 478-488. Comunicación personal del Dr. Marcelo Leiva B. (N. del E.).

[15] En la literatura especializada, con el paso de los años, ha ganado mucho terreno el término "conocimiento implícito" (traducción de *relational knowing*), a pesar de lo expresado por Stern aquí. De todos modos, hemos optado por seguir la traducción establecida por la convención (N. del E.).

Lo implícito incluye una amplia gama de conocimientos en los cuales se basa la vida social cotidiana. Por ejemplo, ¿qué hacemos con la dirección de la mirada cuando escuchamos a alguien o cuando conversamos? ¿Qué hacemos con el cuerpo y tono de voz cuando hablamos con una figura de autoridad o con un terapeuta por primera vez? ¿Cómo le hacemos saber a alguien que estamos a punto de poner fin a una discusión sin decirlo o que estamos en desacuerdo con esa persona pero no queremos hablar al respecto? ¿Cómo sabemos que le agradamos a alguien? ¿Cómo sabemos que una persona sabe que nos agrada?

Gran parte de este conocimiento implícito ni siquiera puede traspasarse a palabras. Abundan los ejemplos clínicos. Por ejemplo, cuando los pacientes describen su niñez, puede que mencionen prolongados almuerzos familiares todos los domingos. Lo que sucedía cada domingo se conocía implícitamente: los roles de cada miembro de la familia, los puestos en la mesa, cómo fluía la acción, cómo surgían las peleas y cómo se terminaban o resolvían, quién jugaba al payaso para generar un alivio cómico y cuándo –en otras palabras, el guión familiar (ver Byng-Hall, 1996; Reiss, 1989). En la terapia, ese paciente y ese terapeuta podrían pasar horas, durante semanas o meses, reuniendo todos los pedazos en una forma narrativa coherente, completa, consistente y continua. Esto requiere de mucho trabajo. Y la versión final solo será adecuada para ciertos aspectos destacados de la creación narrativa y la interpretación; el resto permanecerá implícito.

Una cita del novelista Alessandro Baricco (2002) llega más al fondo de la cuestión (léase *conocimientos implícitos* en vez de *ideas*):

> ...las ideas son como galaxias de pequeñas intuiciones... algo confuso, que se modifica sin parar... son hermosas. Pero son un follón... en estado puro, son un maravilloso follón. Son apariciones provisionales de infinito. Las ideas claras y definidas son un invento de Descartes, son una estafa; no existen las ideas claras; las ideas son oscuras por definición; si tienes una idea clara, eso no es una idea... Este es el problema... Cuando expresas una idea, le das un orden que no posee en su origen. De alguna manera, tienes que darle una forma coherente, y sintética, y comprensible para los demás. Mientras te limitas a pensarla, puede seguir siendo ese maravilloso follón que es.

> Pero cuando decides expresarla, empiezas a descartar algunas cosas, a asumir otras, a ejemplificar esto y cortar aquello, a ordenar la totalidad dándole cierta lógica: trabajas un poco en ello y al final tienes algo que la gente puede comprender. Una idea "clara y definida". Al principio pretendes hacer las cosas de manera adecuada: intentas no deshacerte de demasiadas cosas, quisieras salvar todo el infinito de idea que tenías en la cabeza. Lo intentas. Pero esos no te dejan tiempo, están encima de ti, quieren comprender... (pp. 206-207)

(Nótese que la noción de *idea* de Baricco es un concepto poco preciso que abarca lo implícito, la aprehensión sin palabras de algunos aspectos esenciales de nuestra vida o universo. Por esta razón, me siento libre de sustituir *conocimiento implícito* por *idea*). Los momentos presentes en cuanto vivencias en el ámbito implícito son como las ideas de Baricco.

Desde la perspectiva clínica, necesitamos examinar esta visión del modo implícito porque la regulación del campo intersubjetivo, en la terapia, momento presente a momento presente, se produce principalmente en términos no verbales, no conscientes e implícitos. Gran parte de la transferencia cae en la categoría de conocimiento implícito de uno u otro tipo. Solo una parte puede y será puesta en palabras, cuando haga falta. En las terapias madre-hijo, es muy común que el terapeuta deje una gran cantidad del conocimiento implícito transferencial de la madre ahí donde está y no intente interpretarlo para hacerlo explícito y consciente. La particular naturaleza psicológica de la maternidad temprana propugna que esta solución terapéutica es la más útil (Stern, 1995).

Esta nueva visión del conocimiento implícito plantea un gran problema para el psicoanálisis tradicional. Esto se debe a que el conocimiento implícito no es dinámicamente inconsciente y, por lo tanto, no es mantenido fuera de la consciencia por resistencias. Es no consciente por otras razones. Aquí no es aplicable el concepto de resistencia o represión. Al parecer, la mayor parte del material descriptivamente no consciente permanece sin verbalizarse por motivos distintos a la resistencia. Por consiguiente, la "resistencia" se restringe a aquellas situaciones donde hay involucrado material inconsciente reprimido dinámico –es decir, una mínima parte del trabajo terapéutico. Esto constituye una gran limitación para un aspecto importante de la empresa psicoanalítica. Esta limitación cobra aún más relevancia cuando consideramos el enorme alcance del conocimiento implícito tanto en la vida cotidiana como en la psicoterapia. Los recuerdos y representaciones reguladores implícitos desempeñan un constante papel en la configuración de la transferencia y la relación terapéutica en general, así como en la conformación de gran parte de nuestro pasado vivido y nuestro presente sintomático.

Existen dos agendas fundamentales en la situación clínica. La primera atañe al contenido verbal explícito que surge en la sesión. En las "terapias conversacionales", esto es aquello acerca de lo cual el paciente habla: el pasado, el futuro, sueños, fantasías, problemas fuera de la consulta (p.ej., trabajo, familia, sentimientos negativos, pensamientos perturbadores). Este es el tema tradicional que prevalece la mayor parte del tiempo. Esto también se podría denominar la agenda narrativa. Nosotros la llamaremos la "agenda explícita". Al lidiar con esta, terapeuta y paciente miran codo a codo, por así decirlo, una tercera cosa: el contenido externo a su relación inmediata. Se busca significado, coconstruido por paciente y terapeuta en un formato narrativo.

La agenda explícita también se puede apreciar en la dramaterapia y en las terapias gestalt, corporal, de movimiento y expresiva. Por ejemplo, las respuestas a preguntas tales como: "¿Qué sientes en este momento?" o "¿En qué parte de tu cuerpo sientes eso?", son verbales. El contenido verbal surge de fuentes no verbales implícitas, pero luego se conecta a la agenda explícita de la creación narrativa.

La segunda agenda atañe a la regulación del estado implícito de la relación entre terapeuta y paciente. Esto incluye gran parte de la alianza terapéutica, el ambiente de contención, la alianza de trabajo, la relación de transferencia/contratransferencia y la relación "real". Cocrear y regular estas relaciones fuera de la consciencia constituye la "agenda implícita".

La regulación del campo intersubjetivo inmediato es el aspecto de la agenda implícita que más nos interesa. La agenda implícita es fundamental en el sentido de que contextualiza la agenda explícita. Restringe y determina aquello acerca de lo cual se puede hablar –o sea, sus grados de libertad.

En psicoterapia, la principal tarea implícita es regular el campo intersubjetivo inmediato. Esto se logra en la secuencia de momentos y momentos presentes que son los pequeños pasos para negociar y ajustar el campo intersubjetivo. En cada momento presente, uno lleva a cabo la regulación sondeando, comprobando y corrigiendo la lectura del estado mental del otro a la luz del propio. Este proceso diádico de lecturas simultáneas paralelas de paciente y terapeuta ocurre principalmente en forma no consciente. Por lo tanto, los momentos presentes se dedican a preguntas intersubjetivas tales como: "¿Qué está pasando aquí y ahora entre nosotros?", "¿Qué percibo o sé sobre cómo me vivencias ahora?", "¿Qué sabes acerca de cómo te vivencio ahora?", etc. En un nivel más local, estos asuntos se reducen a cuestiones menores: "¿Entendiste lo que acabo de decir?", "Pero, ¿entendiste realmente?", "No quiero seguir con ese tema ahora, todavía no", "Me parece que no te gustó lo que dije y diste un paso atrás", "Te estás acercando demasiado; por favor, no hagas nada", "Deja de presionarme", "¿Estás ahí?", "No respondiste del todo", "¿Entiendo lo que quieres decir?" o "En realidad no sabemos qué hacer ahora, ¿cierto?". Al lidiar con esta agenda del proceso relacional, paciente y terapeuta ya no miran codo a codo una tercera cosa. Se miran cara a cara, aunque sea con el rabillo del ojo, o se miran a sí mismos uno junto al otro, se miran mutuamente o alternan entre estas dos posiciones.

Desde un punto de vista clínico, cualquier conocimiento implícito sobre la relación influirá en la agenda explícita, y viceversa. Ninguno puede ser considerado independiente del otro. Sin embargo, este libro se centra principalmente en el ámbito implícito del conocimiento, en particular en el campo intersubjetivo entre terapeuta y paciente, y más específicamente, en cómo este campo se regula momento a momento durante los momentos presentes –nuestra unidad básica de la experiencia subjetiva. En terapia, esta área no ha sido tratada con tanta profundidad como lo explícito.

El hecho de que el conocimiento implícito no sea reflexivamente consciente ni dinámicamente inconsciente nos lleva a considerar la distinción entre lo consciente y lo no consciente, en relación con lo implícito y lo explícito, a lo cual nos abocaremos enseguida.

Capítulo 8.
El Papel de la Consciencia y la Noción de Consciencia Intersubjetiva

He aquí el problema: configurar el momento presente a medida que se despliega es un proceso implícito; sin embargo, para que una experiencia califique como un momento presente, tiene que ingresar al darse cuenta (*awareness*) o a algún tipo de consciencia. ¿Pero qué clase de consciencia? Aquí debemos examinar la pregunta general de la consciencia y su trasfondo.

El Trasfondo

Históricamente, la psicología académica se ha interesado hasta hace poco sólo esporádicamente en la consciencia. Las teorías psicodinámicas se han interesado mucho más en lo inconsciente. Freud (1926/1959) supuso que no era necesario analizar la consciencia porque era evidente y estaba fuera de toda duda. Entonces se dedicó a investigar la estructura de lo inconsciente dinámico, que en esa época no era tan evidente y aceptado como hoy en día. Este enfoque no prestó atención al momento presente y las experiencias fenoménicas en general, ya que estaban vinculados con la consciencia. Sin embargo, el énfasis en el momento presente nos enfrenta a la interrogante de la consciencia. Al fin y al cabo, el momento presente es el contenido fenoménico de una extensión limitada de darse cuenta o consciencia. Sólo existe durante un momento de darse cuenta. ¿O tendrá que ser un momento de consciencia? ¿Y cuál es la diferencia?

Hay varias maneras de considerar el darse cuenta y la consciencia. El *darse cuenta* tiene que ver con la focalización mental en un objeto de la experiencia. La *consciencia* se refiere al proceso de darse cuenta de que uno se está dando cuenta, o meta-darse-cuenta.

Los estudiosos del desarrollo se han visto obligados a definir distintos tipos de consciencia para describir la ontogenia de la consciencia desde la infancia en adelante. Zelazo (1996, 1999), utilizando lo que denominó Modelo de Niveles de Consciencia, enumeró los primeros tres niveles: consciencia mínima (generalmente llamada "darse cuenta"), consciencia reflexiva (a veces denominada consciencia "secundaria" o "recursiva") y autoconsciencia. La distinción entre darse cuenta (consciencia mínima) y consciencia (consciencia reflexiva) es lo que más nos interesa. En términos del desarrollo, se supone que el darse cuenta es una forma primitiva de consciencia confinada a los límites del momento presente en que está ocurriendo la experiencia. En palabras de Zelazo, "Un niño es consciente [léase: se da cuenta] de *qué* ve, pero no es consciente de *estar viendo* lo que ve, y menos aún de que *él o ella* (como agente) está viendo lo que ve" (1999, p. 98). Por lo tanto, no se reflexiona sobre la experiencia, está limitada al presente, sigue desvinculada del sí mismo y no ingresa a la memoria. Por ende, es irrecuperable. Por otro lado, la consciencia es reflexiva –o sea, se da cuenta de que se da cuenta. Gracias a la reflexividad, este tipo de consciencia puede ser recordado, ingresa en la memoria explícita y puede ser verbalizado. (Por el momento, me restringiré al nivel mental y conductual, mientras intento aclarar estos términos, e ignoraré las descripciones neurocientíficas).

Los filósofos han lidiado con distinciones similares expresadas de otra manera. La distinción entre darse cuenta y consciencia se reestructura como la distinción entre consciencia fenoménica y consciencia introspectiva. La consciencia fenoménica se refiere a la experiencia directa, "la sensación pura" (Rorty, 1982), el cómo parecen estar las cosas en el "escenario" de la mente, "lo que se siente" (Nagel, 1998), y la experiencia de los qualia (p.ej., la rojez). La consciencia introspectiva, o consciencia de acceso (Block, 1995), es el darse cuenta de estar teniendo una experiencia fenoménica. (Para un completo análisis de estas distinciones desde muchos puntos de vista, ver Block, Flanagan y Guzeldere, 1997). En los debates filosóficos, la distinción entre darse cuenta y consciencia es menos evidente, en parte porque uno puede tener una experiencia fenoménica consciente de la cual no se da cuenta (Dretske, 1998). El límite entre estos dos tipos de consciencia no es tan claro. Sin embargo, se puede afirmar que la consciencia reflexiva está necesariamente en un marco temporal distinto del darse cuenta porque ocurre después-del-hecho. Las descripciones del flujo de la consciencia en la literatura no aclaran los difusos límites entre consciencia y darse cuenta.

Un problema con la distinción consciente/no consciente, como se aplica a la situación clínica, es que el paciente y el terapeuta manejan en todo momento dos agendas simultáneas que interactúan. Está la agenda explícita del contenido de lo que están diciendo y su significado. Este es material reflexivamente consciente porque se accede a él verbalmente. Muchas nociones clínicas de la consciencia se apoyan mucho en el lenguaje como elemento indispensable. Formulado en términos extremos, no puede haber consciencia reflexiva o introspectiva sin un nombre para los objetos de la experiencia en forma de lenguaje o símbolos. Gran parte de la teoría psicoanalítica ha abrazado esta idea, al menos ligeramente. Sin embargo, esta dependencia del lenguaje es problemática porque la mayoría de las acciones clínicas incluyen "objetos de experiencia" no conscientes, es decir, escenificaciones y la agenda implícita que microrregula el campo intersubjetivo terapéutico.

En general, las terapias conversacionales enfatizan la consciencia introspectiva o reflexiva, que casi siempre es sinónimo de acceso verbal. Por otro lado, la dramaterapia, las terapias de movimiento y aquellas con orientación existencial, enfatizan la consciencia fenoménica, que habitualmente es sinónimo de escenificaciones.

Consciencia intersubjetiva

Vuelvo a la pregunta central: ¿cómo puede hacerse consciente un momento presente que es captado implícitamente? ¿Y con qué tipo de consciencia? La solución que propongo aquí implica una nueva forma de consciencia que llamaré *consciencia intersubjetiva*. Es un término adecuado para los contactos diádicos intensos que son característicos de la psicoterapia.

Cuando dos personas cocrean una experiencia intersubjetiva en un momento presente compartido, la consciencia fenoménica de una se superpone e incluye parcialmente la consciencia fenoménica de la otra. Uno tiene su propia experiencia más la experiencia que tiene el otro de tu experiencia, lo que se refleja en sus ojos, cuerpo, tono de voz, etc. Tu experiencia y la del otro no necesitan ser idénticas. Proceden de lugares y orientaciones diferentes. Puede que tengan una coloración, forma y aspecto ligeramente distintos. Pero son lo suficientemente similares como para que cuando ambas experiencias sean validadas entre sí, surja una "consciencia" de estar compartiendo el mismo escenario mental. Esta es la *consciencia intersubjetiva*. Es lo que ocurre durante los momentos presentes especiales en psicoterapia.

Tronick (1998) ha llamado la atención sobre un fenómeno similar observado en la relación madre-hijo y paciente-terapeuta. Lo denominó "consciencia diádica expandida". Esto se refiere más al alcance incrementado del compartir, como si fuera una creciente base conjunta de conocimiento que existe sin especificar cuándo está existiendo en la consciencia actual o cuándo es un mero trozo potencialmente utilizable de conocimiento compartido. Es una especie de consciencia potencial. Esto confunde la consciencia diádica con el conocimiento implícito diádico, o implica que son sinónimos. En contraste, empleo "consciencia intersubjetiva" para referirme solo a lo que está ocurriendo *ahora* en un momento presente específico, no como un espacio potencial de conocimiento compartido. La consciencia no se extiende más allá del ahora. De modo que la consciencia intersubjetiva solo puede ser creada ahora –no se puede extender hacia un futuro (ni siquiera a uno muy cercano) que aún no está en la consciencia. Solo el campo intersubjetivo de conocimientos implícitos puede ser expandido por actos de consciencia intersubjetiva.

Antes de seguir con la definición de consciencia intersubjetiva, debemos examinarla desde varias perspectivas. Recuerden que las explicaciones neurocientíficas de la consciencia provienen de una perspectiva intrapsíquica. Dentro de un cerebro, un grupo neuronal inicial se activa por una experiencia. Luego este grupo activa un segundo grupo neuronal en el mismo cerebro, que entonces le informa al grupo inicial, reactivándolo y creando un circuito de reingreso. Tales circuitos pueden extenderse a otros grupos neuronales que se reactivan entre sí, creando una red recursiva. Así, la experiencia original es tratada desde distintas perspectivas (en términos de circuitos neuronales). Esta reiteración multifocalizada (una forma de meta-actividad) da origen a una experiencia superior a nivel mental, es decir, la consciencia.

Por otra parte, la consciencia intersubjetiva se considera un evento interpsíquico que requiere de dos mentes. Una experiencia es vivenciada por un individuo. Esto se siente directamente. Activa casi la misma experiencia en otro individuo a través de un compartir intersubjetivo. Luego esto se refleja de vuelta al primer individuo en la mirada y conducta del segundo individuo. Al encontrarse en este momento presente compartido, se crea un circuito de reingreso entre las dos mentes. La mirada mutua en particular permite que el circuito de reingreso intersubjetivo reverbere y permanezca activado durante varios segundos, el tiempo necesario para que el momento presente haga su trabajo. Esta recursión intersubjetiva que involucra las perspectivas de dos personas da origen a una experiencia "superior" en ambas (así como la reiteración neurológica da lugar a una experiencia superior). Esta experiencia superior es la consciencia intersubjetiva.

Estoy sugiriendo una visión más social de la consciencia. ¿Qué conceptos y evidencias llevan en esta dirección? En las investigaciones sobre la consciencia hay una pregunta de larga data: ¿a quién o a qué estructura cerebral se le está informando nuestra experiencia para hacerla consciente? Las primeras ideas cartesianas implicaban que, dentro de la cabeza, un homúnculo observaba pasar a los objetos de la experiencia por una especie de escenario mental. El trabajo de muchos ha dejado en claro que tales soluciones no son sostenibles (p.ej., Block, 1995; Chalmers, 1996; Damásio, 1994; Dennett, 1998; Nagel, 1998). Sin embargo, persiste la pregunta de si acaso existe alguna estructura a la cual informar (p.ej., Cotterill, 2001).

La perspectiva neurobiológica formula la versión moderna de la pregunta de Descartes: ¿qué estructuras cerebrales "reciben el informe" para de alguna manera hacer consciente la experiencia sin la intervención de un homúnculo? Hasta ahora no hay un lugar central aceptado de la consciencia en el cerebro. Y muchos han sugerido que no existe –más bien, que la consciencia es un atributo colectivo de todo el cuerpo en su relación motora y mental con el ambiente (p.ej., Cotterill, 2001; Freeman, 1999b; LeDoux, 1996; Sheets-Johnstone, 1999). Una relación con el ambiente incluye, de manera importante, interacciones con la mente de otras personas y con la cultura.

Esta línea de razonamiento lleva a una perspectiva más social, donde la pregunta "¿Quién recibe el informe?" se abre más allá de la mente o cerebro de una persona. A la luz de esto, la teoría del espejo social sugiere que la consciencia reflexiva tiene un origen social y depende de un mundo vivencial compartido y de la reflexividad social (p.ej., Whitehead, 2001). Como señalara Whitehead, estas ideas se basan en una larga tradición establecida por Dilthey (1976), Baldwin (1895), Cooley (1902) y Mead (1934/1988). Asimismo, Vygotsky (1934/1962) sostenía que el lenguaje se construye socialmente –que se adquiere solo al interactuar con otros hablantes del idioma, que el lenguaje público precede al lenguaje privado, que el uso del lenguaje está inevitablemente inmerso en la participación cultural. Bruner, Olver y Greenfield (1966) llegaron a la misma conclusión acerca de la creación de significado. Los significados se coconstruyen a partir de la interacción con las mentes y artefactos de la cultura circundante. Feldman y Kalmar (1996) presentaron el sólido argumento de que la identidad se construye socialmente. Incluso las memorias autobiográficas que se relatan una y otra vez a los demás en forma narrativa, son moldeadas socialmente. De modo que podemos sumar la consciencia intersubjetiva a la lista de fenómenos que parecen tener un considerable origen social.

Estas sugerencias abren una gama más amplia de preguntas para la neurociencia. ¿Cómo explicamos los circuitos recursivos que se crean entre dos cerebros?

Según la teoría del espejo social, no puede haber espejos en la mente si no hay espejos en la sociedad: nos damos cuenta de nuestros estados internos cuando descubrimos que los demás también los tienen. Aún más, otra persona puede percibir un estado que existe dentro de nosotros y expresar esa percepción desde su punto de vista (Whitehead, 2001). No habrá consciencia reflexiva a menos que haya un "otro" presente que atestigüe que nosotros estamos teniendo una experiencia fenoménica –en otras palabras, que desempeñe el papel del homúnculo sentado en el teatro de la mente. El reingreso es a través de tu experiencia de la experiencia del otro de tu experiencia (donde la experiencia del otro es captada intersubjetivamente).

El otro debe ser diferente del sí-mismo-que-está-experimentando-la-experiencia. Hay varios "otros" que pueden cumplir esta función. Uno puede compartirla con otros aspectos del sí mismo. Hoy es ampliamente aceptado que hay múltiples (específicos al contexto) sí mismos que pueden interactuar, observarse y conversar entre sí fuera de la consciencia. Esto es normal, no se limita a estados disociativos patológicos. En términos psicoanalíticos, el yo observador es testigo del yo experimentador, o el superyó observa y juzga al yo experimentador. También hay otros observadores dentro de nuestra mente, tales como los "compañeros evocados" (Stern, 1985) y los amigos imaginarios. De modo que los aspectos del sí mismo (que no están experimentando directamente) pueden actuar como el otro, o un otro virtual puede ser imaginado o fantaseado como testigo o participante. En este último caso, la consciencia reflexiva es una consciencia de segundo grado, por así decirlo.

Pero en psicoterapia, la situación es muy distinta y mucho más social. El otro es muy real. Él o ella está interactuando contigo. Cocrean experiencias. Tu experiencia fenoménica incluye tu experiencia directa de la experiencia fenoménica del otro. El ajuste no es solo social, sino también esencialmente intersubjetivo. Investigaciones recientes han abordado algunos de los problemas fundamentales involucrados en tal situación (ver Boston CPSG, Report Nº 3 [2003]; Boston CPSG, Report Nº 4 [en prensa]).

La idea de un otro real que actúa como reflector (espejo) de la experiencia del sí mismo ha recibido apoyo por el creciente consenso acerca del compartir generalizado de la experiencia directa con otros. Como vimos en el Capítulo 5, las evidencias conductuales, del desarrollo y neurocientíficas de tal compartir o combinar son impresionantes.

Retornando brevemente al relato de las neuronas espejo, hay otro hallazgo interesante. Bajo ciertas condiciones, cuando actuamos, se activan algunos conjuntos de nuestras neuronas espejo. Es como si estuviéramos trazando un mapa de nuestras acciones tal como lo haríamos con las acciones de otro. ¿Para quién hacemos esto? Tal vez para los otros que son miembros de nuestra familia de múltiples sí mismos. Esto permitiría un tráfico intersubjetivo dentro de nosotros mismos y daría una base para una consciencia reflexiva fundamentada en dos visiones de dos sí mismos operando dentro de una misma persona.

Ahora podemos volver a la visión evolutiva de la consciencia. Según Zelazo (1996, 1999), entre los 9 y 12 meses de edad, aparece todo un conjunto de nuevas capacidades. Los niños empiezan a nombrar las cosas usando palabras. También señalan para mostrarle algo a otro, buscan objetos ocultos, manifiestan imitación diferida, buscan atención conjunta y referencia social (miran hacia la cara de un adulto cuando una situación es emocionalmente incierta, para saber qué deben hacer o sentir). ¿Todas estas acciones no verbales también son reflexivamente conscientes? (Su capacidad de consciencia es menos obvia). Zelazo supuso que sí, que son la manifestación de la nueva capacidad mental neurofisiológica para la recursividad. Desde su punto de vista, la recursividad dentro de una mente es el salto evolutivo que crea la condición necesaria para ser consciente.

Zelazo (1996, 1999) dio una explicación neurofisiológica de la aparición evolutiva de las distintas conductas; sin embargo, aún no hay evidencia de tal salto evolutivo en el procesamiento neurofisiológico a esta edad. Parece haber razonado hacia atrás desde la conducta a la neurofisiología. ¿Hay otra manera de imaginar cómo todas estas conductas se producen al mismo tiempo, que no se base en la adquisición de palabras o en el cambio propuesto en el funcionamiento de los circuitos neuronales? Ahora tenemos una sugerencia a nivel fenoménico. Entre los 9 y 12 meses de edad, los niños son capaces de una intersubjetividad secundaria (Stern, 1985; Trevarthen y Hubley, 1978). Yo propongo que el salto crucial que hace aparecer estas nuevas conductas en los niños es su capacidad de intersubjetividad. Lo que Zelazo llamó consciencia reflexiva o recursiva empieza como consciencia intersubjetiva.

Volviendo a nuestro principal interés, la situación clínica, desde un punto de vista práctico, intervienen tres tipos de consciencia (sus límites no siempre son tan claros en la vida real):

1. *Consciencia fenoménica:* se refiere a las experiencias de las que uno se da cuenta solo mientras están ocurriendo. No ingresan a la memoria a largo plazo, únicamente a la memoria a corto plazo (memoria de trabajo). Después de eso, desaparecen. En esta categoría cabe gran parte de lo que ocurre en el proceso segundo a segundo de la terapia.
2. *Consciencia introspectiva:* se refiere a las experiencias fenoménicamente conscientes sobre las cuales se reflexiona (como ya se describió) y que se les asigna un rótulo simbólico o imaginario para acceder a ellas verbalmente mediante la introspección. Gran parte de la agenda de contenidos de la psicoterapia conversacional opera con esta forma de consciencia. En terapia, por motivos prácticos, se podría llamar

consciencia introspectiva, "consciencia verbal", aun cuando los símbolos de acceso no sean exclusivamente lingüísticos. (La operación de la represión u otras defensas contra este tipo de consciencia no requieren modificaciones en el concepto básico).

3. *Consciencia intersubjetiva:* se refiere a los fenómenos que ocurren solo en las interacciones relativamente intensas tales como aquellas que prevalecen en la terapia y en momentos presentes especiales. Aquí se cocrea una experiencia y hay una adecuación o al menos una gran superposición en la consciencia fenoménica de cada miembro de la pareja, pero desde un centro de orientación diferente. Además de que cada miembro tiene una experiencia fenoménica similar, hay un darse cuenta directo de la experiencia del otro y un darse cuenta de la concordancia con la propia experiencia. Para que esto funcione, también debe estar operando la autoconsciencia, de modo que no haya confusiones acerca de quién es dueño de cuál experiencia fenoménica. Ambas experiencias están entremezcladas pero también separadas. Ambas son necesarias. Ya que este es un proceso mutuo, la experiencia compartida se vuelve "pública". Una forma de reflexividad social da lugar a una consciencia intersubjetiva.

   También puede existir una forma negativa de consciencia intersubjetiva, en la cual no se ha logrado cocrear una experiencia esperada o no se ha alcanzado una adecuación o calce. En esta situación, la cocreación o adecuación deseada y esperada se siente como una ausencia. El reflejo social ausente es solo imaginario, pero eso basta para hacerlo intersubjetivamente consciente y encerrarlo en la memoria.

En resumen, la consciencia fenoménica se basa en lo perceptual; la consciencia introspectiva, en lo verbal; y la consciencia intersubjetiva, en lo social.

Estoy sugiriendo que durante el proceso momento-a-momento de la terapia, las experiencias son cocreadas durante un momento presente intersubjetivo. Cuando eso ocurre, se cumplen las condiciones para la reflexividad social y la experiencia se torna intersubjetivamente consciente. Es esencial que el encuentro intersubjetivo ocurra en el aquí y ahora (vale decir, en un momento presente), de modo que las dos tomas de la experiencia (aquella del sí mismo y aquella reflejada del otro) ocurran simultáneamente y juntas se conviertan en parte de la misma estructura. Esta estructura incluye el despliegue temporal de la historia vivida, que es experimentada por ambos miembros de la pareja. Han hecho y vivenciado algo juntos. Este compartir es el contenido del momento presente que es intersubjetivamente consciente. Entonces puede ingresar a la memoria a largo plazo, convertirse en parte de las redes asociativas y tal vez verbalizarse lo suficiente con fines terapéuticos –siempre con mucho trabajo. La consciencia intersubjetiva que se vincula a los momentos presentes es adecuada para abordar el rico conocimiento implícito que se acumula en la psicoterapia y que funciona para cambiar a las personas.

PARTE III.
VISIONES DESDE UNA PERSPECTIVA CLÍNICA

Capítulo 9. El Momento Presente y la Psicoterapia

No estoy proponiendo una revisión de la teoría psicoterapéutica o una nueva y diferente técnica general. Más bien, sugiero que examinemos la psicoterapia de un modo distinto, a través de la lupa del momento presente y desde una perspectiva fenomenológica. Esta visión modificada producirá cambios en lo que pensamos sobre nuestro trabajo y en lo que hacemos momento a momento. Aún no está claro cuáles de estos cambios serán los más importantes y duraderos. Antes de señalar algunas de las implicancias de este material para la clínica, presentaré una breve reseña de la naturaleza del momento presente y su relación con el conocimiento implícito, la intersubjetividad y la consciencia.

Una de las ideas propuestas más importantes es que miremos las relaciones humanas íntimas y la psicoterapia en un micronivel compuesto de momentos que ocupan un ahora subjetivo –lo que llamamos momentos presentes. Lo único novedoso acerca de estas unidades es que las tratamos como el punto de partida de nuestra exploración. Sobre bases fenomenológicas, consideramos que son los trozos más pequeños de la experiencia psicológica que tienen un sentido clínico, y que son las unidades básicas para examinar el proceso psicoterapéutico. El momento presente es concebido como el material vivido a partir del cual las verbalizaciones, interpretaciones, representaciones, generalizaciones y metapsicología son abstracciones derivadas. Cabe preguntarse: "¿Entonces por qué una unidad consistente en el ahora subjetivo no ha desempeñado un papel más importante en nuestras psicologías?". Eso es exactamente lo que estoy tratando de lograr.

En general, se ha ignorado el momento presente como unidad subjetiva y como unidad de microproceso. A pesar de los trabajos ya citados de James, Fraisse, Koffka, William Stern, Merleau-Ponty, Varela y otros, el tema no ha ingresado a la corriente principal de intereses psicológicos académicos. La psicología no clínica se ha autodefinido como ciencia objetiva y hasta hace poco se alejaba de lo subjetivo y lo fenomenológico. Este descuido relativo tiene razones históricas. Hasta ahora, los intentos de objetivar la experiencia subjetiva han tenido poco éxito. A comienzos del siglo XX, la escuela psicológica *introspeccionista* jamás cumplió su promesa. La comprensión de que la introspección era, en el mejor de los casos, retrospección temprana pareció condenar la objetividad. Además, los relatos fenomenológicos de la experiencia se limitan a estudios de casos únicos donde la replicación plantea problemas fundamentales.

A fines del siglo XX se produjo un cambio. Algunos pensadores (p.ej., Marbach, 1988, 1993, 1999; Naudin, Gros-Azorin, Mishara *et al.*, 1999; Varela y Shear, 1999; Zahavi, 2001) han sugerido interesantes formas en que un enfoque fenomenológico podría resultar útil para la psicología objetiva. Con el advenimiento de nuevas técnicas en imagenología cerebral, los relatos autorreflexivos adquirieron una nueva importancia (p.ej., Cabeza, 1999; Gardiner, 2000). En realidad, siempre fueron importantes pero no se examinaban. Por ejemplo, Silbersweig y Stern (1998) determinaron que la actividad eléctrica en la corteza auditiva de un paciente paranoide durante una alucinación auditiva era similar a aquella observada cuando el paciente realmente estaba escuchando a alguien que le hablaba. Pero el paciente tenía que comentarle a los investigadores que escuchaba voces y en qué momento. La experiencia subjetiva está al principio y al final de gran parte de la ciencia objetiva. Es el iniciador que se da por sentado y el árbitro definitivo de lo que ocurrió. Su "realidad" no se cuestiona ni examina. La conocemos demasiado bien.

Aunque son aceptados, los hallazgos de la psicología de la Gestalt, que se basan en gran medida en la experiencia subjetiva, no han desempeñado un papel tan importante como podría haber sido.

Asimismo, la psicología contemporánea ha sido capaz de vivir con *chronos* como su concepto del tiempo y utilizarlo de manera productiva. Por ejemplo, si uno está interesado en las nociones de *antes y después*, la estimación de los *intervalos de tiempo*, los límites temporales de *percibir* la *simultaneidad* o la *continuidad*, la mayoría de los estudios de la *memoria* o incluso cómo se construyen en la mente las *narraciones* o el mundo *real*, no hay necesidad de un momento presente que sea más denso que un punto, no hacen falta unidades subjetivas de tiempo y, por cierto, no se necesitan momentos presentes que se desplieguen con contornos característicos de tiempo.

En resumen, hasta ahora la psicología académica dominante no ha tenido la imperiosa necesidad de prestar atención a la naturaleza y estructura de experiencias subjetivas tales como el momento presente. La nueva alianza de la psicología con las neurociencias ha cambiado eso y actualmente se está produciendo un diálogo más fructífero.

En general, el psicoanálisis y las psicoterapias psicodinámicas siempre han pasado por alto el momento presente. Desde una perspectiva psicodinámica, el significado y la coherencia narrativa de una historia de vida son las preocupaciones fundamentales. A grandes rasgos, al psicoanálisis le interesa la relación entre fragmentos de la experiencia actual, las experiencias pasadas y las estructuras preformadas que en conjunto forjan pautas significativas. La temporización entre estos trozos (una perspectiva desde *chronos*) es importante para el psicoanálisis, pero no la temporización dentro de los trozos individuales, en especial el presente. (La noción de Green [2000] de un tiempo psíquico fragmentado es solo una excepción parcial). Sin embargo, nuestro foco principal es el mundo microdiacrónico del presente.

Desde luego, en el siguiente análisis sobre el momento presente en la terapia, me refiero al momento presente como es recordado verbalmente, donde el relatar ocurre después (incluso muy poco después) de la experiencia vivida. Ha sido remodelado por el lenguaje. Entonces, ¿cuál es la diferencia entre este examen del momento presente y el proceso psicoanalítico habitual de explorar la experiencia subjetiva? Existen dos diferencias.

La primera radica en el supuesto de que el momento presente (aun tal como es relatado) revela un "mundo en un grano de arena" que vale la pena examinar en términos clínicos en y por sí mismo. En contraste, el supuesto más tradicional es que el momento presente, tal como es relatado, sirve principalmente como materia prima a partir de la cual se puede tomar un hilo asociativo para crear una red asociativa. Entonces, esta red es la que contiene "el mundo en un grano de arena" –los significados que se buscan.

La efectiva experiencia-tal-como-es-vivida no tiene que ser examinada de modo exhaustivo para permitir la operación de la asociación libre y luego la interpretación. A menudo cuando el paciente (psicodinámicamente bien entrenado) empieza a hablar sobre un momento presente, en cuanto encuentra una sensación, sentimiento, imagen o palabra que conduce a una vía asociativa, es probable que siga ese camino. Esto significa que la exploración de lo experimentado-tal-como-es-vivido se ve interrumpida por el trabajo asociativo que lo aleja del momento presente original. El paciente puede o no volver a este y tomarlo donde lo dejó. Generalmente no lo hace, sino que más bien salta a otro elemento de la experiencia o a otra experiencia que parece promisoria para una ruta alternativa asociativa relacionada que podría ampliar el significado.

En rigor, estas no son rutas alternativas. Son la esencia del trabajo psicoanalítico, porque la red asociativa es la que revela los significados, no una descripción detallada de la experiencia-tal-como-es-vivida subjetiva en cualquier momento presente.

Cabe enfatizar que, mientras más tiempo el terapeuta pueda quedarse con el momento presente y explorarlo, se abrirán más caminos diferentes a seguir. Sugiero que un interés más persistente en el momento presente tiene gran valor clínico. Esto no significa que las redes asociativas deban ser remplazadas por un foco en el momento presente, o que ambos se encuentren teóricamente en competencia. Son distintos y complementarios. Cuál seguir y en qué minuto es una decisión técnica. Muchos terapeutas afirman que utilizan exploraciones del momento presente. Pero, ¿cómo pueden usarlo bien si tienen un mínimo sentido de la naturaleza y estructura del momento presente y no comprenden qué lo hace ser un conjunto psicodinámicamente fascinante de la experiencia en sí? Cuando la terapia se considera desde una perspectiva microanalítica, con un foco centrado en el momento presente y las secuencias de momentos presentes, uno empieza a ver que se despliega de un modo un tanto distinto a lo habitual. La comprensión del proceso se acerca más al primer plano y la búsqueda de significado se traslada más hacia el fondo. El resultado es una mayor apreciación de la experiencia y menos premura para llegar a la interpretación.

Bajo condiciones especiales y periódicas, el psicoanálisis sí confronta plena, prolongada y directamente los momentos presentes que son verbalizados casi a medida que van ocurriendo: cuando aparece el material de transferencia/contratransferencia sobre el escenario mental en el aquí y ahora. Este aspecto del psicoanálisis se destaca por ser muy diferente de la indagación psicodinámica en general. La escenificación de la transferencia y la contratransferencia requiere un enfoque mucho más fenomenológico. Detrás de esto existe una tradición de casi un siglo. Se aborda directamente en el trabajo de algunos psicoanalistas (p.ej., Ehrenberg, 1992; Knoblauch, 2000). Por eso el Boston Change Process Study Group ha trabajado con tanta intensidad en comprender los encuentros intersubjetivos en el momento presente.

Sin embargo, en gran parte de la práctica clínica, el foco en la relación de transferencia en el momento presente se mantiene solo lo suficiente como para ser interpretable a su debido tiempo. Teóricamente, después de la interpretación, el trozo de transferencia explicado en términos del pasado desaparece. Entonces, el terapeuta deja el presente fenomenológico de la relación para retornar al pasado, a los aspectos históricos y narrativos más discretos de la psicodinámica. La relación tal como existe en el aquí y ahora es abandonada y el tratamiento continúa en otro plano.

En síntesis, en la mayoría de los tratamientos psicodinámicos existe prisa por llegar al significado, dejando atrás el momento presente. Olvidamos que hay una diferencia entre el significado, en el sentido de comprender lo suficiente como para explicarlo, y el vivenciar algo cada vez más profundamente. Luego volveré a esta vital distinción.

La segunda diferencia entre mi examen del momento presente y el proceso psicoanalítico habitual de explorar la experiencia subjetiva se refiere a la revisión después del hecho (el "après coup" o acción diferida) –en otras palabras, la problemática relación entre una experiencia vivida (un momento presente) y su posterior (re)construcción lingüística. Esta siempre ha sido una preocupación primordial del psicoanálisis. Generalmente, el psicoanálisis se interesa más en la (re)construcción que en el evento (si fuera conocible). Después de todo, la (re)construcción es la que revisa y transforma el evento en una realidad psíquica pertinente en términos psicodinámicos. En cierto sentido, el psicoanálisis está tan centrado en el aspecto verbalmente reconstruido de la experiencia, que lo fenoménico se pierde. Todo en un tratamiento es después del hecho. Es como si las funciones intelectuales y lingüísticas siempre operaran sobre lo que podría ocurrir u ocurrió, pero nunca sobre lo que está ocurriendo (Merleau-Ponty, 1945/1962).

Vale la pena dilucidar el concepto de revisión-después-del-hecho, para poder ver mejor el momento presente, que de otro modo parece desaparecer después que es revisado. Considero que la revisión cae dentro de cuatro categorías o niveles.

El primero es una "revisión rotativa", que se produce cuando el momento presente aún se está desplegando. Cada instante subsiguiente del momento presente que pasa revisa el pasado-del-momento-presente inmediato. (Recuerden el presente tripartito de Husserl). Este es un proceso continuo, que concluye cuando se aprehende la Gestalt del momento presente. En otras palabras, el "après coup" opera sobre el presente extendido, *en el presente*, no solo después. No es necesario el lenguaje para efectuar esta revisión rotativa continua. Esto transforma la revisión en un proceso más general. Cada experiencia se revisa constante y sucesivamente, instante a instante. Este no es un fenómeno inusual o periódico; así es como funciona la mente.

El segundo tipo de revisión-después-del-hecho ocurre cuando se traspone la experiencia al lenguaje, es decir, revisión por medio de la verbalización.

El tercer tipo es lo que originalmente se entendía por acción diferida, o sea, cuando una experiencia posterior modifica en forma significativa la comprensión pasada de un evento anterior. Es una especie de revaluación que podría denominarse revisión "conceptual".

El cuarto tipo de revisión se produce durante la entrevista microanalítica (para mayores detalles, ver Apéndice). En resumen, esta no es una simple y única traducción lingüística de un momento presente. Es una detallada composición e integración de capas para llegar a cómo se sintió la experiencia del momento presente. Apunta a una verosimilitud con la vida –no al significado. Gran parte de los datos para los siguientes capítulos se reunieron usando aspectos, modificaciones o abreviaciones de este último tipo de revisión. Muchos terapeutas creen que hacen algo bastante similar en ciertos momentos del tratamiento o a lo largo del tiempo. Yo cuestiono enfáticamente esta aseveración.

Este último tipo de revisión no se ajusta a la práctica psicoterapéutica habitual. Los supuestos básicos que lo guían, el conocimiento sobre la naturaleza de un momento presente, el método, la meta y las descripciones resultantes son diferentes.

En síntesis, el psicoanálisis aborda los eventos a medida que se despliegan en el momento presente como eventos desplazados en el tiempo y en la persona (transferencia), como otra ejemplificación de patrones pasados, como puntos de partida para asociaciones libres, o solo como eventos de superficie similares al contenido manifiesto de los sueños. Mucho se pierde en el proceso.

Algunas psicoterapias prestan especial atención al "aquí y ahora", en particular las escuelas de psicoterapia existencial, gestáltica y relacional, así como también las terapias de movimiento, danza, música y expresivas. Intentan mantenerse focalizadas, tanto como sea posible, en lo que se despliega en el momento presente en la relación. Esta interacción centrada en el presente se considera el contexto principal para el surgimiento de material con el cual trabajar. Las terapias sistémicas tradicionalmente también han prestado gran atención al presente. Muchas de las maniobras terapéuticas tradicionales tratan de modificar el contexto predominante, sea físico o psicológico, de modo que los pacientes se encuentren en un presente cambiado. En este contexto modificado, surgen nuevas conductas, pensamientos y sentimientos que se utilizan con fines terapéuticos.

Sin embargo, aunque el presente ha sido usado clínicamente, no ha existido ningún intento sistemático de explorar y describir la fenomenología de la experiencia en el momento presente. Asimismo, en muchas de las terapias corporales y de movimiento, aunque la acción presente se despliega en contornos temporalmente dinámicos, se hacen escasos esfuerzos por conceptualizar este aspecto microdiacrónico. Así, muchas de estas terapias "más allá de la conversación" emplean sus eficaces técnicas para evocar material que luego se representa verbalmente y se utiliza en términos psicodinámicos. En otras palabras, lo que más las diferencia de las terapias conversacionales es el método usado para evocar el material y la fuente de este. La forma en que finalmente se utiliza el material evocado no difiere mucho de las terapias conversacionales. Aunque estas prestan mucha atención a la estructura microtemporal del proceso en la práctica, prestan menos atención a su detallada descripción y conceptualización.

La naturaleza y alcance ampliado del conocimiento implícito tienen varias implicancias para la clínica. Uno de los conceptos más inclusivos utilizados en el tratamiento psicoanalítico tradicional es el de resistencia. Laplanche y Pontalis ofrecen una definición sencilla y amplia: "se denomina 'resistencia' todo aquello que, en los actos y palabras del analizado, se opone al acceso de éste a su inconsciente" (1967/1988, p. 394). Aquí, *inconsciente* se refiere a lo inconsciente dinámico reprimido. Para Freud, represión y resistencia eran esencialmente lo mismo, en el sentido de que ambas impedían que lo inconsciente dinámico llegara a la consciencia. Según Laplanche y Pontalis, Freud consideraba la resistencia como un concepto más amplio, como se aprecia en su descripción de cinco tipos de resistencia: represión, resistencia transferencial, resistencia por ganancia secundaria (todas estas son defensas del yo), resistencia del superyó derivada de la culpa inconsciente y la necesidad de castigo, y resistencia del ello bajo la forma de compulsión a la repetición.

El problema que enfrentamos ahora es que el conocimiento implícito no es dinámicamente inconsciente y, por lo tanto, no es retenido de la consciencia por resistencias (represión). No es consciente por otras razones que he mencionado. El concepto de resistencia no se aplica al conocimiento implícito. Esta limitación cobra aún mayor importancia cuando consideramos el enorme alcance del conocimiento implícito tanto en la vida cotidiana como en psicoterapia. En general, los recuerdos y representaciones regulatorios implícitos desempeñan un papel permanente al configurar la transferencia y la relación terapéutica, así como también al conformar gran parte de nuestro pasado vivido y nuestro presente sintomático.

Al parecer, la mayoría del material descriptivamente inconsciente no requiere del concepto de resistencia, que ahora debe limitarse a situaciones en que hay involucrado material inconsciente dinámico reprimido. Las escenificaciones, a las cuales se les está prestando una muy necesaria atención, caen en una zona gris entre lo dinámicamente inconsciente y lo implícitamente no consciente.

¿La tipología freudiana de las resistencias sirve para comprender las dificultades al ir de lo implícito a lo explícito? Aquí surge el tema de quebrantar algún tipo de totalidad y pureza. Recordemos la cita de Alessandro Baricco en el Capítulo 7 que describía el estado puro de una idea no verbalizada como un "hermoso follón", un conocimiento implícito. Esto se comenta en la descripción de Stern (1985) sobre el niño que está aprendiendo el lenguaje, cuyo cómodo y rico mundo preverbal implícito es roto en pedazos irreconocibles al agregar lenguaje a sus experiencias implícitas. En *Diario de un bebé* (Stern, 1990, p. 122), un bebé ficticio de 9 meses juega con un rayo de sol que cae sobre el suelo de madera. Constituye un rico mundo emocional-sensorial multimodal para él. Intenta lamer el rayo de sol sobre el suelo. Su madre lo detiene abruptamente, diciéndole: "Es solo un rayo de sol, mi amor. Es solo para mirarlo. Es solo luz sobre el suelo. No puedes comerte este rayo de sol. Está sucio".

Si el bebé ficticio hubiera podido entender esas palabras, habría pensado algo así: "Cada una de sus palabras es un golpe sordo que hace añicos mi espacio. 'Solo un rayo de sol' –¡pero era mi rayo de sol, un rayo de sol especial! 'Es solo para mirarlo' –lo escuché. ¡También lo sentí! 'Solo luz sobre el suelo' –¿cómo? 'Está sucio' –yo estaba en él".

Cuando ella deja de hablar, los fragmentos del mundo del bebé yacen repartidos por todas partes. Ese mundo original ha desaparecido.

Algo se gana y algo se pierde cuando la experiencia se pone en palabras. Se pierde la totalidad, la verdad sentida, la riqueza y la honestidad. ¿Opera algún tipo de resistencia que contrarresta esta pérdida –una resistencia que mantiene algunas experiencias protegidas en su estado no reflexivamente consciente, no verbal y ricamente complejo? Tal vez es una resistencia estética y moral fiel-a-sí-misma, una resistencia existencial contra el empobrecimiento de la experiencia vivida. Como sea, con la toma de consciencia de la naturaleza y alcance del conocimiento implícito, se ha restringido significativamente el campo y aplicabilidad del concepto de resistencia.

Otra implicancia crucial de comprender mejor el ámbito del conocimiento implícito se refiere al cambio psicoterapéutico. Nosotros en el Boston Change Process Study Group y muchos otros hemos tomado consciencia de que, para llevar a cabo cambios terapéuticos, no siempre es necesario interpretar en el ámbito explícito. El cambio puede producirse a través de modificaciones en el conocimiento implícito.

Una implicancia diferente para la teoría clínica se refiere al lugar de la acción versus el lenguaje. Cuanto más sobresale el conocimiento implícito, más importancia cobra lo no verbal. Todos los momentos presentes que implican contacto intersubjetivo implican acciones, sea una mirada mutua, un cambio postural, un gesto, una expresión facial, un cambio en la respiración o un cambio en el tono o intensidad de la voz. Uno olvida que todas las configuraciones paralingüísticas de sonidos del habla son actos motores sentidos por un oyente que está participando en la experiencia vocal propioceptiva del hablante. Knoblauch (2000) describió esto magníficamente en la situación clínica. Recuerden que todas las viñetas clínicas usadas como ejemplos de momentos presentes en el Capítulo 1 se basan en la acción –por ejemplo, el apretón de manos con ambas manos y la correspondiente mirada mutua.

¿Estoy dando prioridad a la acción (o a la acción conjunta) por sobre el pensamiento? Sí y no. Tal pregunta no tiene sentido desde la perspectiva contemporánea de una mente encarnada y la capacidad para la participación-centrada-en-el-otro. El reciente cambio de paradigma en las ciencias cognitivas propone una mente que no es una entidad desencarnada independiente. Más bien, el pensamiento mismo requiere y depende de sentimientos que emanan desde el cuerpo, así como de movimientos y acciones (ver Clark, 1997; Damásio, 1999; Sheets-Johnstone, 1999; Varela, Thompson y Rosch, 1993). Los momentos presentes que implican encuentros intersubjetivos se basan en personas con mentes encarnadas que actúan y reaccionan tanto física como mentalmente.

Antes de este cambio conceptual, cuando mente y cuerpo aún estaban separados, era pertinente preguntar: "¿Estamos dando prioridad a la acción por sobre el pensamiento?". Las respuestas determinaron tanto la teoría como la práctica. Por ejemplo, Freud fue cartesiano al separar lo mental de lo físico. Concibió el pensamiento como una derivación de (secundaria a) la acción inhibida. Para él, la acción era primaria. Esto suele olvidarse. Su ejemplo clásico era un bebé hambriento incapaz de realizar la "acción específica" de la pulsión (chupar para satisfacer el deseo) porque la madre no estaba presente. Por lo tanto, la energía psíquica normalmente dirigida a las funciones motoras y sensoriales de la boca era redirigida y canalizada a la parte perceptual de la mente para crear una alucinación de chupar-beber. La acción inhibida se convierte en un producto derivado: los fenómenos mentales.

Asimismo, la técnica del diván y la prohibición contra el "*acting in* o *acting out*" debían obligar a la energía psíquica a expresarse a través del pensamiento, donde se podía seguir con la asociación libre y la "cura por la palabra". Las prohibiciones técnicas y teóricas contra la acción, en especial contra el *acting in*, también fueron originalmente instauradas por el psicoanálisis para contener y redirigir escenificaciones potencialmente disruptivas de transferencia y contratransferencia hacia lo mental. Entonces, ¿cómo debemos entender el hecho de que en la actualidad consideremos que la terapia, incluso el psicoanálisis, se basa en gran medida en la acción en el ámbito implícito, aun cuando solo estemos hablando y escuchando?

El verdadero problema no es la acción en sí, sino más bien ciertos tipos de acciones que permiten posibles (mal)interpretaciones. La expresión de amor de un paciente hacia su terapeuta que se transmite en el tono de voz, mirada y forma de moverse, más que escenificada en una forma clara e innegable, es algo que se permite (Stern, 1992). ¿Por qué? ¿Porque las acciones pueden negarse? ¿Son inconscientes? ¿No conscientes? ¿Apenas acciones reales? ¿Porque pueden ser manejadas técnicamente y resultan útiles? Por ende, la línea divisoria entre acciones permisibles y no permisibles se transforma en algo técnico o moral y legal, más que teórico.

Estas consideraciones plantean interrogantes de larga data sobre la división entre las terapias más psicoanalíticas y las terapias corporales, de acción, de movimiento y expresivas. Dada la postura tradicional del psicoanálisis, con su concentración en lo verbal, fue inevitable que surgieran terapias que privilegiaran lo físico. A estas alturas, nadie puede afirmar que tenga una vía regia hacia lo inconsciente. El sueño, la asociación libre, el momento presente, la expresión o las sensaciones corporales y las acciones son, si no vías regias, caminos suficientemente buenos hacia la mente, incluyendo lo inconsciente y lo implícito.

Otra implicancia importante se refiere a considerar la intersubjetividad como uno de los principales sistemas motivacionales, como se describió en el Capítulo 6. Por cierto, ¿cuántos sistemas motivacionales mayores y menores existen? Esta interrogante está fuera del ámbito del presente libro, de modo que solo la abordaremos brevemente (ver Dornes, 2002; Lichtenberg, 1989).

En un extremo, el psicoanálisis propuso solo dos sistemas primordiales (los instintos de vida y muerte). Esto tendió a absorber todos los demás sistemas motivacionales importantes, desdibujando sus límites y evitando que fueran considerados por derecho propio. El caso de la teoría del apego es ilustrativo. Durante muchas décadas, el psicoanálisis o rechazó la teoría del apego o la asimiló hasta hacerla desaparecer. Y eso a pesar de que este importante sistema motivacional se originó en parte de una perspectiva psicoanalítica. Solo recientemente la teoría del apego está logrando acomodarse en la corriente principal del pensamiento psicodinámico. A mi parecer, la intersubjetividad ocupa una posición similar a aquella que antes tenía el apego.

En el otro extremo, muchos sistemas motivacionales desempeñan diferentes papeles en la supervivencia de la especie y del individuo. Pero sin una jerarquía clínicamente útil, los terapeutas se verían muy limitados. En la actualidad, parecemos estar atrapados entre estos dos extremos. La cantidad y ordenamiento de los sistemas motivacionales que son clínica y teóricamente satisfactorios es un trabajo en curso.

Tal vez las dos consecuencias clínicas más importantes de que la intersubjetividad sea un sistema motivacional primordial son: (1) que confirma la idea de que la relación terapéutica es esencialmente un fenómeno cocreado por dos personas (lo intrapsíquico se ha subordinado a lo intersubjetivo), lo cual significa que la terapia es un viaje cocreado; y (2) que es clínicamente útil considerar el deseo de ser conocido y lograr el contacto intersubjetivo como uno de los principales motivos para hacer avanzar la psicoterapia. También nos permite ver el proceso terapéutico como un intento de regular el campo intersubjetivo. Esto nos proporciona una perspectiva organizadora, lo cual será evidente en los siguientes capítulos.

Por último, ¿qué implicancias puede tener alejar la exploración de lo inconsciente y acercarla a la consciencia? Quizás la consciencia sea el verdadero misterio, no lo inconsciente. Recuerden que el momento presente, aunque se forma de manera intuitiva e implícita, alcanza la consciencia. La psicología académica se inició con la consciencia como problema e ignoró lo inconsciente dinámico. El psicoanálisis empezó con lo inconsciente y descartó la consciencia como algo evidente. Sin embargo, lo inconsciente psicoanalítico, en su versión más sencilla, es consciencia enmascarada por la represión. De modo que la interrogante más crucial es: ¿qué es la consciencia y cómo es que algo se vuelve consciente? Cómo enmascarar este misterioso fenómeno es una pregunta importante, si bien secundaria. El vuelco hacia la consciencia se relaciona con el giro hacia el momento presente. Ambos provienen de la misma tendencia.

Capítulo 10.
El Proceso de ir Avanzando

"Ir avanzando" (*moving along*) es el término que usa el Boston Change Process Study Group para el diálogo cotidiano que hace progresar a una sesión de terapia, al menos en el tiempo. Es lo que el terapeuta y el paciente realizan juntos. Lo que hace que el ir avanzando sea especial es la escala a la cual observamos el diálogo. Es el proceso terapéutico visto a través de un lente microanalítico, donde las unidades son de varios segundos de duración. Como hemos visto, la vida entre las personas se vive en forma directa a una escala relativamente pequeña: una frase, una pausa, una expresión facial, un gesto, un sentimiento, un pensamiento. Desde luego, estos pueden estar entrelazados e insertos en unidades integrales. Llamaremos a esta pequeña escala el *nivel local.* Es donde surgen los momentos presentes[16] (Boston CPSG, Report N° 3, 2003; Boston CPSG, Report N° 4, en prensa; Stern *et al.*, 1998; Tronick, Bruschweiler-Stern, Harrison, 1998).

Cuando se revisa una sesión de terapia después que ha concluido, es fácil reconstruir su trayectoria, reconocer sus temas principales y estimar dónde encaja en el curso global de la terapia. Sin embargo, cuando la sesión se observa desde el interior, mientras aún está ocurriendo, su rumbo parece menos claro, sencillo y direccional. El *ir avanzando* refleja el proceso, a menudo deambulatorio y dirigido sin mucha rigidez, de buscar y hallar un camino a seguir, de perderse y luego volver a encontrarlo (o uno

[16] Muchas de las ideas principales para este capítulo y los dos siguientes provienen del trabajo del Boston Change Process Study Group (Boston CPSG). Las colaboraciones de este grupo han aparecido en publicaciones en serie citadas en el texto. Asumo la responsabilidad por los numerosos cambios respecto de nuestras formulaciones colectivas.

nuevo) y de escoger objetivos que orienten, los cuales suelen descubrirse solo sobre la marcha. Esta es la perspectiva del proceso en el nivel local mientras se está desplegando.

Lo especial de este enfoque es la perspectiva del proceso desde el interior de la terapia en el nivel local. (El trabajo de Labov y Fanshel [1977] es un estudio pionero que apunta en esta dirección).

Exploraré el ir avanzando en el nivel local a través de varias preguntas: ¿qué elementos lo componen? ¿Qué lo impulsa y regula su flujo? ¿Cuál es la naturaleza del proceso de ir avanzando? Y ¿hacia dónde se mueve el ir avanzando?

¿Qué elementos componen el ir avanzando?

Dos elementos componen el ir avanzando: los momentos presentes de los cuales uno sencillamente se percata y los momentos presentes que ingresan en la consciencia. Estos últimos momentos presentes son las unidades que dividen palabras, gestos, silencios, etc., en agrupaciones significativas. Empaquetan el flujo de la conducta. Llamaré *movidas relacionales* a los momentos presentes que se encuentran simplemente en el darse cuenta. Uno se percata de una movida relacional mientras está siendo llevada a cabo. Sin embargo, no entra en la memoria a largo plazo y no aparece después en los relatos narrativos como un evento autobiográfico recordado. Presumiblemente, tiene la misma arquitectura temporal y estructura de historia-vivida que un momento presente consciente.

En términos metodológicos, el momento presente consciente se puede describir como un fenómeno en primera persona abierto a la introspección y co(re)construcción. Por otro lado, la movida relacional, ya que no entra en la consciencia, solo se puede describir objetivamente, como un fenómeno en tercera persona, aun cuando sea una experiencia en primera persona mientras está sucediendo. Los aspectos mentales de la movida relacional deben inferirse.

Los momentos presentes conscientes se pueden dividir en tres grupos:

4. El *momento presente regular*, descrito en detalle en capítulos previos.
5. El *momento ahora*: es un momento presente que aparece de pronto y está muy cargado de consecuencias inmediatamente inminentes. Es un momento de *kairós*, lleno de presentidad y la necesidad de actuar.

6. El *momento de encuentro*: es un momento presente en el cual ambos participantes logran un encuentro intersubjetivo. En este momento, ambos se percatan de lo que el otro está experimentando. Comparten un paisaje mental lo suficientemente similar como para que se alcance un sentido de "calce específico" (Sander, 1995a, 1995b, 2002). En general, los momentos de encuentro siguen inmediatamente a los momentos ahora, que los establecen. Entonces el momento de encuentro resuelve la necesidad de resolución creada en el momento ahora.

¿Qué impulsa el ir avanzando y regula su flujo?

El ir avanzando es impulsado, en gran medida, por la necesidad de establecer contacto intersubjetivo. Por eso consideramos que el motivo intersubjetivo general es particularmente relevante en la situación clínica. Existen tres motivos intersubjetivos principales que impulsan el proceso clínico:

1. Sondear al otro y ver dónde uno está en el campo intersubjetivo. Es lo que yo llamo *orientación intersubjetiva.* Implica tantear momento a momento, mayormente fuera de la consciencia, dónde se encuentra la relación entre paciente y terapeuta y hacia dónde va. Esto es imprescindible para trabajar juntos.
2. Compartir la experiencia, ser conocido. Esto implica el deseo de aumentar de manera constante el campo intersubjetivo, es decir, el territorio mental que se tiene en común. Cada vez que se amplía el campo intersubjetivo, la relación se modifica implícitamente. Esto significa que el paciente está experimentando una nueva forma-de-estar-con el terapeuta y ojalá con otros. El cambio es implícito. No necesita ser explicitado ni verbalizado. Se vuelve parte del saber relacional implícito del paciente. Otra consecuencia positiva es que, cada vez que se amplía el campo intersubjetivo, se abren nuevas vías para la exploración explícita. Más áreas del mundo del paciente se tornan consciente y verbalmente comprensibles.
3. Definir y redefinir nuestro sí mismo, utilizando el reflejo del sí mismo a partir de los ojos del otro. En este proceso se reforma o consolida la propia identidad.

Estos objetivos se alcanzan en el nivel local a través de las secuencias de movidas relacionales y momentos presentes que conforman la sesión.

El siguiente ejemplo ilustra un diálogo de movidas relacionales y momentos presentes que ajustan el campo intersubjetivo. Proviene de la experiencia clínica de un integrante del Boston CPSG. En comparación con muchas anécdotas clínicas, es bastante banal, no contiene eventos dramáticos. Esto es así en la mayoría de los ejemplos clínicos que utilizo. Cabe recordar que buscamos el proceso más que el contenido. Teóricamente, podríamos entrar casi en cualquier parte de una sesión para vislumbrar algunas de las características de su proceso.

Movida relacional 1 (inicio de la sesión)

Paciente: *No me siento del todo aquí hoy día.* (La intención intersubjetiva es anunciar el estado inmediato de su posición en la relación. Establece cierta distancia y renuencia a hacer mucho trabajo intersubjetivo, al menos por ahora. Está diciendo que aún no está dispuesta a, o aún no desea, realizar ese trabajo conjunto).

Movida relacional 2

Terapeuta: *Ah.* (Dicho subiendo el tono de voz al final, con lo cual reconoce la declaración de la paciente. No está claro si es una total aceptación del estado intersubjetivo que ha expuesto la paciente o un ligero cuestionamiento de este, o ambas cosas. Como sea, es un pequeño paso en dirección al trabajo conjunto –pequeño pero significativo en comparación con un silencio o incluso un “Mmm” [bajando el tono de voz al final]. El “Ah” es más abierto e inquisitivo que un “Mmm”. Implica un evento futuro).

Movida relacional 3

Ambos: [*Sigue un silencio de 6 segundos*]. (La paciente se muestra renuente a apresurarse a cambiar el *statu quo* intersubjetivo inmediato. Al permitir que se desarrolle el silencio, el terapeuta expresa una intención implícita de no cambiar las cosas, por ahora. También es una invitación implícita y quizás una leve presión para que la paciente rompa el silencio, o ambas cosas. Como sea, están cocreando una especie de aceptación mutua del *statu quo* inmediato –en otras palabras, no hacer ni decir nada. Aún está por verse si se trata de una aceptación rotunda o precaria).

Movida relacional 4

Paciente: *Sí, claro.* (La paciente reafirma la posición intersubjetiva original. Aún no está preparada para avanzar o acercarse. No obstante, al decir algo, indica que desea mantener el contacto. No se ha acercado, pero tampoco se ha retraído).

Movida relacional 5

Ambos: [*Nuevamente se produce un silencio*]. (La paciente todavía no acepta la invitación implícita a continuar a partir de la última movida. Pero ya que ha mantenido el contacto al decir: "*Sí, claro*", el silencio puede seguir sin generar alguna pérdida importante de terreno intersubjetivo. El terapeuta mantiene su terreno, pero dado que su posición exacta resulta poco clara, la relación puede tolerarlo. Están estando-juntos ligeramente en este estado un tanto inestable).

Movida relacional 6

Terapeuta: *¿Dónde estás hoy?* (Ahora el terapeuta hace una movida clara hacia la paciente, invitándola a ampliar el campo intersubjetivo).

Movida relacional 7

Paciente: *No sé, pero no del todo aquí.* (La paciente da un paso hacia delante y medio paso hacia atrás. El paso hacia delante probablemente es más grande porque ella comparte algo: el hecho de no saber dónde se encuentra hoy. [Después esto resulta no ser así. Sí lo sabe, pero no está preparada para hablar al respecto. Las condiciones intersubjetivas aún no son adecuadas]. Su "pero no del todo aquí" reafirma su primera movida relacional. La paciente también rechaza en parte la invitación del terapeuta a ampliar el campo intersubjetivo).

Movida relacional 8

Ambos: [*Un silencio bastante largo*]. (A través del silencio, el terapeuta indica que no pretende hacer otra invitación, al menos no ahora. Ni la presionará con más fuerza. Esperará que ella tome la iniciativa.

Esto también es una especie de invitación y presión, débil o fuerte, dependiendo de cómo manejan habitualmente los silencios. La paciente mantiene la distancia pero también el contacto, de modo que en el aire flota la sensación de que está decidiendo. Queda claro que su posición intersubjetiva frente al otro es inestable. Pero han demostrado que pueden tolerar esta forma temporal y limitada de estar-juntos por el momento. El compartir esta tolerancia conjunta, *per se*, produce un ligero cambio en el campo intersubjetivo).

Momento ahora

Paciente: *En la última sesión ocurrió algo que me molestó... [pausa]... pero no sé si quiero hablar al respecto.* (La paciente da un gran paso hacia delante hacia el terapeuta en el sentido de compartir su experiencia y expandir el campo intersubjetivo. También hay un vacilante paso hacia atrás. Se rompe la tensión y se crea una nueva. Se ha producido una apertura que promete seguir expandiendo el campo intersubjetivo. Esto califica como un pequeño momento ahora, ya que concentra la atención en una nueva implicación del momento presente y su resolución).

Intento de un momento de encuentro

Terapeuta: *Ya veo... entonces, ¿el lugar donde estás ahora es nuestra última sesión?* (Valida lo que ella dijo como algo que ahora es compartido en términos intersubjetivos, a saber, que no está del todo ahí, pues aún le perturba algo que ocurrió en la última sesión. Él se ha acercado a ella, pero sin presionarla).

Movida relacional 9

Paciente: *Sí, claro... No me gustó cuando dijiste...* (La paciente explica lo que no le gustó en la última sesión. Ahora se comienza a afirmar y compartir un campo intersubjetivo más amplio).

Dejaré en este punto la transcripción para evitar discutir el contenido que pertenece a la primera agenda y quedarnos con la segunda agenda de regular el entorno microintersubjetivo. Hasta aquí parece haber ocurrido tan poco en el nivel de la agenda de contenido, pero la paciente y el terapeuta se están posicionando intersubjetivamente, de modo que algo puede surgir en el nivel de contenido. Y más importante aún, desde nuestro punto de vista, están estableciendo un cuerpo de saber implícito acerca de cómo trabajan juntos para llegar a alguna parte. Están estableciendo complejos patrones implícitos, únicos para ellos, sobre cómo regular su campo intersubjetivo.

¿Cuál es la naturaleza del proceso de ir avanzando?

Imprevisibilidad

El ir avanzando, mientras está sucediendo, es en gran medida un proceso espontáneo y localmente imprevisible. El terapeuta no puede saber con exactitud lo que el paciente dirá a continuación, y mucho menos lo que él mismo dirá a continuación, hasta que lo dice o hace. Esto mismo es válido para el paciente. Aun cuando el terapeuta sepa de antemano que el paciente pronto tendrá que hablar sobre determinado tema, no puede saber cuándo surgirá o la forma exacta que adoptará. El tema en cuestión suele ser conocido, pero aun así uno no sabe qué pasará a continuación. (Si el terapeuta pensara que lo sabe, estaría tratando una teoría y no a una persona). Por eso la psicoterapia (tal como se experimenta desde adentro) también es un proceso muy "desprolijo".

"Desprolijidad" y cocreación: virtudes creativas de la "desprolijidad" en el proceso psicoterapéutico

La desprolijidad resulta de la interacción de dos mentes trabajando en el modo "acertar-fallar-reparar-elaborar" para cocrear y compartir mundos similares. Dado que el proceso de encadenar (a veces de manera muy relajada) movidas relacionales y momentos presentes es en gran parte espontáneo e imprevisible de movida en movida, se producen muchos desajustes, fracasos, malentendidos e imprecisiones. Estos "errores" requieren un proceso de reparación. El término *desprolijo* se ha convertido en un concepto legítimo en el discurso científico gracias a la teoría de los sistemas dinámicos, en la cual tal fenómeno es crucial.

Mis observaciones de padres y bebés me han familiarizado con este proceso de constante fracaso y reparación en las interacciones diádicas. En la mejor de las interacciones se dan muchos "pasos en falso" a cada minuto y la mayoría son reparados rápidamente por uno o ambos participantes. Durante ciertos tramos de la interacción, ruptura y reparación constituyen la principal actividad de madre y bebé. He descrito estos fracasos y desfases como "pasos en falso durante la danza" (Stern, 1977). Tronick (1986) ha prestado aún más atención a este fenómeno. Ambos hemos comentado que los pasos en falso son muy importantes, porque la manera de negociar las reparaciones y corregir los desfases es una de las principales formas-de-estar-con-el-otro que se llegan a conocer en términos implícitos. Equivalen a mecanismos de afrontamiento. Por lo tanto, la secuencia ruptura-reparación es una de las experiencias de aprendizaje más importantes para el bebé a la hora de negociar el imperfecto mundo humano. Los pasos en falso durante la danza también han sido descritos en la triada madre-padre-bebé (Fivaz-Depeursinge y Corboz-Warnery, 1998; Fivaz-Depeursinge, Corboz-Warnery y Frascarolo, 1998). Otros pasos en falso durante la danza han sido descritos en situaciones de consulta médica (Heath, 1988).

Mientras el Boston Group más examinaba el proceso de ir avanzando, más comenzamos a advertir la desprolijidad en el proceso momento-a-momento de la psicoterapia. (El Informe N° 4 del Boston CPSG [en prensa] aborda la desprolijidad en forma mucho más amplia y profunda. El presente análisis es un resumen). Identificamos varias fuentes o elementos de la desprolijidad: (1) la vaguedad de las intenciones, o sea, la dificultad para conocer las propias intenciones, transmitirlas y que un otro las interprete correctamente; (2) la imprevisibilidad; (3) una gran redundancia, casi siempre con variaciones que evolucionan; y (4) el proceso de ir avanzando, que por su naturaleza es algo improvisado.

Progresivamente empezamos a entender el papel crucial de la *desprolijidad* y considerarla no como un error o ruido en el sistema, sino más bien como una característica inherente de las interacciones. La desprolijidad del proceso introduce en el diálogo elementos nuevos, inesperados y muchas veces desordenados que pueden ser utilizados para crear nuevas posibilidades. La desprolijidad no se debe evitar o lamentar; se necesita para comprender la casi ilimitada cocreatividad del proceso de ir avanzando.

La desprolijidad tendría escaso valor si no ocurriera en un contexto de cocreatividad. Tanto la desprolijidad como su reparación o uso inesperado son producto de dos mentes que trabajan juntas para maximizar la coherencia. Nótese que utilizo la palabra *cocrear* en vez de *coconstruir*, ya que la segunda sugiere que se está poniendo en marcha un plan previo con piezas ya formadas que se ensamblan de acuerdo a un modelo conocido.

El papel de las movidas relacionales y los momentos presentes en el proceso de ir avanzando se comprende mejor si consideramos que cualquier cosa que ocurra, se trata de algo cocreado o coajustado. Este es un proceso profundamente diádico arraigado en una matriz intersubjetiva. Varias ideas lo aclaran. Primero, cada movida y momento crea el contexto para la próxima movida y momento. De manera que si el paciente (o el terapeuta) escenifica una movida relacional, ya se ha restringido y preparado la siguiente movida relacional del otro participante. Esta mutua creación de contextos sigue y sigue, una movida relacional tras otra, de modo que la dirección hacia donde van juntas las movidas está determinada principalmente en términos diádicos. En segundo lugar, cada movida relacional y momento presente sirve para expresar una intención relativa a las intenciones inferidas del otro. Ambos terminan buscando, persiguiendo, perdiendo, encontrando y configurando la intencionalidad del otro. También en este sentido, el proceso de ir avanzando es cocreado.

Para seguir desarrollando esta línea de pensamiento, la desprolijidad en una psicología bipersonal se puede considerar análoga a las irrupciones de material inconsciente en una psicología unipersonal (asociación libre, *lapsus linguae*). Junto a otros eventos emergentes no planificados, ambas crean los descubrimientos sorpresivos que empujan a la díada a su singularidad. Potencialmente, se encuentran entre sus elementos más creativos. Después de todo, la teoría por sí sola proporciona únicamente los huesos; la desprolijidad y las irrupciones de material inconsciente son dos formas distintas de proveer la carne.

Por ende, los productos de la desprolijidad son cualidades emergentes que nacen de la contribución aproximadamente igual de dos mentes. Estos productos no tenían existencia previa, ni siquiera en forma latente. Por lo tanto, no hay nada que analizar en un sentido psicodinámico. La desprolijidad crea algo que necesita ser vivido y elaborado, más que comprendido. No es aplicable la idea tradicional de un análisis de las defensas. Un *lapsus linguae* no es desprolijidad. Esto no significa que algunos pedacitos de desprolijidad no puedan estar determinados en términos psicodinámicos. Pero no todos lo están. Son más un producto inherente de la interacción que del funcionamiento psicodinámico.

A continuación veremos un ejemplo de desprolijidad y su uso creativo[17]. Puede parecer un tanto confuso; al fin y al cabo, es desprolijo.

La paciente tenía una historia de abuso infantil. La autoestima, la aceptación y el agenciamiento eran cuestiones primordiales. Tuvo dos sueños: uno algunos días antes de la sesión (el "sueño del viernes") y otro la noche anterior a esta (el "sueño del martes"). Después de la primera sesión, el terapeuta había ofrecido una sesión adicional y le preocupaba que la paciente se hubiera sentido obligada a aceptarla.

Paciente: *De modo que hay dos completamente diferentes... el sueño que tuve anoche me dejó sintiéndome muy conectada contigo y me hizo sentir... No sé, supongo que más cerca de ti, que me dirías que no eras perfecto.* (Ya han sido presentados dos sueños en la sesión. La paciente decide hablar sobre el más reciente, el del martes. ¿Lo decidió ahí mismo? Aunque hayan habido muchas razones para su elección –estar a la defensiva, proximidad en el tiempo, etc.–, este es un ejemplo de intencionalidad vaga. También se abandona el primer sueño, el del viernes, que queda suspendido en el aire. La situación de inmediato se vuelve potencialmente más compleja. E incluso dentro de su elección –el sueño del martes– introduce algunas incertidumbres menores: "*No sé, supongo...*". Estas imprecisiones podrían ser resistencias, renuencias o una genuina interrogante del momento sobre lo que estaba diciendo. Como sea, se suman a la vaguedad de las intenciones. El hecho de que puedan ser defensivas no elimina la vaguedad. Solo "la justifica").

Terapeuta: *Ajá.* (Esto "significa": "Sigue adelante porque estoy contigo. Porque aún no he entendido lo suficiente y necesito escuchar más. Porque todavía no tengo nada que decir. Porque ni siquiera sé hacia dónde vas. Porque necesito más tiempo. Porque tal vez el otro sueño es más importante. Porque quizás están ocurriendo todas estas cosas".

---

[17] El material es de un caso tratado por un integrante del Boston Group. Para la transcripción completa y los eventos previos y posteriores, ver Boston CPSG, Report N° 4 ((http://www.changeprocess.org/). Expanden ampliamente y añaden a los puntos enfatizados aquí.

La paciente se hará una idea general debido a las convenciones y a la historia pasada de ambos. La vaguedad está presente, pero aún no es demasiado importante).

Paciente: *Mmm.* (Esto significa: "No sé adónde iré con esto. O si lo sé, no estoy segura si iré. Parece que tú no me vas a ayudar mucho. ¿O sí?" [el terapeuta sí ayuda]).

Terapeuta: *Realmente pensaste en llamarme el sábado por el otro sueño.* (Aquí tenemos la primera sorpresa. El terapeuta de pronto cambia al sueño del viernes, aunque la paciente empezó con el sueño del martes. En realidad, el giro ni siquiera es hacia el sueño, sino hacia lo que ella pensaba hacer después del sueño: llamarlo por teléfono. ¿Por qué? Él parece haber alterado radicalmente la dirección de las cosas. ¿Sabía por qué al momento de hacerlo? La palabra *realmente* sobresale. O es una solicitud de aclaración de que efectivamente pensó en llamarlo, o una afirmación de su propia sorpresa de que lo hiciera. ¿O se relaciona con su preocupación respecto a que la había obligado a aceptar una sesión adicional? ¿O con su sensación de que el sueño del viernes está suspendido en el aire? Como sea, probablemente sus intenciones son múltiples y aún no están bien formadas. El cambio resultó bien, pero eso no significa que él supiera lo que estaba haciendo en ese momento. Y no queremos recurrir a su intuición clínica para aclarar, después del hecho, algo que en ese momento era vago. También sorprende que el terapeuta abandone el sueño del martes, ya que parece contener material transferencial más cargado).

Paciente: *¡Sí!* (Resuelve parte de la vaguedad al enfocarse en un solo trozo de imprecisión: ¿realmente pensó en llamarlo?).

Terapeuta: *¿Cuál habría sido, eh, y la razón por la que pensaste en eso, ese tipo de conexión verdadera, cuál era?* (Aquí está luchando por encontrar su camino. De pronto ha vuelto a cambiar de dirección. Hace cuatro diferentes salidas incompletas que abandona rápidamente para encontrar y expresar su intención. Al hacerlo, llega, o más bien regresa de una orientación distinta, a las palabras *conexión verdadera*, que la paciente había usado poco antes en su primera declaración sobre el sueño del martes. Ha recontextualizado el término. Ahora comienza a tender un pequeño puente tentativo entre los dos sueños. Esta intención sigue siendo vaga. Pero el término "conexión verdadera" está empezando a convertirse en una noción cocreada enriquecida que posteriormente ayudará a organizar la sesión. El enriquecimiento de esta noción es un producto conjunto de la desprolijidad y los intentos por resolverla).

Paciente: *¿A qué te refieres, a la llamada?* (Aquí está haciendo algo de trabajo de reparación).

Terapeuta: *Sí, la llamada.* (Intercambian intentos de reducir la desprolijidad y descubrir/crear intenciones menos vagas. Aquí también observamos recurrencias y variaciones para llegar a aclaraciones).

Paciente: *Bueno, porque te había visto el vier... y sentí que había como un hilo de consciencia que había entrado en ese sueño.* (También ella percibe vagamente alguna relación entre los dos sueños. Sus intenciones vagas empiezan a converger. La desprolijidad entre ellos respecto a qué sueño tratar y el cambio entre los sueños han hecho surgir el tema de la relación entre ambos sueños. Sin embargo, esta no era la intención original del terapeuta ni del paciente. Afloró en el proceso).

Terapeuta: *Sí, claro.*

Paciente: *Me pareció un tanto confuso que... No sé cómo decirlo exactamente. Es como un retroceso o algo así. Estar soñando con X [un terapeuta de grupo de una terapia previa] y sintiendo ese tipo de presión.* (De manera vacilante, vuelve al sueño del viernes. Hay un ir y venir disyuntivo. En este contexto aparece la "sensación de presión". Surge como un nuevo elemento interesante, pero no era algo anticipado).

Terapeuta: *Sí, claro* (Léase: "Aún no estoy del todo contigo. Continúa").

Paciente: *Es lo que no entiendo del todo –es decir, creo.* (Aquí titubea).

Terapeuta: *La presión está ahí, ¿cierto? Aquí llegamos al tema de la coerción, ser obligado a hacer algo. Y en este sueño realmente estás siendo presionada a decir algo más. Y supongo que me pregunto cómo, eh, se conectó con el hecho de que tuviéramos esa sesión adicional el viernes.* (Ahora surge la nueva noción de coerción y presión. Ahora tienen que resolver las intenciones vagas que compondrán y aclararán esta noción. Él la interrumpe sugiriendo que la presión se relaciona con la coerción de la sesión adicional).

Paciente: *Me parece que... el sueño estaba más conectado con la idea de sentir que debo estar a la altura, decir lo correcto...* (El terapeuta en parte tenía razón y en parte estaba equivocado. Para la paciente, la sugerencia del terapeuta de que el sueño se relacionaba con la sesión adicional era un camino errado. No lo toma. En este momento, lo más importante es que ella está aclarando qué significa la presión: "decir lo correcto". El surgimiento de esta aclaración crucial se vio facilitado por el error del terapeuta al colocar el énfasis y por los intentos de la paciente de reparar y resituar el énfasis, para él y en su propia mente. Otro producto de la desprolijidad).

Terapeuta: *...ajá...* (Al ser devuelto al camino de la paciente, él observa y alienta este inesperado despliegue).

Paciente: *...que el sentimiento de haber sido obligada a venir acá. De alguna manera, allí existe una diferencia respecto a establecer un vínculo con...* (Está refinando la aclaración y titubea. El nivel de desprolijidad parece haber vuelto a aumentar momentáneamente).

Terapeuta: *...sí, ajá...* (La insta a seguir buscando y hacer su camino, el camino de ambos).

Paciente: *...sentirme obligada a venir acá el viernes, algo que no sentí al menos conscientemente. Porque lo que estaba sintiendo tenía más que ver con que ellos [el grupo] me pidieran –era como si tuviera que estar más enferma de lo que me sentía. Y pienso que eso suele ser parte de mi mentalidad cuando vengo aquí, que en mi mente hay alguna parte enferma a la que tengo que acceder.*

Durante el resto de la sesión, el terapeuta y la paciente, a tropezones, van llegando a varios temas interrelacionados, incluyendo:

- La pregunta: ¿tiene que estar enferma para ser tratada por el terapeuta?
- El hecho de que ahora no se siente tan mal consigo misma; está bien, más fuerte.
- El sueño del martes en que se sintió igual al terapeuta, en parte gracias a las falencias humanas de él.
- El hecho de que por eso no tuvo que llamarlo después del sueño del viernes.
- Un sentimiento de igualdad y aceptación.
- Un deseo de sentarse y enfrentar al terapeuta, lo cual hizo al principio de la siguiente sesión.

- La toma de consciencia por parte de ella de que dispone de su propio agenciamiento en la vida y la terapia, lo cual le permitió recostarse en el diván para seguir trabajando.
- Una sensación de estar "mucho más conectada aquí".
- Trabajar con mayor libertad y profundidad en la terapia.

Progresivamente cocrearon islas de calce intencional a partir de la desprolijidad. Luego estas se unieron a través del mismo proceso de utilizar la creatividad potencial de la desprolijidad para forjar mayores espacios de un saber relacional implícito compartido. El campo intersubjetivo cambió y se abrieron nuevos caminos.

Cabe enfatizar que la desprolijidad es potencialmente creativa solo cuando ocurre dentro de un marco bien establecido. Sin eso, no es más que desorden. Por lo tanto, el terapeuta debe trabajar con una técnica y directrices teóricas con las cuales se sienta cómodo y esté familiarizado. No estoy en absoluto defendiendo el "análisis silvestre". Más bien, estoy subrayando que incluso dentro de los límites normales de cualquier enfoque, existe mucho espacio para la desprolijidad. Además, dentro del estilo idiosincrásico que cada individuo emplea cuando aplica un enfoque, existe un amplio grado de libertad para que se cocree la desprolijidad.

Ciertamente, la desprolijidad nos ha sorprendido. Ha pasado de ser un gran problema para comprender el tratamiento a convertirse en una de las claves para entender su enorme creatividad. Esta visión no hubiese sido posible sin una perspectiva de la teoría de los sistemas dinámicos aplicada en el nivel local de los momentos presentes.

¿Hacia dónde se mueve el ir avanzando?

El deseo de contacto intersubjetivo moviliza la cocreatividad de dos mentes que trabajan juntas en el nivel local (considerando objetivos terapéuticos a corto y largo plazo) para llegar a alguna parte. Pero ¿adónde?

Describiré cinco destinos del proceso de ir avanzando: (1) resulta en cambios terapéuticos repentinos y dramáticos; (2) resulta en oportunidades fallidas de cambio con consecuencias terapéuticas negativas; (3) resulta en cambios implícitos progresivos en la relación terapéutica que favorecen los cambios deseados; (4) prepara el camino para nuevas exploraciones de material explícito; y (5) prepara el camino para interpretaciones.

1. Cambio terapéutico dramático

El ir avanzando puede llevar a cambios terapéuticos repentinos y dramáticos por medio de "momentos ahora" y "momentos de encuentro". El campo intersubjetivo puede reorganizarse dramáticamente en momentos clave. Esto ocurre cuando se cuestiona radicalmente el estado actual del saber relacional implícito y se ponen en juego supuestos básicos sobre la relación. El cambio se produce cuando surge imprevisiblemente una cualidad emergente, la cual se estaba preparando de modo invisible en el proceso de ir avanzando. Amenaza con catapultar todo el campo intersubjetivo a un nuevo estado, para bien o para mal.

Estos momentos capturan la esencia de *kairós*. Se está gestando, o amenazando con gestarse, un nuevo estado, con consecuencias para el futuro. Hay novedad y una "alteración", así como una creciente carga emocional. La situación aparece en forma inesperada y hay que hacer algo (incluyendo la opción de no hacer nada). Esta confluencia de elementos da como resultado el surgimiento de momentos ahora y momentos de encuentro.

Veamos algunos ejemplos de estos tipos de momentos presentes. Empezaré con el momento ahora. Supongamos que una paciente ha estado en terapia analítica sobre el diván durante algunos años y de vez en cuando ha expresado preocupación porque ignora lo que su terapeuta hace allá atrás: dormir, tejer, hacer muecas. Entonces, una mañana, sin previo aviso, la paciente entra, se recuesta y dice: "Quiero sentarme y verte la cara". Y sin más preámbulo, se sienta y se da vuelta. Terapeuta y paciente se miran sorprendidas en silencio. Ese es un *momento ahora*. La paciente no sabía que iba a hacerlo –justo antes, por cierto no ese día, en ese momento. Fue un estallido espontáneo. Tampoco lo anticipó la terapeuta, ni en ese momento, ni de esa manera. Sin embargo, ahora se encuentran en una nueva situación interpersonal e intersubjetiva. *Kairós* se deja sentir. (Esta es una anécdota clínica de un caso tratado por Lynn Hofer, psicoanalista de Nueva York [comunicación personal, 23 de febrero de 1999]).

O supongamos que un paciente está siendo tratado en psicoterapia cara a cara. Y un buen día dice: "Estoy cansado de mirarte a la cara todo el tiempo. No puedo pensar sin saber o preguntarme cómo estás reaccionando. Voy a dar vuelta mi silla y mirar hacia la pared. Ahora mismo". Y lo hace. Ahora el paciente mira hacia la pared y el terapeuta mira la espalda del paciente. Se produce un silencio. Ese también es un momento ahora.

O un paciente dice algo muy chistoso y el terapeuta estalla en carcajadas, lo cual nunca antes había ocurrido. O el terapeuta va al cine y en la fila para comprar las entradas queda justo detrás de un paciente. Existen muchos momentos ahora: dentro, fuera y en los bordes del marco terapéutico. Un marco claro es crucial para el proceso. No se puede dejar de recalcar la necesidad de un marco claro para que estos eventos adquieran significado.

Cuando tal cualidad emergente fundamental se declara, de inmediato ocupa el centro de atención. Un momento ahora se llama así porque existe la sensación inmediata de que el campo intersubjetivo existente está amenazado, que un importante cambio en la relación es posible (para bien o para mal) y que la naturaleza preexistente de esta se ha puesto sobre la mesa para una renegociación. Estas revelaciones (casi siempre, más sentidas que verbalizadas) cargan enormemente la atmósfera diádica en términos afectivos. El terapeuta se siente desarmado y el nivel de angustia aumenta porque realmente no sabe qué hacer. Además, en tales momentos, los participantes son atraídos completamente, incluso en forma violenta, al momento presente que ahora los mira a la cara. A menudo en la terapia, uno no está del todo "ahí" en el presente. Flota por igual en el pasado, el presente y el futuro. Pero en cuanto llega un momento ahora, todo lo demás se deja de lado y cada participante se para con ambos pies en el presente. La presentidad llena el tiempo y el espacio. Solo existe el *ahora*.

La esencia del momento ahora es que se cuestiona implícitamente la naturaleza establecida de la relación y la forma habitual de estar-con-el-otro. Tales momentos se podrían descartar por ser distintas modalidades de "*acting out* o *acting in*", pero eso pasa por alto el punto central (aunque sea en parte verdad). Todos los terapeutas y pacientes, independientemente de su enfoque teórico y del conjunto de técnicas aceptadas al que adhieren, establecen una forma de trabajar juntos. Gran parte de ese estilo es exclusivo del terapeuta y de la díada. Proporciona el marco habitual en que se realiza el trabajo y se define la relación. En un sistema dinámico como la terapia, es inevitable chocar con el marco habitual del estilo individual e incluso traspasarlo temporalmente –aunque se respeten las directrices técnicas generales del enfoque. Quizás esto indique la necesidad de redefinir su forma de trabajar juntos o su relación implícita. Puede ser muy positivo cuando se utiliza bien. Gran parte del trabajo que involucra directamente a la transferencia y la contratransferencia cae en esta categoría. Pero aquí estamos hablando sobre algo más que el material tradicional de transferencia-contratransferencia.

Cuando ocurre un momento ahora, el terapeuta se enfrenta a una difícil tarea para la cual no necesariamente está preparado. En general, la naturaleza de un momento ahora exige mucho más que una respuesta aceptable en términos técnicos: exige un momento de encuentro. Este es el momento presente que resuelve la crisis creada por el momento ahora. (Cabe recordar que esto solo es una forma especial de momento presente). Se busca el "calce" intersubjetivo, donde ambos participantes comparten una experiencia y lo saben de manera implícita. Requiere una respuesta auténtica que se ajuste muy bien a la situación local momentánea. Debe ser espontánea y poseer el sello personal del terapeuta. Por lo tanto, va más allá de una respuesta técnica neutra y se convierte en un calce específico para una situación específica.

Tomemos, por ejemplo, a la paciente que, estando recostada en el diván, repentinamente se sentó para mirar a su terapeuta. Luego ambas se miraron con atención. Prevaleció un silencio. La terapeuta, sin saber con exactitud qué iba a hacer, relajó el rostro lentamente y se permitió insinuar una sonrisa. Luego inclinó la cabeza ligeramente hacia delante y dijo: "Hola". La paciente siguió mirándola. Continuaron mirándose durante varios segundos. Entonces la paciente volvió a recostarse y prosiguió su trabajo sobre el diván, pero con mayor profundidad y en una nueva clave, lo que abrió un nuevo material. El cambio en su trabajo terapéutico conjunto fue dramático.

El "Hola" (con expresión facial y movimiento de cabeza) fue un "momento de encuentro", cuando la terapeuta dio una respuesta personal auténtica muy bien ajustada a la situación inmediata (el momento ahora). Modificó significativamente la terapia. Fue un punto nodal en que se logró un cambio cuántico en el campo intersubjetivo. En la teoría de los sistemas dinámicos, representa un cambio irreversible hacia un nuevo estado.

Después de un momento de encuentro exitoso, la terapia reanuda su proceso de ir avanzando, pero lo hace en un campo intersubjetivo recién ampliado que permite diferentes posibilidades.

El "Hola" fue un calce específicamente ajustado. Se configuró según el contexto local inmediato. Por eso la mayoría de las maniobras técnicas estándar no funcionan bien en estas situaciones. Imaginen que en vez de decir "Hola", la terapeuta hubiese dicho a su paciente: "¿Sí?", "¿Qué estás pensando ahora?", "¿Qué ves?", "¿Ves lo que esperabas?" o "¿Mmm?" –o hubiese dejado que el silencio continuara. Todo esto es técnicamente aceptable (aunque no necesariamente óptimo) dentro de un marco psicoanalítico. Puede conducir a lugares interesantes, pero se siente inadecuado para la situación específica.

Uno de los obstáculos para dar una respuesta espontánea y auténtica que satisfaga el momento de encuentro es la angustia que experimenta el terapeuta durante el momento ahora. La manera más fácil y rápida de disminuir la angustia es recurrir a, y esconderse detrás de, movidas técnicas estándar. Desaparece tanto la angustia como la sensación de estar desarmado, pero puede que la terapia haya perdido la oportunidad de avanzar.

Es esencial agregar que el momento de encuentro del ejemplo anterior solo se discutió en la terapia años después, cuando la paciente dijo al pasar que el "Hola" fue un punto nodal en su terapia. Le permitió darse cuenta, en algún nivel, que su analista estaba "de su lado" y "verdaderamente abierta a ella". Para la paciente, cambió su relación y reorganizó de manera irreversible el campo intersubjetivo. Sin embargo, este momento nunca fue verbalizado en su oportunidad, ni interpretado alguna vez durante el tratamiento. Su magia había funcionado implícitamente.

Varios de mis colegas han preguntado por qué el terapeuta no marca verbalmente en algún punto tal evento nodal –por ejemplo, diciendo: "Acaba de ocurrir algo importante entre nosotros". He aquí la razón: terapeuta y paciente ya saben que ha sucedido algo importante. Todavía están impactados por la fuerza del evento. Tal respuesta puede hacer surgir muchas cosas interesantes, pero tiene una gran desventaja. Vuelve explícito lo implícito, lo cual necesariamente conduce al proceso del aquí y ahora en curso a un aquí y ahora diferente donde la postura es más abstracta y distanciada. El flujo se detiene. En cambio, uno debiera permitir que el flujo complete su trabajo y encuentre su propio destino inmediato.

Tomemos, por ejemplo, este paralelo exagerado de la vida cotidiana. Supongamos que un muchacho le dice a una chica: "Me gustas mucho". ¿Cuál sería el efecto si ella respondiera: "Pienso que es muy importante que me hayas dicho eso"? (Si el chico es inteligente, saldría corriendo). Ella no ha permitido que el evento se despliegue. Lo ha llevado a un nivel diferente y más distanciado. Se ha negado a encontrarse con el muchacho allí donde está él. Ha redefinido la naturaleza de su relación inmediata. Ese es el riesgo dc marcar verbalmente lo implícito. Se interrumpe el flujo del proceso, cambia la perspectiva y se abandona la relación inmediata para irse a otra parte.

Probablemente sea cierto que surgiría material interesante pero diferente si estos momentos de encuentro se marcaran verbalmente en vez de dejar que se desplieguen. El punto es que en general estamos menos dispuestos a tolerar la mayor tensión de permanecer en el aquí y ahora. Se convierte en el camino que no se sigue, con todas las oportunidades perdidas que eso implica.

Otra manera de describir el momento de encuentro es hablar del "calce" de intenciones. (A veces, en sus escritos, el Boston Group emplea casi indistintamente "calce de intenciones", "reconocimiento del calce" y "momentos de encuentro"). El término *calce* proviene del trabajo de Sander sobre la interacción padre/madre-bebé (Sander, 1995a, 1995b, 1997, 2002; Lyons-Ruth, 2000; Seligman, 2002), donde habla del "reconocimiento del calce" y la "especificidad del calce". Al principio se interesó en la regulación de los estados fisiológicos, en especial el sueño. Las intenciones (escenificadas) de ambos participantes pueden comenzar a fluir juntas. Empiezan a compartir la misma intención –por ejemplo, para que el bebé pase de la inquietud/somnolencia al sueño. Y en cierto momento, sus intenciones calzan. Ahí el bebé puede cambiar su estado fisiológico.

En un hermoso caso, que microanalicé con Sander utilizando un editor especial de películas, había un padre de pie acunando en sus brazos a su bebé, quien estaba inquieto y somnoliento, pero no podía atravesar la barrera y quedarse dormido. Mientras lo mecía suavemente, el padre interactuaba con otros. En cierto momento, ambos se miraron. Justo después, el bebé lentamente extendió y levantó un brazo y abrió la mano. El padre, casi en el mismo instante, levantó lentamente una mano para tomar la del bebé. (El padre estaba prestando atención a su propio acto solo en parte). Las dos manos se encontraron. El bebé rodeó con sus dedos el meñique del padre. Y la mano del padre se cerró con suavidad alrededor de la mano del bebé, que ahora descansaba en su palma. En ese instante, el bebé atravesó la barrera fisiológica y se quedó dormido. Con la última vuelta del cerrojo (calce), se abrió la puerta hacia el sueño. Para Sander, ese momento fue el "reconocimiento del calce intencional" (para un sistema sociofisiológico).

Aquí se conserva la idea básica de Sander, pero se aplica a cambios en los estados intersubjetivos más que en los estados fisiológicos. Buscamos intenciones compartidas, intenciones que calzan y algo así como el "reconocimiento del calce". La palabra *reconocimiento* tiene la connotación de percatarse conscientemente del calce. Propongo algo menos explícito: una *sensación de calce.*

El momento de encuentro es uno de los eventos clave para generar un cambio. Un momento de encuentro crea una experiencia con un otro que se experimenta personalmente o se vive efectivamente a cabalidad en el presente. Deseo aclarar a qué me refiero con "se vive efectivamente a cabalidad", cuando participan dos (o más) personas. Llamaré a este proceso un *viaje compartido de sentimientos.* Este término mantiene el aspecto temporal en el primer plano y el sentimiento al centro. Es una especie de travesía, que dura segundos, emprendida por dos personas, más o menos juntas, a través del tiempo y el espacio.

Durante un viaje compartido de sentimientos (que es el momento de encuentro), dos personas recorren juntas un paisaje de sentimientos a medida que se despliega en tiempo real. Cabe recordar que el momento presente puede ser una rica historia emocional vivida. Durante esta travesía de varios segundos, los participantes alcanzan la cima del instante presente a medida que cruza el lapso del momento presente, desde su horizonte del pasado a su horizonte del futuro. A medida que se mueven, atraviesan un paisaje narrativo emocional con sus colinas y valles de afectos de vitalidad, junto a su río de intencionalidad (que lo cruza por completo) y sobre su punto culminante de crisis dramática. Este viaje se realiza a medida que se despliega el presente. Se crea un paisaje subjetivo pasajero que constituye un mundo en un grano de arena.

Debido a que se participa en este viaje con alguien, durante un acto de intersubjetividad afectiva, ambas personas han emprendido juntas el viaje. Aunque este viaje compartido dura solo los segundos de un momento de encuentro, eso basta. Ha sido vivido-en-conjunto. Los participantes han creado un mundo privado compartido. Y habiendo entrado en ese mundo, descubren que cuando lo dejan, su relación ha cambiado. Se ha producido un salto discontinuo. Se ha vuelto a trazar el límite entre el orden y el caos. Ha aumentado la coherencia y la complejidad. Han creado un campo intersubjetivo ampliado que abre nuevas posibilidades de formas-de-estar-uno-con-el-otro. Han cambiado y están vinculados de un modo diferente por haber cambiado el uno al otro.

¿Por qué un viaje compartido de sentimientos difiere tanto del mero escuchar a un amigo o paciente relatar episodios de su historia de vida? Ahí uno también se sumerge en las experiencias del otro mediante la comprensión empática. La diferencia es la siguiente. En un viaje compartido de sentimientos, la experiencia se comparte tal como se despliega originalmente. No existe distancia en el tiempo. Es directa: no se transmite ni reformula a través de palabras. Es cocreada y vivida originalmente por ambos participantes.

Los viajes compartidos de sentimientos son muy sencillos y naturales, pero muy difíciles de explicar o incluso de verbalizar. Necesitamos otro lenguaje que no existe (fuera de la poesía): un lenguaje empapado de la dinámica temporal. Esto es paradójico porque estas experiencias brindan los momentos nodales en nuestra vida. Los viajes compartidos de sentimientos son uno de los eventos más sorprendentes pero normales de la vida, capaces de modificar nuestro mundo paso a paso o de un salto.

Una dificultad importante para comprender el concepto es que el contenido explícito debe ser momentáneamente dejado de lado y colocado fuera de la mente. Otra es permanecer concentrado en el despliegue temporal de los sentimientos. Por último, cuesta imaginar a dos personas cocreando su experiencia conjunta en una matriz intersubjetiva. Aquí puede servir otro ejemplo no clínico que toma partes de capítulos previos.

Un hombre y una mujer jóvenes salen juntos por primera vez una noche de invierno. Apenas se conocen. Pasan por una pista de patinaje sobre hielo iluminada. Sin pensarlo dos veces, deciden patinar. Ninguno de los dos es muy experto. Arriendan patines y avanzan dando traspiés sobre el hielo. Trazan una torpe danza. Ella casi se cae de espaldas. Él la alcanza y estabiliza. Él pierde el equilibrio y se inclina a la derecha. Ella le alarga una mano y él la toma. (Cabe señalar que cada uno también está participando neurológica y vivencialmente en la sensación corporal centrada en el otro. Y cada uno sabe, por momentos, que el otro sabe lo que se siente ser él o ella). A ratos logran avanzar juntos, tomados de la mano, con una serie de repentinas contracciones musculares enviadas de una mano y un brazo a los del otro, lo que les permite mantenerse juntos, estables y en movimiento. Hay muchas risas, resuellos y caídas. No hay espacio para hablar.

Después de media hora, cansados, se detienen a tomar chocolate caliente a un costado de la pista. Ahora su relación está en un lugar distinto. Cada uno ha experimentado en forma directa algo de la experiencia del otro. Han estado vicariamente dentro del cuerpo y la mente del otro a través de una serie de viajes compartidos de sentimientos. Han creado un campo intersubjetivo implícito que perdura como parte de su breve historia juntos. Cuando ahora tienen el relajo físico y la libertad para mirarse en la mesa, ¿qué ocurrirá? Puede haber una mutua desorientación social inicial. Aún no se conocen oficialmente, en términos explícitos, pero han empezado a hacerlo implícitamente. Se encuentran en tierra de nadie. ¿Y qué verán? Personas diferentes, con un pasado distinto y futuros potenciales diferentes que antes de patinar. Se podría intentar explicar esta nueva relación sobre la base de los significados simbólicos y asociativos vinculados al hecho de tocarse y actuar entre sí. Esta explicación me parece débil e imprecisa, aun cuando podría añadir un significado adicional.

¿Qué dirán nuestros patinadores? Conversarán en la mesa y compartirán significados. Y mientras hablan, empezará a expandirse el ámbito explícito de su relación. Lo que se diga, se hará ante el trasfondo de la relación implícita que se expandió antes a través de sus viajes compartidos de sentimientos sobre el hielo. Cuando empiecen a conversar, también actuarán junto a las palabras: pequeños movimientos del rostro, manos, cabeza, postura. Estos acompañan, siguen o preceden a las palabras. Entonces lo explícito se convierte en el trasfondo para lo implícito, momentáneamente. La expansión de los ámbitos implícito y explícito juega a dar saltos uno sobre el otro, construyendo una historia compartida: una relación.

Si su campo intersubjetivo compartido implícito y explícito se ha modificado lo suficiente como para que ambos sientan que se gustan, lo suficiente como para que deseen seguir explorando la relación, ¿qué podría ocurrir? Iniciarán una secuencia de movimientos de intenciones. Kendon (1990) describió los movimientos de intenciones que se intercambian entre las personas para tantear el terreno de sus motivaciones mutuas. Consisten en movimientos de fracciones de segundos, incompletos, de expresión muy parcial y abreviados que pertenecen a la secuencia conductual que lleva a consumar una intención o motivación. (Son los análogos físico-conductuales de la orientación intersubjetiva).

Ahora nuestros patinadores realizarán una serie de movimientos de intenciones. Moverán brevemente la cabeza hacia adelante, deteniéndose luego de varios centímetros; abrirán la boca ligeramente, se mirarán los labios y luego a los ojos, ida y vuelta, inclinándose hacia adelante, etc. Esta coreografía de movimientos de intenciones transcurre fuera de la consciencia, pero se capta claramente como "vibras". Estas son viajes compartidos de sentimientos en cortocircuito y dan una sensación de lo que está ocurriendo. A medida que progresa la secuencia de intensidad, proximidad y plenitud de expresión de sus movimientos de intenciones, se desarrolla un patrón en evolución. Estas movidas relacionales se escenifican fuera de la consciencia, llevando hasta el momento de encuentro: sus manos se mueven para encontrarse.

Aquí también se necesita una noción de buena disposición, porque repentinamente el acto completo se ejecuta de un salto. El momento presente sale a la superficie con rapidez, tal como una ballena en el mar. No hay una progresión incesante y agonizante hasta el acto final.

El relato anterior solo puede tener un sentido limitado si permanecemos ciegos a la dinámica temporal y no logramos verla como el tejido de la experiencia vivida.

En resumen, los momentos de encuentro brindan algunas de las experiencias más nodales para el cambio en psicoterapia. Muchas veces son los momentos más recordados, años después, que cambiaron el curso de la terapia. Lo que estamos analizando es básicamente tan simple como "hacer algo juntos", sea mental, afectivo o físico. Un momento de encuentro es un caso especial de "hacer algo juntos". Sin embargo, después de todo, no es tan sencillo. Algunas cosas que hacemos juntos ocurren bajo las condiciones especiales que se dan en un momento de encuentro, por ejemplo: cuando las dos mentes que hacen algo juntas son parcialmente permeables, fomentando la intersubjetividad; cuando la experiencia de la participación-centrada-en-el-otro resulta a partir de esa intersubjetividad; cuando el momento presente de hacer algo juntos está cargado con mayor afecto y un *kairós* más fuerte, de modo que se eleva como una especie de cumbre entre las otras movidas y momentos presentes que lo rodean; cuando ese algo hecho juntos implica un viaje temporal recorriendo los afectos de vitalidad durante el lapso de un momento presente. Cuando se dan todas estas condiciones, se produce un evento nodal que puede cambiar una vida.

2. Oportunidades perdidas

El ir avanzando puede resultar en oportunidades fallidas o perdidas de cambio con consecuencias terapéuticas negativas. Los momentos de encuentro siguen a los momentos ahora. Muy a menudo el terapeuta simplemente no advierte que el paciente está experimentando un momento ahora. O el terapeuta se da cuenta que se ha entrado en un momento ahora, pero se angustia demasiado y huye a esconderse detrás de movidas técnicas. O los terapeutas entran y se quedan en el momento ahora, pero no pueden encontrar una respuesta auténtica y espontánea que calce con la situación inmediata. En la mayoría de estas situaciones fallidas, las consecuencias no son desastrosas. Es probable que vuelva a aparecer un momento ahora similar. En general existen varias oportunidades. Sin embargo, estas fallas a veces pueden dañar seriamente una terapia o incluso darle fin. Por ejemplo:

Un adolescente estaba en terapia psicodinámica. De niño había sufrido una grave quemadura en gran parte del pecho y abdomen que le dejó una impresionante cicatriz decolorada. En la terapia se había hablado mucho al respecto, en particular sobre cuánto repugnaba o desalentaba a las chicas la cicatriz. Era verano y la vida social transcurría en la playa. Un día en la sesión, sin haberlo planificado, él dijo: "Después de todo lo que hemos hablado, debieras ver cómo es". Y de inmediato empezó a subirse la polera. (Un momento ahora). El terapeuta dijo muy rápidamente: "No", con mucho énfasis y prisa. "No necesitas mostrármela. Solo cuéntame cómo es para ti". El chico se paró en seco y expresó que no comprendía por qué el terapeuta no quería ver la cicatriz. Lo discutieron el resto de la sesión y también durante la siguiente. (Pueden haber existido varias razones contundentes para la negativa del terapeuta. Quizás lo consideró exhibicionista, homosexual o alguna otra forma de *acting in*. Aunque cualquiera de estas razones pudo haber sido cierta, el terapeuta actuó con una celeridad excesiva que impidió mucha reflexión y el chico lo percibió). Finalmente, en la siguiente sesión, el terapeuta dijo: "He estado pensando sobre lo que ocurrió y siento que me decepcioné a mí mismo al no mirar tu cicatriz". El chico contestó: "No me interesa si te decepcionaste a ti mismo. Lo importante es que me decepcionaste a mí". Y de nuevo empezaron a discutir. El asunto nunca se resolvió a entera satisfacción del paciente. Nunca se vio la cicatriz. Y la terapia resultó seriamente dañada a pesar de que continuó. Pero una parte significativa del mundo del paciente fue excluida del posterior compartir intersubjetivo. El mundo terapéutico se encogió en vez de expandirse.

Peor aún, a veces un momento de encuentro fallido provoca un término bastante abrupto del tratamiento. En tales casos, los pacientes sienten (correcta o incorrectamente) que el terapeuta es incapaz de comprenderlos.

3. Cambios progresivos

El ir avanzando puede resultar en cambios implícitos progresivos en la relación terapéutica que favorecen los cambios deseados. En las primeras publicaciones del Boston CPSG (Stern *et al.*, 1998; Tronick, 1998) se enfatizaban los momentos ahora y los momentos de encuentro cargados afectivamente –iluminados con luces intermitentes de neón, por así decirlo. Sin embargo, sabíamos que los momentos ahora/momentos de encuentro son eventos bastante infrecuentes. Muchas sesiones pueden transcurrir sin uno. Aun así, se producen progresos y cambios durante los momentos más tranquilos y menos cargados que conforman el proceso cotidiano de ir avanzando. Asimismo, reconocimos que el ir avanzando no solo preparaba a las personas para estos momentos presentes cargados, sino que generaba cambios por derecho propio. Esa toma de consciencia nos obligó a mover nuestro foco al proceso de ir avanzando, para ver cómo funcionaba. Nuestras próximas dos publicaciones se concentraron en este tema (Boston CPSG, Report N° 3, 2003; Boston CPSG, Report N° 4, en prensa).

La anécdota clínica presentada al inicio de este capítulo es un buen ejemplo. Empieza con la paciente diciendo: "No me siento del todo aquí hoy día", y concluye nueve movidas relacionales más adelante cuando dice: "Sí, claro... No me gustó cuando dijiste...". En este ejemplo, la paciente y el terapeuta están asimilando una experiencia: cómo estar-juntos cuando la paciente se muestra reacia a mencionar algo que está cargado y que trata de ellos dos; cómo aceptar la renuencia y aun así alentar con suavidad, pero sin presionar demasiado; y cómo manejar y tolerar los silencios en esta situación y qué duraciones de silencio son aceptables para esta tarea. La paciente está ganando confianza en que estas situaciones difíciles se pueden superar. El terapeuta está aprendiendo a confiar en el camino que sigue la paciente para llegar allí (con algo de ayuda). Ambos están aprendiendo (implícitamente) que pueden resolver juntos este tipo de situación. Están cocreando formas-de-estar-uno-con-el-otro. En resumen, están aprendiendo implícitamente formas de regular su campo intersubjetivo. Esta delicada coreografía transcurre en su mayor parte fuera de la consciencia.

Tal saber implícito se puede generalizar a situaciones similares a medida que surgen entre paciente y terapeuta. Y también se puede generalizar más allá de la terapia a situaciones parecidas en otras relaciones. Supongamos que este tipo de negociación y regulación es algo nuevo para la paciente. Quizás en sus relaciones previas haya tenido malas experiencias precisamente en este tipo de situación, donde ella no está "del todo ahí" porque hay algo que desea decir, pero tiene que luchar contra su renuencia a mencionarlo. Puede que haya provocado impaciencia y rechazo en su interlocutor, o rabia y rechazo, desdén y menosprecio, o una respuesta agresiva que le hizo sentir que ya no era posible mencionarlo. Con el terapeuta, experimenta una nueva forma de estar-con "cuando no está del todo ahí".

Algunos podrían considerar esta interacción como una especie de "experiencia emocional microcorrectiva". Yo la veo más como una nueva experiencia que no repara el pasado llenando un déficit, sino que más bien crea una nueva experiencia que se puede trasladar y aprovechar en el futuro.

Esta perspectiva no se basa en un modelo de déficits, sino de crear contextos en los cuales se permite y alienta que surjan nuevas cualidades emergentes. Entonces estas nuevas cualidades emergentes establecen el próximo contexto donde algo más puede surgir. Este modelo se basa principalmente en la teoría de los sistemas dinámicos (Freeman, 1999a, 1999b; Prigogine y Stengers, 1984) y su aplicación al desarrollo (Thelen y Smith, 1994).

La pregunta de cómo el paciente y el terapeuta pueden estar juntos en situaciones diferentes es más amplia que la pregunta sobre la técnica. Las técnicas aceptables ofrecen directrices generales. Dentro de estas, terapeuta y paciente deben forjar su estilo mutuo de regular el campo intersubjetivo y así negociar el curso de la terapia. Su estilo tendrá sus propios rituales, cánones, ritmo y flexibilidad.

¿Dónde y cómo llega a su fin una secuencia de movidas y momentos? No puede seguir inclinándose hacia delante para siempre. De alguna manera, el proceso tiene que cerrarse con puntos finales (aunque sea temporalmente). Debe ocurrir algo que indique que "Llegamos. Ahora podemos ir a otro lugar" o "No llegamos. Dejémoslo y vámonos a otro lugar". La señal es la sensación de calce de intenciones o, en otras palabras, un suficiente grado de intersubjetividad. Aquí es donde aparece el impacto emocional de la intersubjetividad. En tales momentos se siente un estado afectivo de finalización. Sander (1995b) lo llamó "vitalización", una especie de afirmación emocional en el sentido de suficiencia intersubjetiva. Sin embargo, tales puntos finales también son observables en términos objetivos. Cuando el ir avanzando llega a uno de estos puntos, la progresión es llevada a un cierre intersubjetivo. En el anterior ejemplo clínico, los puntos finales fueron los siguientes:

Momento ahora: *En la última sesión ocurrió algo que me molestó... [pausa]... pero no sé si quiero hablar al respecto.*

Intento de un momento de encuentro: *Ya veo... entonces, ¿el lugar donde estás ahora es nuestra última sesión?*

Movida relacional 9: *Sí, claro... No me gustó cuando dijiste...*

Una serie de ocho movidas relacionales han conducido a este punto en que la siguiente movida relacional se convirtió en un momento presente y el entorno intersubjetivo pudo cambiar. Se produjo un cierre claro porque pudieron abandonar la negociación de la renuencia de ella a estar "ahí", con lo cual pudo empezar a hablar sobre lo que estaba pensando. Cambiaron radicalmente de dirección y metas. La secuencia de movidas relacionales hizo su trabajo; se compartió y confirmó una parte del campo intersubjetivo. Ahora pueden seguir avanzando, pero en un área diferente del campo intersubjetivo, así como con un nuevo contenido explícito hasta que se cocree el próximo cierre.

¿Cómo debemos concebir estos cierres? La teoría de los sistemas dinámicos ofrece una descripción. En los sistemas complejos con variables múltiples, independientes e interdependientes (como el clima o la psicoterapia), el cambio se produce de un modo no lineal, siendo imposible predecir el momento exacto del cambio o la forma específica que adoptará. Estos saltos discontinuos ocurren cuando las variables interactúan de tal manera que aparece una "cualidad emergente". Representa un nuevo elemento creado por la autoorganización del sistema y puede catapultar al sistema a un nuevo estado.

¿Cómo se sabe que se ha llegado a ese punto? Gran parte del proceso de ir avanzando consiste en repeticiones y variaciones de movidas relacionales. La ventaja de estas recurrencias es que mantienen las movidas relacionales en la memoria de trabajo, la cual se reactiva constantemente a través del ensayo –en este caso, a través de repeticiones. Mantener una secuencia de movidas relacionales en la memoria de trabajo permite advertir las progresiones de una movida a la siguiente. Así se puede captar una sensación de flujo o direccionalidad e identificar con mayor facilidad el punto de cierre.

El proceso de ir avanzando lleva a cierres intersubjetivos (cambios de estado). Estos se acumulan para modificar la relación terapéutica tal como se conoce implícitamente. Este proceso es gradual, continuo y, en términos verbales, por lo general silencioso. Produce sus efectos mutativos casi sin previo aviso. La acumulación de tales cambios es lo que queremos decir con cambiar terapéuticamente a un paciente en términos implícitos. Nada menos está en juego. La mayoría de los nuevos estados intersubjetivos emergentes que surgen en estos momentos de cierre no tienen que ser irreversibles.

¿Cuál es la diferencia entre los procesos que denominamos *cambio implícito progresivo* y *cambio dramático repentino*? Existe una clara diferencia en la magnitud del cambio. También hay otras dos diferencias. La primera se refiere a la irreversibilidad. Los cambios dramáticos parecen ser irreversibles, mientras que los cambios progresivos quizás necesiten ser reaplicados. Este asunto requiere mayor observación. Una segunda diferencia cualitativa es que los cambios dramáticos resultan de momentos de encuentro. Estos encuentros intersubjetivos llevan al nuevo saber implícito a un estado de "consciencia intersubjetiva". Esta entrada en la consciencia puede ser una de las razones de la irreversibilidad. Sin embargo, uno siempre está trabajando "al borde del orden y el caos" (Waldrop, 1992) o, en nuestros términos, en el límite entre la desprolijidad y la coherencia. Esto se aplica tanto a los cambios dramáticos irreversibles como a los cambios no dramáticos reversibles en el campo intersubjetivo.

4. Nuevas exploraciones

El ir avanzando puede preparar el camino para nuevas exploraciones de material explícito. Un cambio en el campo intersubjetivo puede tener el efecto de crear un nuevo contexto, de modo que pueda surgir material explícito. Cabe recordar que la agenda implícita contextualiza la agenda explícita. Un caso documentado por Harrison (2003), psicoanalista y psiquiatra infantil, lo demuestra. Las sesiones fueron grabadas en video y audio.

Aquí se presenta una parte muy pequeña de una sesión[18]. La terapeuta había cancelado la última sesión con la niña. Aunque ambas conocían explícitamente este hecho, no hablaban al respecto. La transcripción comienza en la mitad de la sesión. (El diálogo se desarrollaba de una manera muy cantarina y rítmica).

Mariah: *Creo que voy a hacer una sopa de verduras.*
Terapeuta: *¡Sí, eso es! ¡Porque me gusta la sopa de verduras!*
Mariah: *Lo sé.*
Terapeuta: *Eres una buena... eres una buena... mmm, mamá.*
Mariah: *No soy tu mamá.*
Terapeuta: *Eres una buena cocinera.*
Mariah: *No soy una cocinera, estoy en un restaurante. Y estoy haciendo [murmura].*
Terapeuta: *¡Ah, eso es mucho mejor! ¡Eres una buena dueña de restaurante!*
Mariah: *Solo... una cocinera.*

---

[18] Para una descripción completa del caso y el diálogo terapéutico, ver Harrison (2003).

Terapeuta: *Una cocinera de restaurante.*

Mariah: *Soy una niña.*

Terapeuta: *Una niña de restaurante –¡muy bien! Este es nuestro restaurante y...*

El diálogo continuó así hasta que la niña de pronto preguntó: "¿Dónde estabas el jueves?" (la sesión suspendida).

Harrison (2003) comentó que intentó "establecer una secuencia repetitiva de pequeños turnos que permitirá mucha negociación entre ellas y a la vez mantener a Mariah en el asiento del conductor. Claramente, el patrón que están creando juntas es más importante que el contenido verbal. La toma de turnos repetitiva y rítmica tiene las características de una canción de cuna o infantil". Esto permitió que la terapeuta y la niña no solo mantuvieran el contacto, sino que además aprovecharan el impulso de experimentar algo juntas. El campo intersubjetivo crecía a pesar de la falta de progresión lineal en el nivel explícito. Parte importante de la acumulación de experiencia implícita fue que a la niña se le dio rienda suelta para afirmar su agenciamiento con la aceptación de la terapeuta y sin temor a las represalias o el rechazo. Este ir avanzando llegó a un punto en que el campo intersubjetivo estaba situado de tal manera que Mariah pudo preguntar repentinamente: "¿Dónde estabas el jueves?" (la sesión suspendida). Sin la prueba preliminar del campo intersubjetivo, y la seguridad que brindó, es poco probable que esta niña se hubiese referido a la sesión suspendida. Para una descripción exacta de cómo llegaron ahí y las cuestiones psicodinámicas en juego, ver Harrison (2003).

Como ilustra este caso, el ir avanzando suele allanar el camino para que surja un nuevo tema explícito. Esto también sucedió en la primera anécdota clínica del capítulo ("No me siento del todo aquí hoy día"). La secuencia de movidas relacionales condujo a un nuevo material de contenido: lo que había ocurrido en la última sesión que "molestó" a la paciente. El cambio a un nuevo tema no se produjo de una manera lineal. Paciente y terapeuta no estaban siguiendo una línea lógica. Más bien, el campo intersubjetivo se modificó (implícitamente) durante la secuencia de movidas relacionales, solo lo suficiente para crear un contexto favorable al surgimiento de material explícito. La agenda de proceso actuó al servicio de la agenda de contenido. A esto me refiero cuando digo que la agenda implícita contextualiza la agenda explícita.

5. Interpretaciones

El ir avanzando puede preparar el camino para interpretaciones. En las terapias dinámicas donde la interpretación es una herramienta importante, es extremadamente frecuente que se preparen en el proceso de ir avanzando. Los momentos ahora indican la "buena disposición" y el tiempo propicio para una interpretación, así como para un momento de encuentro. La situación se resuelve en términos explícitos más que implícitos. Analizaré esto en mayor detalle en el próximo capítulo. Aquí me interesan los cambios implícitos. En realidad, la situación no es tan clara, porque cuando se examina detenidamente, la interpretación supone un cambio tanto en el conocimiento explícito como en el saber implícito.

El papel central de la regulación intersubjetiva

Casi desde sus comienzos, la psicoterapia ha lidiado con el encuentro terapéutico de dos subjetividades. Históricamente, en el psicoanálisis, esto adoptó la forma inicial de la transferencia chocando con la contratransferencia. En otras terapias y en el psicoanálisis, el foco actual en la intersubjetividad es el paso lógico en la evolución de este concepto. En la actualidad, "la intersubjetividad ha surgido como el concepto principal entre los enfoques psicoanalíticos de la interacción" (Beebe y Lachman, 2002, p. 2). No obstante, este concepto se ha aplicado de distintas maneras. Beebe y Lachman (2002), Knoblauch (2000), Mitchell (2000) y Aron (1996) han revisado y comparado los diversos usos del concepto de intersubjetividad en el psicoanálisis por parte de sus principales defensores (Benjamin, 1995; Ehrenberg, 1982, 1992; Jacobs, 1991; Lichtenberg, 1989; Mitchell, 1997; Ogden, 1994; Stolorow y Atwood, 1992; Stolorow, Atwood y Bandschaft, 1994).

El enfoque adoptado aquí difiere de la mayoría de los enfoques intersubjetivos mencionados, en los siguientes aspectos:

1. Estimo que el intercambio intersubjetivo dentro de la díada ocurre todo el tiempo, cada minuto, no aparece periódicamente.
2. Lo considero una condición básica de la mente y las relaciones (Stolorow y Atwood [1992] comparten esta idea).
3. Lo considero una motivación básica, y no solo una herramienta, método o fuente de información para el tratamiento.

4. Pienso que los intercambios intersubjetivos ocurren principalmente en el ámbito implícito y no necesitan verbalizarse para tener su efecto terapéutico.
5. Veo la intersubjetividad en el "nivel local" de los pequeños actos y microactos que la subyacen, no en las pinceladas clínicas más generales.
6. Dado que, en mi opinión, la terapia se lleva a cabo en la matriz intersubjetiva, no enfatizo ninguna de las "formas de intersubjetividad" definidas por Beebe y Lachman (2002). Por ejemplo, para Benjamin (1995), el vector más importante es el reconocimiento de la subjetividad del terapeuta por parte del paciente. Para Stolorow y sus colaboradores (1994), el vector principal es la experiencia de la subjetividad del paciente por parte del analista. En general, existe una gran asimetría en los vectores intersubjetivos que se enfatizan en términos clínicos. Desde mi punto de vista, el proceso siempre es diádico, con frecuentes cambios en los grados de asimetría en ambas direcciones.

En la mayoría de estos enfoques, la importancia del *aquí y ahora* en gran medida se da por sentado y no se enfatiza. Ehrenberg (1992) y Knoblauch (2000) son excepciones parciales: basaron su trabajo en el presente, en el "calor e intensidad" del aquí y ahora, como dice Ehrenberg. Esto es lo más cercano a mi enfoque, que considera la presentidad del trabajo intersubjetivo como un elemento absolutamente esencial. Estos puntos de vista coinciden en gran parte con la postura del Boston CPSG.

En este capítulo he intentado llevar los eventos cruciales de cambio en la psicoterapia a la misma escala microtemporal y al mismo nivel local compuesto por momentos presentes que hemos analizado a lo largo del libro. Esta perspectiva es la que conforma la visión descrita aquí.

Capítulo 11. Entrelazando Lo Implícito y Lo Explícito en la Situación Clínica

La mayoría de las terapias psicodinámicas y cognitivas utilizan la interpretación (de una u otra forma) y la narrativización de una historia de vida como técnicas esenciales. Para hacerlo, lo implícito debe volverse explícito y lo inconsciente, consciente. La relación entre lo implícito y lo explícito ha sido menos estudiada que la relación entre lo inconsciente y lo consciente. Plantea problemas e interrogantes fascinantes. Lo implícito y lo explícito se entremezclan en muchos puntos. En las narraciones existe un tráfico bidireccional entre lo implícito y lo explícito. Imágenes, sentimientos, intuiciones en el ámbito implícito deben ser traducidos al ámbito verbal explícito por el hablante. Y en la dirección opuesta, las palabras deben ser traducidas a imágenes, sentimientos e intuiciones por el oyente. Lo implícito (el campo intersubjetivo) también desempeña un papel al crear el contexto "correcto" para permitir que surja material explícito. Y el relatar y el escuchar, como actos en sí mismos, combinan elementos tanto de lo implícito como de lo explícito.

¿Dónde encajan aquí los momentos presentes? Desde un punto de vista fenomenológico, una interpretación o narración también crea momentos presentes en el narrador y el oyente. Por lo tanto, seguimos trabajando con las mismas unidades del proceso subjetivo.

La interpretación y los momentos de encuentro

El proceso de ir avanzando no solo lleva a momentos de encuentro, sino también a momentos propicios para el trabajo interpretativo o de aclaración verbal. El mismo "momento oportuno" y la "buena disposición" que se aplican a los momentos de encuentro, se pueden aplicar igualmente a los momentos presentes cuando se requiere una interpretación. Cuando confluyen ciertas condiciones, es la ocasión propicia para una interpretación o un momento de encuentro. Tales condiciones son: cuando la relación terapéutica, bajo la forma de transferencia, sale a la superficie; cuando se ha producido una progresión de eventos que conducen a un punto álgido o crisis que requiere algún tipo de acción (un momento de *kairós*); y donde esta urgencia trae plenamente a ambos participantes al aquí y ahora.

Aun cuando se escoja una interpretación en vez de un momento de encuentro como ruta terapéutica, los procesos implícitos siguen entrando en juego. De hecho, facilitan el efecto de la interpretación. Lo implícito y lo explícito están profundamente entrelazados.

Supongamos que se da una interpretación. Luego supongamos que es una excelente interpretación ofrecida en un momento ideal de la sesión y del tratamiento. El paciente tendrá una fuerte reacción afectiva. El impacto emocional de la interpretación sobre el paciente es algo que se espera del proceso clínico cuando está funcionando bien. Puede que el paciente tenga una reacción "ajá", como en "¡Ahora entiendo!". Pero con mayor frecuencia, la reacción es más afectiva que cognitiva. Cuerpo y mente se unen en la reevaluación, que puede sentirse como: "Sí, de verdad he sido así", "Realmente así son y así me trataron", "Me siento como si tuviera que partir de cero", "¿Dónde diablos estuve todo ese tiempo?", "He estado tan en desventaja". Y luego, a medida que el paciente lo asimila, se produce un silencio. Este es un momento cargado. El paciente pasa por una importante reorganización en presencia del terapeuta –una reorganización catalizada por los comentarios de este. Entonces, la reacción del paciente es un evento interpersonal e intersubjetivo, ya que tanto el terapeuta como el paciente saben más o menos lo que este está vivenciando. Ese silencio, inmediatamente después de la interpretación, es un tipo de momento ahora. En general ocurre lo siguiente: el terapeuta se siente llamado a decir algo para hacerle saber al paciente que ha comprendido el impacto afectivo de la interpretación. Puede que diga algo muy mínimo ("Sí"), algo indistinto ("Mmm") o algo más elaborado ("Sí, a veces la vida se siente así"). Pero lo dice de una manera especial, con un tono de voz especial que connota comprensión empática, sumergirse en la experiencia de ambos del mundo y expresarla, estar junto al paciente en este momento de una reevaluación usualmente dolorosa. (A menudo su vocalización es baja y alargada, cayendo más hacia el final). En otras palabras, el terapeuta crea un momento de encuentro en torno a la reacción a la interpretación. A veces esto adopta la forma de una sintonización afectiva.

La mayoría de los terapeutas experimentados hacen esto sin pensar demasiado al respecto. Cuando uno se los comenta, muchos colegas dicen: "Bueno, claro que lo hago; es parte natural del proceso interpretativo". No obstante, vale la pena pensarlo, porque si este momento de encuentro no se agregara a los eventos afectivos puestos en marcha por la interpretación, esta podría ser experimentada como una maniobra técnica de parte de un profesional neutral. Podría haber provenido de cualquier lado. Entonces, sería estéril y solo mínimamente interpersonal e intersubjetiva. Podría haber modificado la comprensión explícita del paciente respecto de sí mismo, pero no el campo intersubjetivo entre paciente y terapeuta.

Por otro lado, si el terapeuta crea un momento de encuentro en torno al impacto de la interpretación, el hecho de compartir el impacto expande el campo intersubjetivo entre paciente y terapeuta. Un momento de encuentro en torno a la interpretación encierra la interpretación y su impacto como una experiencia conjunta. Entonces el paciente puede seguir en nuevas direcciones sobre la base de un conocimiento implícito modificado y un conocimiento explícito de sí mismo y la relación terapéutica.

Es cierto que la mayoría de los psicoanalistas y psicoterapeutas experimentados crean estos momentos de encuentro en torno a interpretaciones que impactan. Pero no se considera una parte formal de la interpretación. Algunos dicen que pertenece a la categoría más amplia de la "actividad interpretativa", pero eso desdibuja las cosas demasiado y con excesiva facilidad. Se pasa por alto examinar esos momentos intersubjetivos, los cuales se dan por sentado si llegan a ser mencionados. Sin embargo, desempeñan un papel importante y requieren una terminología descriptiva y un modelo explicativo diferentes a aquellos que se aplican a la interpretación por sí sola.

Muchas veces se ignora esta respuesta al impacto de la interpretación a medida que cae en las turbulentas repercusiones de la interpretación verbal. Pero ocurre de todos modos y cumple su labor. Para ilustrar este punto, cabe citar un ejemplo de Margherita Spagnuolo-Lobb (comunicación personal, 22 de enero de 2000). Ella estaba en tratamiento con Isadore From, famoso terapeuta gestáltico, quien sufría cáncer y no tenía grandes expectativas de vida. Esto era de conocimiento público en la comunidad terapéutica a la cual ambos pertenecían. Sin embargo, ninguno de los dos jamás lo había mencionado, aunque cada uno tiene que haber sabido que el otro lo sabía. Un día tuvieron una sesión por teléfono luego de un perturbador sueño en que ella veía un cartel impreso, de aquellos típicos pegados en los muros de Sicilia para comunicar una defunción. Se había caído, estaba tirado en la calle, y tenía su nombre. Los autos pasaban por encima. Después de relatar el sueño, su terapeuta dijo: "Tendría que haber tenido mi nombre". Así surgió con fuerza el tema de su muerte inminente, algo que nunca antes se había mencionado. Su interpretación la conmovió profundamente. Ella me comentó esto como ejemplo de la fuerza de una interpretación.

Estuve de acuerdo, pero le pregunté qué ocurrió después que él dijo eso. Respondió: "Bueno, al cabo de unos minutos, colgamos". Ya que sentía curiosidad por saber si había habido un momento de encuentro en torno a esta poderosa intervención, la interrogué utilizando una versión abreviada de la técnica de la entrevista microanalítica. Le pregunté qué le sucedió exactamente cuando él hizo esa declaración. Dijo que respiró profundo y contuvo el aliento; luego lo dejó salir con fuertes y progresivas exhalaciones. Se produjo un silencio en el teléfono. Le pregunté si lloró. Respondió: "No". Insinué que respiraba como si hubiera llorado. Contestó: "Sí, es cierto". Entonces le pregunté qué hizo él para romper el silencio. Indicó que dijo algo no muy inusual o memorable. De hecho, no recordaba qué cosa. Pero se acordaba de su tono de voz. Era extraordinariamente suave, no una voz que le hubiese escuchado antes. Le llegaba como una caricia a través del teléfono. Ese fue un momento de encuentro. Habían logrado un contacto implícito más allá de las palabras. Y este se unió a la interpretación verbal de su terapeuta para conformar una experiencia completa.

Así como una interpretación puede dar origen a un momento de encuentro, un momento de encuentro puede dar origen a una interpretación. Pero no es forzoso que lo haga. Por ejemplo, recuerden la anécdota en que la terapeuta respondió diciéndole "Hola" a la paciente que se sentó en el diván para mirarla. Después de esto no hubo ninguna interpretación, aunque fácilmente se puede imaginar. Antes sugerí que un intento de hacer explícito este momento de encuentro, en especial inmediatamente después de ocurrido, podría anular parte de su efecto. Sin embargo, en otras ocasiones, una interpretación puede ser útil. Es una cuestión de criterio clínico, pero hay que estar consciente de las ventajas y desventajas. Si la terapeuta hubiera preguntado a la paciente después que volvió a recostarse, cómo se sentía respecto de lo que acababa de suceder y esta hubiese respondido diciendo que por primera vez sentía que la terapeuta estaba abierta a ella y de su lado, esa podría haber sido una excelente oportunidad para una interpretación más amplia de parte de la terapeuta. Esta podría haber sugerido que la paciente sentía que sus padres no estaban de su lado o abiertos a ella, cómo había llegado a esperar eso de otros, cómo había perdido varias oportunidades en la vida debido a lo que se había convertido en una actitud defensiva, cómo eso había ocurrido en la consulta la semana anterior y cómo había visto a su terapeuta de ese modo, limitando así el trabajo terapéutico. Es posible que tal interpretación hubiese acelerado el trabajo terapéutico, pero también podría haberlo enlentecido. Aparentemente, no fue necesario en este caso.

El punto es que las interpretaciones verbales y las expansiones implícitas del campo intersubjetivo son actos complementarios. En la práctica, se sirven entre sí. No obstante, requieren diferentes modelos explicativos.

Formar, relatar y escuchar narraciones

El lenguaje es el vehículo para poner la experiencia en una narración hablada. Esto es especialmente cierto incluso en las llamadas terapias "más allá de la palabra" (Wiener, 1999). Lo que está "más allá de la palabra" es el medio para atraer y llevar las experiencias implícitas al espacio abierto explícito. Pero una vez allí, el problema de colocarlas en algún tipo de forma que sea significativa sigue siendo una tarea lingüística de formar narraciones. Pero también ahí lo implícito y lo explícito mantienen una estrecha relación.

El relatar narraciones es la principal vía común y final de los datos tanto en las terapias conversacionales como en aquellas que emplean otras técnicas para crear experiencias explícitas. Pero el formar narraciones incluye no solo palabras, sino también experiencias directas que se encuentran en el ámbito implícito. Estas son las que nos interesan.

Hay tres momentos presentes paralelos involucrados: (1) el momento presente de colocar la experiencia original en una forma narrativa verbal, (2) el momento presente creado en el narrador durante la acción de relatárselo a alguien y (3) el momento presente evocado en el oyente durante el relato. Primero, el paciente tiene que (re)vivir (ahora) la experiencia a ser verbalizada y darle una forma narrativa. Esto no es automático. En esta etapa, el pensamiento se encuentra principalmente en forma de imágenes visuales, sensoriomotoras y viscerales, y sentimientos –no de lenguaje. Se procura hacer calzar el relato verbal con la experiencia. Este proceso crea sus propios momentos presentes con sus propias intenciones, afectos de vitalidad, etc. El oyente (el terapeuta) observa los actos mentales y físicos de trasposición en el narrador. Esta es una *performance* (representación o ejecución), conformada por: facilidad, dificultad, tanteo, titubeo, bloqueo, frustración, esfuerzo, cambios en el flujo, velocidad, volumen y fuerza, y una sensación de alivio, sorpresa o inevitabilidad. Cada una de estas experiencias implícitas, por sí sola, podría ser un foco productivo para una intervención terapéutica. Además de las palabras que brotan, e incluso la paralingüística, está la *performance* en su totalidad, que, como cualquier otra *performance*, evoca en el narrador y el oyente un flujo constante de experiencias implícitas, incluyendo la participación centrada-en-el-otro respecto del acto de trasposición. En resumen, hay un compartir intersubjetivo implícito en relación con la experiencia de trasponer el material implícito a una forma narrativa explícita. Incluso cuando estamos intensamente focalizados en las palabras que brotan y su significado a medida que se forma, seguimos exquisitamente sensibles a la experiencia implícita (compartida en parte) de la trasposición mientras está ocurriendo.

Y finalmente, la narración debe ser creada para un público, real o imaginario. Relatar una narración es una constante tarea de búsqueda intersubjetiva, tanteo y ajuste al oyente. Existen muchos sucesos implícitos durante este aspecto de la *performance*. En última instancia, la *performance* de llegar a una narración y relatarla es un tipo especial de escenificación, donde el contenido se vuelve explícito pero el proceso permanece implícito. Estos constituyen los diversos momentos presentes paralelos.

En psicoterapia, las narraciones son relatadas o escenificadas, no leídas, de modo que la *performance* como tal es de suma importancia. En psicoterapia, una narración relatada no es solo una historia coherente, sino también una experiencia emocional expresada. Tanto la historia como su expresión constituyen un valioso material clínico.

Ricoeur (1984-1988) ha comentado sobre el tiempo al relatar una narración, en contraste con el tiempo de, o dentro de, la historia. Al pensar los actos de formar y relatar una narración en términos de momentos presentes, estoy agregando una dinámica temporal interna como parte del relatar –y del escuchar.

El punto central es que incluso al considerar las narraciones terapéuticas, no nos hemos escapado más allá del mundo de los momentos presentes. Desde luego que una vez construida la narración, puede ser vista objetivamente y deconstruida. Pero no mientras está siendo relatada y escuchada. E incluso después de relatada, cuando se despliega y mira objetivamente, su totalidad, incluyendo su significado central, será aprehendida aun en otro momento presente de captura.

La fenomenología del relatar y escuchar narraciones requiere mucha más atención de la que ha recibido hasta ahora o de la que se le puede prestar en este texto.

Entremezclar lo implícito y lo explícito

Una oración con un claro significado explícito también constituye un momento presente mientras se está desplegando la oración. Cuando esta se considera desde el punto de vista del oyente, recuerden que una frase hablada promedio toma 3-4 segundos en pronunciarse (la duración del momento presente). También cabe recordar que el significado de la frase hablada se construye a medida que se escucha a lo largo del tiempo. Su significado completo solo cae en su sitio cuando se pronuncia la última palabra. Esta construcción en el tiempo no es solo cuestión de comprender progresivamente la sintaxis, sino también de trazar el curso de esta mientras va cayendo en su sitio cognitivo y afectivo. A modo de ilustración, tomemos esta sencilla frase: "¿Te gustaría ir al cine hoy en la noche?". A medida que el oyente monta la cúspide de la oración mientras se despliega, primero escucha: "Te gustaría". De inmediato queda claro que se le preguntará algo. Su interés y alerta aumentan. El siguiente subgrupo que escucha es "ir". Esto mantiene y quizás aumenta su interés y alerta a medida que las cosas empiezan a volverse más específicas. Entonces viene "al cine". Dependiendo del contexto y la historia, esto podría añadir placer a la mezcla de sentimientos o desinflar lo que venía primero, con la concomitante pérdida de interés y oleada de sentimientos negativos, como en "Siempre quieres hacer lo mismo". Por último, llega el "hoy en la noche". Es probable que se entendiera implícitamente por el contexto y añade poco. Sin embargo, estabiliza el tono emocional antes de la respuesta y, en consecuencia, debe comenzar el próximo momento presente.

Entonces, en esta frase hay un trayecto sintáctico, un trayecto de construcción de significado explícito y un trayecto de experiencia afectiva con contornos. Cuando la frase concluye, uno olvida el trayecto sintáctico ocurrido fuera del darse cuenta. Recuerda sobre todo la Gestalt del trayecto de significado y, fundamentalmente, la forma en que ha sido coloreado por el trayecto afectivo.

He aquí un ejemplo proporcionado por Patel (2003). Sugiere que existe una sorprendente superposición, en términos neuroanatómicos, entre los procesos de dividir y organizar elementos secuenciales tanto en el lenguaje como en la música. No están tan separados como se había concebido con anterioridad. La oración es: "La chica que besó al chico abrió la puerta". De nuevo seguiremos el trayecto afectivo. "La chica", el primer subgrupo con que uno se encuentra, crea su propia carga afectiva. A continuación viene "que besó al chico", con lo cual aumenta rápidamente el interés, la curiosidad y la carga afectiva. Luego viene "abrió la puerta". Hay una caída de la carga afectiva que es reemplazada por una activación debido a un potencial problema cognitivo. ¿Quién abrió la puerta? Dice: "El chico abrió la puerta", pero sabemos, siguiendo la sintaxis, que la chica lo hizo. Este es un trayecto curioso. Ahora, usando las mismas palabras, supongamos que la frase hubiera sido: "La chica que abrió la puerta besó al chico". Habríamos sido llevados por un trayecto microafectivo muy diferente. El orden y la sincronización de la llegada del significado también determinan la experiencia afectiva sentida implícitamente. (No necesitamos profundizar en cuestiones de estilo).

En resumen, la compleja interdependencia del significado explícito y la experiencia afectiva implícita es clara en el nivel local del momento presente.

Aun así, existe una importante diferencia entre las dos subdivisiones (significado y afecto) dentro del momento presente. La diferencia son sus respectivos marcos temporales. Los trayectos afectivo y hablado tienen la misma duración: un par de segundos. Sin embargo, el evento al cual se refieren las palabras duró mucho más. Hay una discrepancia en la sincronización, nivel de abstracción y, necesariamente, en la cercanía a la experiencia original. Sentir los contornos afectivos, escuchar las palabras y hacer que su significado caiga en su sitio son experiencias originales directas. Aquello a lo cual se refieren las palabras es una experiencia indirecta, algo distanciada. Volveremos a esta importante diferencia en el Capítulo 13.

Capítulo 12.
El Pasado y el Momento Presente

El pasado debe ser capaz de influir en la experiencia del presente. En otras palabras, el pasado de alguna manera tiene que incorporarse a la experiencia presente. Sin eso, el pasado no puede desempeñar ningún papel en la vida actual y no puede haber determinismo psíquico ni psicodinámica. Por otra parte, la experiencia presente debe ser capaz de modificar el pasado, ya sea disminuyendo su influencia, reseleccionando cuáles elementos del pasado van a desempeñar el papel más influyente o sencillamente cambiando el pasado. Si el presente no puede hacer eso, no se producirán cambios terapéuticos. Pero ya que solo vivimos en el presente, desde un punto de vista subjetivo, la acción del pasado sobre el presente y la acción del presente sobre el pasado deben ser representadas en el momento presente. El momento presente es el punto de encuentro entre el pasado y el presente.

La acción del presente sobre el pasado

El concepto de *contexto recordatorio presente* ayuda a explicar una de las formas en que el momento presente puede actuar sobre el pasado. El pasado funcional, aquel que influye en el presente, puede ser reacomodado en el punto de encuentro del momento presente. El ejemplo de la memoria sirve para aclarar este concepto. La noción de *contexto recordatorio presente* es ampliamente aceptada en el pensamiento acerca de la memoria (p.ej., Damásio, 1999, 2000; Edelman, 1990). En resumen, la memoria no se considera una biblioteca de experiencias donde se guardan las primeras ediciones originales y se puede escoger una para traerla al presente como recuerdo para ser revivido fielmente. Más bien, se estima que la memoria es una colección de fragmentos de experiencias que se convierten de la siguiente manera en una experiencia recordada completa. Los eventos y experiencias que ocurren en el presente actúan como un contexto (un contexto recordatorio presente) que selecciona, reúne y organiza los fragmentos en un recuerdo. El contexto recordatorio presente es cualquier cosa que esté ocurriendo ahora en el escenario mental en este momento presente. Esto puede incluir un aroma, sonido, melodía, palabra, rostro, calidad de la luz, estados emocionales internos, sensaciones físicas, un pensamiento, etc. También puede incluir experiencias menos pasajeras y más permanentes, como un estado de ánimo, un pensamiento o sentimiento preocupante, un sueño persistente, un conflicto, deseo de venganza, dolor o pérdida. El contexto recordatorio presente no es solo una de estas experiencias en curso, sino la totalidad de lo que está sucediendo ahora. Es la amalgama completa de percepciones, sensaciones, cogniciones, afectos, sentimientos y acciones que están actuando sobre nosotros en este momento, consciente e inconscientemente, implícita e implícitamente. En este sentido, conflictos, traumas del pasado y otros elementos básicos del psicoanálisis tradicional que permanecen parcialmente activados pueden ser parte del primer plano o del trasfondo del contexto recordatorio presente.

Estas experiencias que ocurren en el presente actúan como detonantes para seleccionar y reunir fragmentos del pasado que, cuando son integrados, nos ayudan a reconocer lo que está sucediendo ahora en el presente y tratar con ello, para bien o para mal. A esto se refería Edelman cuando hablaba de "recordar el presente" (Edelman, 1990). No recordamos un pasado histórico fijo, solo podemos "recordar" el presente. Desde este punto de vista, los recuerdos se centran más en el presente que en el pasado. Su función es hacer que la vida, tal como nos encontramos con ella actualmente, resulte más familiar y entonces sea más fácil adaptarse a ella. Un corolario de esto es que cada recuerdo, incluso de la "misma cosa", es diferente, porque se selecciona y reúne bajo diferentes contextos recordatorios presentes, que casi nunca se repiten en su totalidad. Para cada contexto recordatorio, se selecciona un conjunto de fragmentos ligeramente diferente o estos se reúnen de una manera distinta. Esto puede sonar radical y contradictorio, pero solo porque algunos recuerdos han sido repasados reiteradamente, encerrados en una forma narrativa y no parecen variar durante las evocaciones. El lugar de los recuerdos traumáticos es menos claro aquí (Siegel, 1995, 1996, 1999).

Un momento presente es un *contexto recordatorio presente* por excelencia. Durante el despliegue del momento presente, a medida que pasa desde el horizonte del pasado-del-presente al horizonte del futuro-del-presente, se producen cambios analógicos o categóricos. Cada cambio puede actuar como un contexto recordatorio distinto. Esto permite que el pasado se incorpore constantemente, no en forma de recuerdos discretos enteros, sino más bien de influcncias fuera de la consciencia.

Pero, ¿este encuentro puede ocurrir en un tiempo tan breve como un momento presente? Recientes estudios neurocientíficos sobre la toma de decisiones sugieren que cuando se presenta un estímulo nuevo, el efecto neurofisiológico de una estimulación relacionada pero del pasado se puede registrar dentro de unos cien milisegundos del inicio de la nueva estimulación (Romo, Hernández, Zainos, Lemus y Brody, 2002) –en otras palabras, el pasado es traído al, o junto al, presente casi instantáneamente y múltiples veces durante la evolución de un momento presente. Así, muchas influencias diferentes del pasado podrían incorporarse al momento presente en numerosos puntos a lo largo de su paso.

¿Cómo el contexto recordatorio presente "selecciona", no conscientemente, qué trozos del pasado activar y reunir en un nuevo recuerdo? En otras palabras, ¿cuál es la naturaleza y el proceso de crear vínculos y asociaciones entre experiencias con distintas fechas, direcciones y naturalezas? Hay útiles pistas en descripciones en los niveles mentales y fenomenológicos en análisis de sueños, asociación libre, funcionamiento del proceso primario y disociación. Desde el principio, Freud estaba plenamente consciente de los posibles mecanismos de la compleja conexión o desconexión del pasado y el presente. Los teóricos de la Gestalt agregaron otros procesos de vinculación que rigen la percepción y la asociación, como la proximidad o el destino común. Actualmente, la metáfora es un interesante candidato para este papel crucial. Modell (2003) sugirió que la metáfora es una importante forma de conexión entre la memoria autobiográfica inconsciente y la experiencia consciente. En apoyo a las ideas de Modell, lingüistas cognitivos como Lakoff y Johnson (1980, 1999), Turner

(1991) y Gibbs (1994) propusieron que la metáfora no es solo una figura del discurso sino una forma primaria de cognición (anterior a la formación de símbolos y el lenguaje) que vincula diferentes ámbitos de la experiencia, incluyendo el pasado y el presente. Más adelante, el lenguaje puede utilizar estas conexiones y convertirlas en metáforas lingüísticas, pero no empieza con el lenguaje excepto en la mente de quien está escuchando una metáfora hablada. A esto cabe añadir toda la experiencia clínica sobre la metáfora que se aprovecha en las terapias corporales y la dramaterapia (Landy, 1990, 1993). Bucci (1997) sugirió que toda la experiencia se multicodifica (Teoría de los Códigos Múltiples) y conecta a través de un proceso referencial. Los problemas de vincular y disociar el pasado y el presente permanecen en muchos niveles de la indagación clínica (ver Siegel, 1999).

Una segunda forma más radical de considerar la acción del presente sobre el pasado es imaginar que a medida que se configura cada nuevo momento presente, este reconecta el registro neuronal actual del pasado y reescribe los posibles recuerdos del pasado. Los originales se modifican y ya no existen como fueron creados inicialmente. Esta es en parte la experiencia que se tiene al escuchar música. A medida que uno oye la frase musical que se despliega en el momento, se modifica la experiencia de la frase anterior –una forma de *après coup*.

Existen evidencias neuroanatómicas que apoyan este punto de vista (Freeman, 1999a). Freeman ha demostrado que cuando gazapos son expuestos por primera vez a un nuevo aroma (p.ej., zanahorias), se establece un patrón de activación neuronal. Luego, cuando son expuestos a un segundo olor (p.ej., nabos), se instaura otra pauta de activación para ese aroma. Sin embargo, el establecimiento del segundo patrón cambia la pauta de activación para el primer olor. Y más adelante, cuando se establece un nuevo patrón para un tercer aroma, se modifican las dos pautas anteriores. Es decir, el pasado se revisa permanentemente, como patrón neuronal y como experiencia de recuerdo. En pocas palabras, el presente puede cambiar el pasado. Desde luego, no lo cambia desde una perspectiva histórica, pero sí funcional y vivencialmente, y ahí es donde nosotros vivimos.

¿Un momento de encuentro o una interpretación puede cambiar el pasado de esta manera? Sí. Pero solo en pequeños trozos a la vez. Y esto no significa que uno no pueda también conservar un recuerdo del pasado como era antes de ser modificado. No solo es posible, sino común, dos recuerdos de la misma experiencia. Las neurociencias tendrán que descubrir el circuito neuronal de tales pasados paralelos y cómo se sabe cuál es el pasado actualizado.

El hecho clínico de patrones inflexibles que parecen resistentes al cambio a partir de nuevas experiencias presentes contradice la idea de que el presente puede modificar el pasado fácil, natural y rápidamente. Este estancamiento apoya la idea de la "compulsión a la repetición". Hay condiciones (conflictos, traumas, aprendizajes al primer intento) que hacen que algunas experiencias del pasado sean relativamente inmunes a la influencia del presente. Sin embargo, el principio general sostiene que el presente reescribe constantemente el pasado. Las excepciones requieren una indagación aparte, no un cuestionamiento del concepto básico.

Una tercera forma en que el presente puede cambiar el pasado funcional es modificando el proceso de selección del contexto recordatorio presente, de manera que se activen diferentes trozos del pasado y sean utilizables en el presente.

Desde un punto de vista fenomenológico, el proceso del presente modificando el pasado ocurre fuera de la consciencia. En general, solo nos damos cuenta cuando estamos frente al producto final, y a veces ni siquiera entonces.

La acción del pasado sobre el presente

Ahora abordaré la influencia de la otra dirección: el efecto del pasado sobre el presente. Existen varios pasados diferentes. La naturaleza de su influencia y su presencia sentida adoptan distintas formas. Asumiré una postura fenomenológica, nuevamente, para explorar los diversos tipos de pasados que revisten interés clínico.

El "pasado silencioso" como fractal

Este tipo de pasado actúa sobre el presente sentido, pero en sí no se siente. Es silencioso y solo se reconoce al adoptar una postura objetiva. Consiste principalmente en lo inconsciente reprimido y lo no consciente implícito. En psicoanálisis, esto incluiría todas las influencias pasadas reprimidas (p.ej., conflictos, fantasías, traumas) que se han vuelto inconscientes y por lo tanto no se experimentan como si estuvieran actuando en el presente sentido. También incluiría rasgos del carácter que tradicionalmente se consideran no conscientes al volverse automáticos.

También incluye el pasado no consciente de los recuerdos, representaciones y pautas de respuesta que pertenecen al conocimiento implícito. Estos también actúan en el presente sin ser sentidos. Ejemplos de este "pasado" son lo que Fogel (2003) denominó "recuerdos reguladores implícitos" de cómo negociar el espacio social, las interacciones interpersonales y el campo intersubjetivo. Cosas que empezamos a aprender en la infancia. Tales pautas reguladoras se han acumulado, formado a lo largo de la vida, y son influencias continuas en el presente. Gran parte de nuestro pasado está en curso y se actualiza todo el tiempo. Este "pasado en curso actualizado" es muy activo, aunque silencioso. Siempre ha sido fascinante la idea de un pasado fenomenológicamente silencioso pero activo.

¿Cómo podemos explicar que la experiencia presente esté determinada en gran medida por el pasado silencioso? Por lo general consideramos que los eventos del pasado influyen en los procesos, percepciones, sentimientos y cogniciones atencionales, de manera que cada momento presente se convierte sencillamente en otra instancia de pautas pasadas. Se ha formulado una pregunta similar sobre procesos de naturaleza física. ¿Por qué cada celda del caparazón de un caracol tiene exactamente la misma forma, pero en una escala distinta? Esta pregunta nos recuerda una comparación entre un momento presente y un fractal como se describe en la teoría de los sistemas dinámicos. Un fractal es un patrón que tiene la misma forma general sin importar su tamaño o escala, como un cristal o el caparazón de un caracol (Fivaz, 1989; Gleick, 1987). Pueden tener algunas variaciones según las condiciones iniciales y locales de su formación. Estos fractales han sido identificados en el mundo físico como un aspecto importante de la autoorganización. ¿Habrá alguna analogía en el mundo temporalmente dinámico de la experiencia humana? Por ejemplo, recuerden al estudiante de la entrevista del desayuno en el Capítulo 1 que ponía a prueba los límites de hasta dónde podía llegar mientras abría la puerta del refrigerador y llenaba un vaso con jugo de naranja. La esencia de estos pequeños actos de poner a prueba los límites es idéntica a sus luchas de la noche anterior, cuando estaba viendo cuán lejos podía llevar las conclusiones de su tesis de doctorado. El tamaño y la importancia son diferentes. ¿Pero será la forma básica realmente distinta, excepto por las variaciones impuestas por las condiciones locales diferentes? La apertura de la puerta del refrigerador o el llenado del vaso se convierten en un mundo en un grano de arena. El determinismo psíquico funciona en el nivel del momento presente.

Otro ejemplo de una "entrevista del desayuno": una mujer describió que durante el desayuno había observado cómo caían las últimas gotas de café dentro de la taza desde su antigua y querida cafetera exprés. Sus expectativas e impaciencia aumentaban a medida que cada gota se formaba, crecía y demoraba unos 4 segundos en caer. Cuando finalmente caía dentro de la taza, la satisfacción era muy breve; y de nuevo, casi de inmediato, empezaba a aumentar la expectativa de que cayera la siguiente gota. Al terminar la entrevista, reflexionó que solía sentir que vivía demasiado tiempo en el futuro, que se permitía estar en el presente en muy raras ocasiones y por lapsos demasiado breves. Nuevamente, ¿la actividad mental/afectiva de observar la gota de café se asemeja a un fractal?

¿De dónde viene el imperioso patrón del fractal? Ciertamente, no del pasado del cristal. No preexiste en forma latente a la espera de ser expresado o instanciado. En la naturaleza física, proviene de las limitaciones internas y externas/grados de libertad que operan en un sistema dinámico que se autoorganiza bajo condiciones locales cambiantes. ¿Cómo plasmamos eso en un sistema humano con una historia, hábitos, etc., donde las limitaciones pueden ser modificadas por la experiencia de vida o la terapia?

En términos psicodinámicos, hemos asumido que el momento presente es una instanciación de una pauta preexistente más general que (especialmente cuando es inconsciente o no consciente) encuentra su forma exacta de expresión a medida que es puesta en práctica en un determinado escenario. Su influencia se expresa en todas las actividades sin importar su magnitud. Esta visión es asombrosamente parecida a la noción de fractales. Se pueden sustituir representaciones/fantasías originales/conflictos/recuerdos traumáticos/defensas/estrategias de afrontamiento o "recuerdos reguladores implícitos" como se conciben en psicología, por limitaciones intrínsecas y grados de libertad como se definen en un sistema físico dinámico autoorganizativo.

Aun así, subsisten importantes diferencias entre fractales e instanciaciones psicodinámicas o escenificaciones implícitas. La que más nos interesa es que no se supone que un fractal contenga un diseño o plan preestablecido. En otras palabras, carece de un pasado activo. No tiene un pasado en el sentido de que el pasado es producto de la subjetividad humana. Un fractal solo tiene tendencias intrínsecas que operan siempre. El patrón surge de un diálogo dinámico de las tendencias intrínsecas con las condiciones locales. En contraste, para el pasado psicodinámico y el conocimiento implícito, se suponen pautas pasadas activas preformadas que buscan expresión y por lo tanto determinan la conducta. Desde esta perspectiva, cada momento presente sucesivo en la vida es una instanciación diferente del pasado actuando en el presente. La variabilidad proviene solo de las limitaciones y potenciales de las condiciones locales inmediatas. Si esto no fuese así, seríamos psicodinámicamente incoherentes o discontinuos, y solo la concatenación narrativa de los eventos nos mantendría unidos a nosotros y al tiempo psíquicamente fragmentado. Por otro lado, si esto fuera completamente cierto, un momento contendría todo y no podríamos cambiar.

En resumen, en lo que al "pasado silencioso" se refiere, la diferencia entre fractales e instanciaciones psicodinámicas es solo teórica y no fenomenológica. Un pasado personal que actúa silenciosamente para hacer que alguien repita pautas en todas y cada una de las escalas y en todas y cada una de las condiciones, solo puede sentirse como una limitación intrínseca que reduce los grados de libertad en el presente.

El pasado es fenomenológicamente silencioso en lugar de inexistente. Sin embargo, se puede conseguir que hable y se revele bajo las condiciones adecuadas. Entonces se convierte en un "pasado vivo". Cuando el pasado silencioso está actuando, suele existir una sensación básica de familiaridad, de haber estado ahí antes o de estar donde debiéramos estar. Se ha eliminado la frescura distintiva de la novedad. El silencio fenomenológico puede sentirse como una débil sombra que cae sobre la experiencia del momento presente.

El pasado inexistente

Hay eventos pasados que influyen radicalmente en el presente, pero no configurándolo activamente en forma continua, sino más bien imponiendo limitaciones iniciales y grados de libertad a posibles experiencias. Estas limitaciones incluyen alteraciones neurofisiológicas que se fijaron irreversiblemente en el desarrollo temprano debido a periodos sensibles/

críticos, traumas o conflictos (Schore, 1996, 1997, 1998; Siegel, 1996, 1999; Solomon y Siegel, 2003). Ejemplos de ello son las consecuencias de la gran privación socioafectiva temprana que se ve en algunos orfanatos (Gunnar, 2001) o las consecuencias evolutivas de patrones de apego temprano (Sroufe, 1999).

Este pasado ya no es una influencia activa. Es un pasado solo en el sentido histórico o narrativo, cuando se observa desde afuera. Fenomenológicamente, no existe y jamás existirá.

El pasado vivo

La tercera combinación fenomenológica de pasado y presente es cuando se siente que el pasado está actuando ahora, a pesar de que aún se reconoce como un pasado. Un buen ejemplo sería un recuerdo sencillo. Durante el recuerdo, las experiencias del pasado son traídas al presente sentido. La sensación de tener un recuerdo, de su pertenencia a un pasado personal pero que ocurre ahora, es resultado de haber sido reunidos y superpuestos dos veces: el pasado recordado y el presente existencial. Si la presentidad existencial del momento presente (captado a través de sensaciones físicas básicas, la luz ambiente, el espacio y otras incidencias contextuales) no estuviera actuando como el tiempo-espacio sentido en que el evento del pasado (re)ocurre (es recordado) ahora, jamás se podría saber que el momento pasado es un recuerdo y no una realidad o una alucinación. De modo que tenemos un presente sentido en el cual está actuando un pasado sentido. Este es el pasado que está vivo y que se siente en el presente.

Este pasado vivo resulta de una *presentación multitemporal* en que dos eventos, el pasado reconstituido y el presente existencial, entablan un diálogo, aunque cada uno tenga una marca de tiempo diferente. Solo a través de ese diálogo podemos "recordar el presente".

El pasado vivo es de suma importancia para comprender el proceso de una sesión o secuencia de sesiones en el nivel local, un pasado relativamente cercano. Nosotros, como terapeutas, destinamos muchas horas y energías a tratar de detectar pautas a lo largo del tiempo, en y entre las sesiones. Este pasado consiste en lo que ha ocurrido antes del momento presente actual y hacia donde es probable que se encamine. El pasado se convierte en un patrón de cambio que se revela en secuencias. Aquí el pasado no es un evento único, sino más bien las diferencias y semejanzas entre eventos sucesivos que trazan un patrón y dirección del movimiento. Es un pasado hecho de intermedios. Y el momento presente que capta esta pauta en evolución es como el último acorde en una sucesión de acordes. En psicoterapia existen muchos tipos de estos pasados. A continuación algunos ejemplos generales.

Expansión del momento presente. La expansión es un concepto familiar en las artes, pero no así en la psicología clínica. Es esencial para comprender una importante influencia de patrones del pasado cercano en el presente. De nuevo puede servir un ejemplo de la música. Minsky (1981, p. 15), al concluir su descripción de la *Quinta Sinfonía* de Beethoven, pregunta: "¿Cuál es el tema de la *Quinta Sinfonía*? ¿Solo esas primeras cuatro notas? ¿También incluye a la pareja gemela traspuesta [las siguientes cuatro notas]? ¿Y qué hay de las otras variaciones, aumentaciones e inversiones? ¿Todas surgen de un solo prototipo? En este caso, sí. ¿Pero es así?".

Puede que las primeras cuatro notas hayan sido un prototipo para Beethoven o para aquellos familiarizados con la música, pero para quien las escucha por primera vez, simplemente llenan un momento presente. (Gran parte de la vida, a diferencia del arte, no se repite fielmente). Desde luego, para el oyente primerizo, hay pautas culturales sobre la música occidental, pero para esta pieza en particular aún no hay una representación específica. Cada momento (frase) presente subsiguiente avanza ¿hacia qué?, ¿hacia una generalización?, ¿una representación?, ¿un prototipo? Nuevamente, la respuesta es sí y no. Sí, porque en efecto se está formando una representación. No, porque también están ocurriendo otras cosas igualmente importantes.

Las frases musicales precedentes ayudan a comprender mejor la frase que está sonando ahora. Y las frases subsiguientes permitirán comprender mejor lo que ya se escuchó, como la primera frase de cuatro notas de Beethoven. Se amplían las implicaciones y riqueza de ambas. Después de haber escuchado todo el movimiento, terminamos con una apreciación más profunda y rica de algo, pero ¿de qué? Esta no es una profundización o enriquecimiento de un significado, sino de una experiencia. No se puede pasar por alto esta distinción, porque el enriquecimiento de la experiencia está entre los aspectos más potentes y preciosos de la vida humana. El mismo enriquecimiento se produce en las interacciones humanas, no solo en el arte.

La *expansión del momento* contrasta con la generalización en el siguiente sentido. Generalización es el proceso de extender desde casos particulares y específicos a conclusiones generales y más abstractas. *Expansión* es el proceso de quedarse con o dentro de cada momento específico a medida que llega, tratarlo más plenamente y otorgarle una apreciación más importante y profunda.

Durante las expansiones, el pasado se siente activamente como un trasfondo ante el cual se desarrollan y cobran forma los eventos presentes. La expansión es adecuada para un enfoque fenomenológico porque no requiere salirse de la posición en primera persona hacia el modo objetivo. Es un proceso, por excelencia, de la postura subjetiva, lo que implica encontrar nuevas experiencias que establezcan un mundo estratificado tal cual es vivido –todo en cuestión de segundos.

Progresiones relacionales. Son otro ejemplo de pautas que se acumulan en el pasado cercano y se sienten en el presente. Abundan en la terapia. Son "relacionales" en el sentido de que la relación terapéutica es la que traza una pauta de cambio. Subjetivamente, conforme avanza la sesión, terapeuta y paciente tienen que construir lo que le sucede a la relación a medida que ocurre, tomando en cuenta, de alguna manera, desde dónde acaba de llegar y hacia dónde parece ir. Claramente, para esta tarea no basta un único momento presente. Sin embargo, uno no puede esperar hasta que termine la sesión, o la próxima o las dos siguientes, para ver si estas pautas se repiten una y otra vez. (Desde luego, uno también hace eso). Necesitamos una unidad de procesos subjetivos que sea de tamaño intermedio, más grande que un solo momento presente y más breve que una sesión completa: una unidad de procesos que reúna las secuencias en experiencias subjetivas coherentes mayores que son, por así decirlo, las estrofas o movimientos de la sesión. Ocurren varias dentro de una sesión. Llamo a estas secuencias "progresiones relacionales" porque transmiten la sensación de movimiento hacia puntos finales relacionales o lugares de descanso dentro de una sesión. (A muchos terapeutas –p.ej., Spagnuolo-Lobb [2001]– les parece útil considerar también toda la sesión como una Gestalt sentida. Eso sería una unidad aún más grande y probablemente diferente).

¿De qué manera el momento presente se incorpora a una progresión relacional que es una secuencia pauteada de eventos del pasado? ¿Y cómo se experimenta esto fenomenológicamente? Para abordar el tema, tomemos un ejemplo clínico. El siguiente material (resumido por el autor) es de un miembro del Boston CPSG[19]. La paciente está hablando sobre un sueño que tuvo la noche anterior.

Tema

Paciente: *Fue como si [en el sueño] me sintiera aceptada tal como soy, y hay algo en eso que me asusta.* (Ella establece el tema "la aceptación genera temor". Al mismo tiempo, al relatar, crea una experiencia con el terapeuta. También establece el contexto para cualquier cosa que pueda suceder. El contexto temporal [referente] para este tema está lejos del aquí y ahora; ni siquiera está en la realidad en vigilia. Ocurre en el pasado, en un sueño y al relatar el tema que la paciente dice que fue "como si". El terapeuta se calla por un momento y luego hace un ruido de fondo para indicarle que continúe).

Variación 1

Paciente: *Cuando advierto que estoy bajando la guardia, empiezo a temer que saldré herida.* (Se reitera el mismo tema, pero con ligeras variaciones que hacen poca diferencia. El detonante de su miedo se formula con mayor precisión. Más importante aún, la paciente lo convierte en una afirmación más general aplicable más allá del sueño. Ya no está fuera de la realidad. Ella ha modificado el contexto para lo que pueda surgir. El terapeuta nuevamente se calla y hace un ruido de fondo para sugerirle que continúe).

Variación 2

Paciente: *¿Y sabes?, me perturba despertar con la sensación de ser aceptada.* (Se vuelve a modificar, ligeramente, el mismo tema. Pero se presentan dos nuevos elementos en forma muy periférica y sin mucho énfasis. El terapeuta es introducido explícitamente cuando la paciente dice: "¿Y sabes?". Además, ella aún se está moviendo del sueño a la realidad: "...despertar con la sensación...").

---

[19] Para una exposición más extensa de este ejemplo clínico, ver Boston CPSG, Report N° 4 (en prensa).

Variación 3

Paciente: *Y en cuanto tengo consciencia de que es un sueño, empiezo a sentir miedo de la sensación.* (Ahora se recontextualiza el tema original, situándolo en la realidad y más cerca del presente, como si el tema estuviera comenzando a adquirir otro tono, aquel del aquí y ahora).

Variación 4

Paciente: *Es como si de verdad no quisiera sentir eso contigo.* (Pasan a primer plano los elementos que se han estado construyendo y el mismo tema ahora tiene un tono diferente, es decir, el contexto del aquí-y-ahora-con-el-terapeuta. La paciente atenúa la plenitud del nuevo tono al decir que "Es como si". Pero claramente está ahí para que ambos lo vean).

La progresión no está en el desarrollo del tema en sí. De hecho, apenas se desarrolla. Se estableció claramente al principio. La progresión está en el contexto, incluyendo la posición del hablante –en otras palabras, en las readecuaciones direccionales del campo intersubjetivo. En este ejemplo hay dos progresiones. En la primera, la paciente pasa de estar lejos, en un evento del pasado, no en la realidad, a acercarse al aquí-y-ahora y lo real. El segundo cambio es el reemplazo del tema directamente en la relación terapeuta-paciente.

La última variación lleva la doble progresión a algo que se siente como un cierre temporal, un lugar de descanso. El terapeuta claramente siente que se ha llegado a un punto de destino, porque ahora interviene.

Terapeuta: *¡Ajá! Algo atemorizante.* (Como si dijera: "Muy bien, entiendo. Está sobre la mesa ahora donde ambos lo vemos y podemos abordarlo").

Acción conjunta

La paciente responde: *Claro*, y el terapeuta inmediatamente se suma: *Sí.*

Han compartido un corto viaje de movimientos incrementales que constituye la progresión relacional. Su acuerdo es ratificado mutuamente con el "Claro" y el "Sí".

Ahora tenemos una secuencia de siete movidas relacionales: un tema original, cuatro variaciones de la paciente, una afirmación del terapeuta y una ratificación conjunta de su aceptación mutua. La experiencia de cada una de las movidas relacionales tiene que ingresar al darse cuenta. Pero cada uno de los momentos que conducen a la variación 4 ("Es como si de verdad no quisiera sentir eso contigo") no requieren mucha consciencia, solo la necesaria para ponerlos en palabras. (Cabe recordar que no precisas darte cuenta de que eres consciente de algo). La paciente y el terapeuta están luchando juntos para permitir o hacer que surja algo. Y lo que surge es una especie de momento ahora menor: "...no quisiera sentir eso contigo", que el terapeuta mantiene en el centro del escenario, en el aquí y ahora, diciendo: "¡Ajá! Algo atemorizante". Luego esto desemboca y se convierte en parte de un pequeño momento de encuentro: el "Claro" y el "Sí". Esto confirma mutuamente toda la progresión de presentar esta pauta secuencial. Recuerden que hay grandes *Momentos de Encuentro*, con mayúsculas, y pequeños momentos de encuentro.

No hay razón para imaginar que cada paso de la progresión (es decir, cada movida relacional individual) necesita convertirse en un momento presente, con su requerimiento de algún tipo de consciencia, y ser recordado por sí mismo. La progresión no reside en ninguna de las movidas, sino en los cambios secuenciales.

¿Cómo podemos captar el sentido de una progresión que viene de muchas movidas ya pasadas y comprimirla en un único momento presente? ¿Cómo hacemos eso mientras seguimos insistiendo en que la experiencia subjetiva ocurre solo en el presente? Surge el mismo problema cuando escuchamos música. Solo se puede escuchar la parte de la música que está sonando ahora. Las frases precedentes se han deslizado al pasado, pero siguen actuando.

¿Cómo una cadena de eventos, mientras están ocurriendo, se agrupan para constituir una unidad mayor? La parte difícil es el "mientras están ocurriendo". Aquí resulta útil la noción de presentaciones multitemporales. El primer momento en la secuencia (que acaba de pasar) y el segundo momento (que ocurre ahora) forman una presentación multitemporal cuando son agrupados. Asumimos que el primer momento (previo) se reactiva y presenta a partir de la memoria de trabajo debido a su semejanza (repeticiones y variaciones de) y proximidad con el segundo momento. El momento que ocurre en el presente actúa como el contexto recordatorio para evocar el momento que acaba de pasar. Esto es inevitable, porque si el presente ha de ser evaluado por su novedad, tiene que ser comparado con aquello que es familiar, lo cual reside en el pasado.

Con cada momento presente sucesivo, la presentación multitemporal cambia. La presentación constituida por los momentos N° 1 y N° 2 se suma al momento N° 3, formando una presentación multitemporal que combina los tres momentos (experiencias). Y así sucesivamente. Con cada adición a la secuencia, la cambiante presentación multitemporal avanza como una sucesión de acordes musicales en que toda la progresión se detiene y se siente en el último acorde, el cual contiene la historia de su propia evolución. Así, el último momento presente de la secuencia incluye el sentido de la progresión, y el pasado cercano constituido por pautas cambiantes es traído al momento presente.

Este tipo de fase previa a un evento final que comprende el proceso secuencial se asemeja al modelo de valoración afectiva propuesto por Scherer (2001). En este modelo, un evento que produce un afecto atraviesa una rápida sucesión de evaluaciones o chequeos, cada uno de los cuales dura fracciones de segundo (y se lleva a cabo en un orden secuencial fijo: primero, comprobación de la novedad (¿el evento es novedoso?); segundo, verificación de la acción (¿habrá que acercarse o alejarse?); tercero, examen hedónico (¿es placentero o desagradable?); cuarto, comprobación cognitiva/perceptual (¿de qué se trata?); quinto, evaluación del afrontamiento (¿puedo lidiar con ello?); y sexto, examen moral (¿el mecanismo de afrontamiento es moralmente aceptable?). La calidad y tipo de afecto que finalmente surge y se siente es resultado de todas estas evaluaciones tomadas en conjunto, lo que le da su esencia particular. Es como una sucesión de presentaciones multitemporales superpuestas, en que solo la última ingresa al darse cuenta –como el último acorde en la secuencia, como el último momento presente en la serie de progresiones. Las progresiones relacionales son muy bien creadas en la danza, la música y las terapias de movimiento, donde la agenda implícita suele estar en el primer plano.

¿Por qué o cómo concluyen o se detienen las progresiones relacionales, formando una unidad? Este es un punto clínico clave. El darse cuenta de una progresión relacional irrumpe en la consciencia como una cualidad emergente. Se produce algo así: las diferencias o direccionalidad inherentes a la progresión de presentaciones multitemporales permanecen en segundo plano. Estas diferencias (en donde reside la progresión) se siguen trabajando, fuera del darse cuenta, hasta que la progresión relacional está "lista" para emerger a la consciencia. En ese instante se reúne y surge en un nuevo momento presente y se capta la pauta en progresión. Gran parte del trabajo preliminar ya está hecho.

En el mismo momento en que la progresión alcanza un punto de suficiente compleción, tanto el paciente como el terapeuta se dan cuenta de ello, así como se dan cuenta de que el otro también se ha dado cuenta. El momento se vuelve compartido y entra a la consciencia intersubjetiva. Así, los tres últimos momentos del ejemplo anterior (la variación 4, la respuesta del terapeuta y el "Claro" y el "Sí" juntos) entran intersubjetivamente a la consciencia. Esto hace que estos momentos sean más útiles desde un punto de vista terapéutico. Se ha encerrado una unidad mayor con un pasado sentido. Se mantiene el requisito de que todas las experiencias subjetivas ocurran solo ahora, en el presente, mientras explica la impresión de crear sobre el tiempo pasado.

La memoria de trabajo es un mecanismo necesario para este tipo de evolución de las presentaciones multitemporales. Los momentos separados que constituyen la secuencia han salido del presente sentido cuando llega el siguiente momento en la secuencia. Ya no son parte de la "cola del cometa". Se han deslizado al pasado discontinuo. La memoria de trabajo sirve para mantener estos momentos pasados en un estado de activación, de modo que puedan ser evocados y experimentados como superpuestos o contiguos al momento presente. Aquí las numerosas repeticiones y variaciones que constituyen una sesión de terapia adquieren una función. La memoria de trabajo permanece activada a través del ensayo. Si se ensaya, algo puede guardarse en la memoria a corto plazo mucho más allá de su límite habitual de varios segundos. Un tipo de ensayo (en forma de variaciones) es exactamente lo que vemos en las secuencias de momentos que constituyen una sesión de terapia. Ya que los momentos son relativamente de corta duración (segundos) y suelen tener pausas entremedio, una repetición o nueva variación aparece dentro de los límites de la memoria a corto plazo y prepara constantemente la memoria para mantenerla activada. Así, los (diversos) trozos esenciales de la secuencia pueden ser guardados en la memoria y finalmente volverse contemporáneos de acontecimientos actuales, permitiendo las presentaciones multitemporales en que se siente la progresión.

Cabe señalar que las presentaciones multitemporales se tratan principalmente en el ámbito implícito. Incluyen procesos no lineales y no causales y tienen una relación más estrecha con la metáfora como modo fundamental de cognición.

Hay muchos tipos de progresiones relacionales, cada uno de los cuales describe un pasado sentido diferente. Para completar la idea general, solo agregaré un par de ejemplos más.

El impulso emocional es otra progresión en que el pasado es la pauta de una secuencia sentida en el presente. Es una conocida manera-de-estar-con-alguien, una técnica de retórica, una táctica de diplomacia emocional y una forma de convencerse de algo.

El Dr. Seuss, autor de libros infantiles, dio un excelente ejemplo. Juan Ramón (*Sam-I-Am* en la versión original) es el personaje principal de *Huevos verdes con jamón* (1960). Se le pregunta insistentemente si comería huevos verdes con jamón. La pregunta y sus respuestas negativas se vuelven cada vez más absurdas, deliciosas y convincentes debido al peso mismo de su repetición y la progresiva acumulación de nuevas formas de decir "¡No!". Frente a la pregunta de si le gustan los huevos verdes con jamón, Juan Ramón contesta: "No, no me gustarían en un caserón. / No me gustarían con un ratón. / No, no me gustarían aquí, allá o más allá. / Pues no me gustan nada los huevos verdes con jamón. / No, no me gustan nada, Juan Ramón". Luego se le pregunta si los comería en un cajón con un zorro. Responde: "No los quiero en un cajón con un zorro en un rincón. / Tampoco en un caserón y menos con un ratón. / No los como aquí ni allá... aquí, allá o más allá. / No como huevos verdes con jamón. / Pues no me gustan nada, Juan Ramón"). Y así sucesivamente, con graciosas variaciones y repeticiones. ¿Qué está progresando aquí? Además del deleite y placer, la convicción emocional de Juan Ramón está creciendo y ganando impulso. Esto se ve aumentado porque luego de cada serie de negativas, añade "Juan Ramón", como si su identidad estuviera firmemente atada a su negativa a comer huevos verdes con jamón. Esto da un creciente impulso a sus reafirmaciones. (Al final se come los huevos y le encantan).

Este es otro ejemplo de un tipo de pauta acumulativa que se arrastra en sucesivos momentos presentes. Ya vimos este patrón en el diálogo de Mariah y su terapeuta (Capítulo 9), donde la acción principal está en la fluctuación del tono afectivo. Finalmente, Mariah también "se come los huevos verdes con jamón".

La sensación de un estallido de posibilidades es otro ejemplo de una progresión relacional que contiene un distinto pasado sentido en el presente. Una invención musical es un buen ejemplo. Habitualmente se define como una composición breve que desarrolla un solo tema (por lo general, en un contrapunto doble como en las invenciones para piano de Bach). Un ejemplo más complejo podría ser el ballet *Danzas en una reunión*, de Jerome Robbins, donde no hay una trama específica, pero sí muchas variaciones de las formas en que las personas pueden moverse y estar juntas de a dos, tres, cuatro u ocho, ejecutando lo que parecen ser ilimitadas variaciones que siguen sorprendiendo. Cada momento sucesivo conlleva una sensación de los momentos pasados. Pero, ¿cuál es el tema en tales obras? Cada variación produce asombro. Y cuando termina, uno queda encantado y satisfecho. La secuencia de variaciones crea la experiencia de múltiples posibilidades en expansión. Y la apertura de cada una crea una sensación de sorpresa y asombro. El flujo de variaciones reaviva constantemente nuestro interés en las infinitas posibilidades que existen en el mundo. ¿Ese es un tema o un significado? Salimos de la función sintiéndonos más grandes, más abiertos, más conscientes de las posibilidades en nuestra propia vida.

Esto también puede ocurrir en la psicoterapia en tramos cortos, por ejemplo, cuando el paciente entiende que puede decir cualquier cosa que piense o quiera decir. Súbitamente, todas las vías de exploración se abren como potenciales caminos a seguir. Este es un momento presente cargado afectivamente. El contenido específico de cada posible camino a seguir no es tan importante como la sensación de aún inimaginables posibilidades por explorar. Se ha captado una actitud –una actitud que es extremadamente valiosa en psicoterapia. Los pacientes continúan redescubriéndola en el curso de la terapia.

Más allá de la terapia, el estar con ciertas personas puede dar esta impresión de un estallido de posibilidades. Se tiene la sensación de que uno podría hablar sobre cualquier cosa con ellas, que los temas cambian inexplicablemente y son inagotables. Esta situación es un poderoso modo-de-estar-juntos, en especial cuando hay un reconocimiento mutuo de este estado de cosas diádico.

El pasado temporalmente desanclado

La aparición de ciertos recuerdos traumáticos disociados puede representar una cuarta combinación fenoménica de pasado y presente. Cuando estos recuerdos irrumpen en la escena, no se experimentan como un pasado sentido ni como que vinieran del pasado. Tampoco ocurren en un presente ambiental sentido habitado por un sí mismo que está existencialmente situado en el presente. Los aspectos relevantes del sí mismo están en suspenso. Estas experiencias "sencillamente son". Están temporalmente desancladas. Por lo general, los recuerdos que surgen de la memoria de trabajo parecen entrar a la sala del presente y sentarse en sus sillas asignadas. Los recuerdos episódicos evocados o los recuerdos no reprimidos pueden irrumpir en la sala del presente desorientados por completo y moverse ruidosamente antes de calmarse. Sin embargo, en ambos casos, hay un pasado sentido que habita un presente sentido separadamente. Eso no ocurre con algunos recuerdos traumáticos evocados. Ellos aniquilan el presente y el pasado sentidos. Esta es una situación extrema de estar temporalmente desanclado.

En resumen, he intentado demostrar que el momento presente puede mantener el pasado a su pequeño alcance y que el pasado solo está "vivo" cuando sube al escenario del momento presente. El pasado desempeña un papel permanente al influir en lo que experimentamos segundo a segundo. Y el momento presente reordena constantemente nuestros recuerdos del pasado. El momento presente y el pasado son padre e hijo entre sí. Esto es así independientemente de que el pasado sea inconsciente, no consciente o consciente. En el diálogo entre el pasado y el presente, no es necesario abandonar la psicodinámica. Sin embargo, el tradicional dominio del pasado sobre el presente se atenúa. Pasado y presente se convierten en socios iguales. Tal vez lo más importante desde el punto de vista terapéutico es que uno empiece a ver cómo la experiencia del momento presente puede reescribir el pasado.

Capítulo 13. El Cambio Terapéutico: Resumen e Implicancias Clínicas Generales

Ahora tenemos todas las piezas en su lugar. Contamos con una unidad procesal de la experiencia subjetiva: el momento presente. Este tiene una duración y una arquitectura temporal que le permiten dividir y dar sentido a la experiencia mientras está ocurriendo. Esto deriva en la experiencia de estar en una historia vivida conforme evoluciona. La historia vivida tiene un principio, un final, puntos culminantes afectivos, una trama primitiva, intenciones implícitas y, lo más importante, una duración con un contorno temporal a lo largo de la cual se forma la experiencia durante su despliegue. Esta es su dinámica temporal. En resumen, el momento presente se vive directamente en tiempo real. Se pasa por él en la realidad mientras está ocurriendo. Es una experiencia temporal directa. No es una experiencia distanciada por el lenguaje o doblemente distanciada por la abstracción, la explicación o la narrativización. Es crucial que se forme en tiempo real.

Una sesión de terapia (o cualquier diálogo íntimo) consta de una serie de momentos presentes que son impulsados por el deseo de contacto intersubjetivo y una ampliación del campo intersubjetivo compartido. La intersubjetividad es un motivo primordial en este movimiento. A medida que la díada avanza, uniendo momentos presentes, una nueva forma de-estar-con-el-otro puede surgir en cualquier paso del camino. Estas nuevas experiencias entran al darse cuenta, pero no necesitan ingresar a la consciencia todo el tiempo. Se añaden al ámbito del conocimiento implícito. Este tipo de cambio ocurre en el nivel local. Estos momentos, que duran solo algunos segundos, se acumulan y probablemente explican gran parte del cambio terapéutico incremental que es lento, progresivo y silencioso.

Con menor frecuencia, y de manera más sensacional y menos silenciosa, estas movidas relacionales pueden preparar el camino para que surja un momento presente especial: el *momento ahora.* Esta es una cualidad emergente del proceso de ir avanzando, un proceso imprevisible, desprolijo, dinámico y cocreado –un ambiente ideal para la irrupción de cualidades emergentes. Estos momentos presentes especiales, cuando surgen en forma repentina, amenazan el *statu quo* de la relación y desafían el campo intersubjetivo tal como ha sido aceptado mutuamente hasta entonces. Estos son momentos de *kairós.* Ponen a prueba al terapeuta y la terapia. Preparan el escenario para una crisis que requiere algún tipo de resolución.

La resolución ocurre en un momento presente especial diferente llamado *momento de encuentro.* Cuando es exitoso, el momento de encuentro es una respuesta auténtica y ajustada a la crisis creada por el momento ahora. Es un momento que reorganiza implícitamente el campo intersubjetivo, de modo que se vuelve más coherente y ambas personas perciben una apertura de la relación, lo cual les permite explorar juntas, implícita o explícitamente, nuevas áreas. El momento de encuentro no necesita ser verbalizado para generar cambios. Un momento ahora seguido por un momento de encuentro es el evento nodal que puede cambiar dramáticamente una relación o el curso de una terapia.

Debido a su carga afectiva e importancia para el futuro inmediato, el momento ahora y el momento de encuentro focalizan a los participantes en la presentidad del momento que viven ahora. Ambos experimentan el despliegue de un trozo de realidad. Leen en el comportamiento del otro un reflejo de su propia vivencia. Esto ofrece una forma de reingreso a través de la mente de un otro, de manera que la experiencia se vuelve *intersubjetivamente consciente.* Esto abre la puerta para que la vivencia sea verbalizada y narrada y se convierta en un punto de referencia fundamental en la historia narrativa del tratamiento.

Ahora surge la cuestión del mecanismo de cambio. He aquí la razón por la cual pongo el acento en la experiencia y no en el significado: mi supuesto básico es que las experiencias originales se fijan (inscriben en la memoria y en los circuitos neuronales) en una forma que mantiene el flujo en-tiempo-real de su despliegue. También son un registro temporal. Asumo que estos recuerdos formativos tienen que estar basados en el tiempo tal como la vida cuando se vive de manera subjetiva. Por eso a lo largo de este libro se ha hecho hincapié en la dinámica temporal.

Si pretendemos cambiar las experiencias pasadas, deben ser reescritas o reemplazadas por una nueva experiencia temporal que ocurra en el mismo marco de tiempo. La reescritura también debe ser vivida con su propia dinámica temporal. En contraste, el contenido del lenguaje y la narrativa es una experiencia abstraída. Está distanciada de la experiencia directa y provoca un cortocircuito en su flujo temporal. Tiene una dinámica temporal diferente de la experiencia directa. Pero solo puede reescribir el pasado explícito, no el pasado vivenciado implícito.

Uno no puede cambiar sin modificar el pasado funcional, es decir, el pasado que está activado e influyendo ahora en el comportamiento presente. El momento presente es un "contexto recordatorio presente" que selecciona cuáles trozos del pasado serán activados y traídos al presente, y además cómo serán ensamblados para tratar de la mejor forma la situación presente e influir en ella.

El momento presente cambia de dos maneras el pasado funcional (no el pasado histórico como lo observa desde afuera una tercera persona). En primer lugar, en la medida en que el momento presente actual sea una nueva experiencia que surja en el proceso de ir avanzando, actuará como un nuevo *contexto recordatorio presente*. Como tal, para crear un nuevo pasado funcional que influya en el presente, seleccionará y ensamblará trozos del pasado nunca antes vistos o menos utilizados. El antiguo pasado funcional no es reensamblado ni traído al presente. Se pasa por alto y el nuevo pasado funcional está listo para actuar sobre el futuro. Este proceso debe repetirse una y otra vez para fortalecer la selección del nuevo pasado funcional específico y su base neuronal. Por eso esta modalidad de cambio es lenta, progresiva y silenciosa. El pasado es, por así decirlo, reemplazado al ser reensamblado de un modo distinto.

La segunda manera en que el momento presente cambia el pasado funcional es reescribiéndolo y borrando el antiguo registro en el curso de una sola experiencia. Aquí vuelvo a subrayar que los momentos presentes son experiencias reales vividas en tiempo real. Cabe recordar la evidencia (p.ej., el repertorio olfativo de los conejos) de que una nueva experiencia puede reescribir los circuitos neuronales y la expresión fenoménica de una experiencia previamente escrita y recordada. De nuevo, la noción clave es un evento real en tiempo real con una dinámica temporal: una historia vivida que se reescribe al escribir encima de la antigua.

No olvidemos que la experiencia contenida en los momentos presentes ocurre en paralelo al intercambio de lenguaje durante una sesión. Ambos se apoyan e influyen mutuamente por turnos. No estoy tratando de aminorar la importancia del lenguaje y lo explícito a favor de la experiencia implícita. Pretendo llamar la atención sobre la experiencia directa e implícita, ya que ha sido relativamente descuidada.

Al enfatizar la experiencia implícita más que el contenido explícito, los objetivos terapéuticos apuntan más a profundizar y enriquecer la experiencia, y menos a comprender su significado.

Implicancias clínicas generales

El objetivo de este libro no ha sido desarrollar un nuevo enfoque clínico, sino más bien sugerir una visión diferente del proceso clínico cuando se observa en el nivel local, momentáneo. No obstante, existen algunas implicancias para la teoría y la práctica. Aún está por verse hacia dónde conducirán. En mi experiencia, y en la de los clínicos del Boston CPSG, esta visión ha modificado nuestra sensibilidad clínica de maneras difíciles de precisar. Sin embargo, he aquí algunas de ellas.

Cuando nos enfocamos en el nivel local compuesto por momentos presentes, surge una sensibilidad clínica diferente. Uno se vuelve más consciente de pequeños eventos, en especial no verbales e implícitos. Estos también ocurren en forma de actos del habla. Rodean y acompañan aquello acerca de lo cual se está hablando. Constituyen la agenda implícita paralela. El observador/oyente debe estar atento simultáneamente al contenido verbal explícito y la experiencia implícita. Pero es difícil seguir ambas cosas por igual si uno no cree que puedan tener el mismo valor en el tratamiento. Y muchos enfoques no lo creen. Sin embargo, cuando se da igual importancia a ambas, resulta tan razonable y fructífero intervenir sobre una pequeña conducta implícita como sobre una verbalización. Y la intervención puede ser tanto en el ámbito implícito como explícito. Esto aumenta enormemente la gama de oportunidades terapéuticas.

Cuando se piensa que el flujo de una sesión es impulsado por el deseo de regular y ampliar el campo intersubjetivo, algunos eventos pasan más a un segundo plano, en particular la búsqueda de significado explícito (al menos por un tiempo). Otros eventos hasta ahora menos atendidos saltan al primer plano, tal como la dirección en que se conduce el campo intersubjetivo. Estratégicamente, al principio suele ser más importante seguir el movimiento del campo intersubjetivo hacia un lugar que permita abrir la agenda explícita, antes que focalizarse en la producción de material explícito en el camino. El énfasis cambia temporalmente desde el contenido intrapsíquico a la regulación intersubjetiva. Cabe recordar el caso de Mariah y la cantidad de tiempo necesaria para crear el campo intersubjetivo apropiado antes de que siquiera pudiera aparecer algún contenido explícito. Hubiera sido fácil enfocarse en su negatividad y agresividad al ir avanzando, más que en su trabajo hacia un punto de partida intersubjetivo aceptable para hablar sobre lo que más le preocupaba.

Lo mismo se aplica a las progresiones de momentos presentes. Es probable que la acción clínica apunte a la formación secuencial del campo intersubjetivo, así como, o incluso más que, al desarrollo del contenido explícito.

Asimismo, las movidas de transferencia-contratransferencia están subordinadas a la regulación más global de la relación terapéutica, en particular sus aspectos intersubjetivos. No todos los actos para definir o modificar la naturaleza de la relación terapéutica son principalmente transferenciales o defensivos.

Esto plantea una cuestión más amplia. El punto de vista desarrollado aquí sugiere que durante la sesión es aconsejable mantener a mayor distancia la teoría, de modo que la relación inmediata pueda ser vivida en forma más plena. ¿Cuándo debieran hacerse o posponerse las interpretaciones para permanecer dentro del proceso diádico cocreado y esperar hasta que haya avanzado más? Esta es una pregunta de buen *timing* (momento oportuno), la cual se aborda en las técnicas tradicionales. Sin embargo, en la práctica, una interpretación generalmente se concibe y emplea como una hipótesis cuya verdad y valor heurístico deben ser comprobados por el paciente y el terapeuta. Todo eso está muy bien, pero agrega una poderosa influencia direccional al flujo del proceso de ir avanzando, una influencia que viene principalmente desde afuera del proceso diádico inmediato y surge de la teoría y la metapsicología que residen solo en la mente del terapeuta. La interpretación-como-hipótesis impulsa el proceso terapéutico a una relación más asimétrica con respecto a la cocreación. También establece una dirección que no era necesariamente lo que ocurría en ese momento en el proceso. Durante y justo después de la interpretación, el terapeuta pisa un terreno muy distinto al del paciente. Deben renegociar la distancia entre ellos mientras negocian el valor de la interpretación-como-hipótesis. Sin embargo, las interpretaciones se deben hacer cuando se estime necesario. La única solución a este dilema es tratarlas como desprolijidad potencial y como una hipótesis razonada (posiblemente cierta).

Tengo la impresión de que en ciertas escuelas terapéuticas se dan interpretaciones con demasiada prontitud y frecuencia. Parecen forzar la dirección del proceso diádico según criterios teóricos, dejando sin explorar los particulares lineamientos intrínsecos del paciente.

La atención al flujo implícito de la sesión tiene implicancias para la visualización y enfoque de la desprolijidad, imprevisibilidad y espontaneidad del proceso terapéutico. Si uno acepta que la desprolijidad no solo es necesaria sino que potencialmente creativa, y que no está forzosamente determinada en términos psicodinámicos, sino que es inherente al proceso de ir avanzando, uno la aborda de otro modo. Primero, no tiene que ser tratada como la irrupción de material inconsciente, como un *lapsus linguae* o una malinterpretación o malentendido defensivo, al menos no de inmediato. La pregunta clínica no es por qué se produjo ese malentendido, sino hacia dónde puede llevarnos, ahora, que sea interesante. Segundo, el terapeuta siempre puede retroceder después y tomar los aspectos psicodinámicos si siguen pareciendo relevantes. En general, no lo son. En otras palabras, el análisis de las defensas viene en segundo lugar. Pero esto solo ocurrirá cuando se reconozca a cabalidad el alcance y potencial creatividad de la desprolijidad e imprevisibilidad.

Otra implicancia se refiere a los momentos ahora, que conllevan un doble peligro. Si no se responde a ellos y se los redirige hacia otro objetivo, rápidamente pueden conducir a un *acting in* mayor y más disruptivo. Además, pueden provocar angustia en el terapeuta, quien responde escondiéndose detrás de la técnica, lo cual impide que el momento ahora sea fructífero. La aceptación del momento ahora no solo como un evento normal en la terapia sino también como una excepcional oportunidad creativa, cambia el umbral del terapeuta para este tipo de angustia. Esto le permite tolerar la situación con suficiente calma como para ser más auténtico y encontrar una respuesta que se ajuste a la situación específica y lleve el sello personal del terapeuta. Todos los integrantes del Boston CPSG han advertido este cambio en sí mismos.

Por último, en varias partes he enfatizado que el enfoque adoptado aquí se centra en la experiencia más que en el significado cognitivo. Nuevamente recurro a la experiencia de la música (aunque podría ser cualquiera de las artes) para explorar más esta distinción. Uno puede escuchar y deconstruir la música, generando una comprensión explícita de cómo está construida. Esto requiere algo de entrenamiento. La mayoría de las veces no hacemos eso. Más bien, al escucharla reiteradamente, llegamos a experimentarla de manera más profunda. Se enriquece. Aspectos diferentes nos interesan, sorprenden y deleitan en ocasiones posteriores. Uno la "conoce" mejor, en el sentido de que se enriquece la experiencia. Ocurre algo similar cuando paciente y terapeuta trabajan juntos. Es vital la distinción entre comprensión cognitiva de la experiencia y enriquecimiento de la experiencia.

Desde luego, tiene que haber una búsqueda de significado, de modo que se pueda construir una comprensión psicodinámica y crear una narrativa de vida. Para esto, es de suma importancia un relato verbal explícito de la experiencia del paciente. Pero también tiene que haber un proceso de apreciar de manera más profunda la experiencia del paciente, sentir su experiencia y compartirla con él para que se produzca un enriquecimiento de quién es, cómo es ser él y cómo es estar-con-él. El flujo del ir avanzando en la sesión, los momentos presentes compartidos intersubjetivamente y los conocimientos implícitos son fundamentales para este enriquecimiento de la experiencia de un otro.

Las distinciones entre implícito/explícito, no verbal/verbal, apreciar/comprender y experiencia/significado se pueden resumir en función de su papel en el cambio terapéutico. En las terapias conversacionales, el trabajo de interpretar, generar significados y narrativizar se puede considerar un conveniente vehículo casi inespecífico por medio del cual el paciente y el terapeuta "hacen algo juntos". El hacer-juntos es lo que enriquece la experiencia y modifica las formas-de-estar-con-otros a través de los procesos implícitos analizados. Asimismo, se puede considerar que la generación verbal de significados y la narrativización como formas de explicar también producen cambio terapéutico. Aquí, el hacer-juntos implícito y el conocimiento implícito modificado enmarcan el flujo de la comprensión explícita y lo aseguran en casa.

Ambas cosas son necesarias. Pero cada una requiere de un modelo descriptivo y explicativo diferente. Me he concentrado en lo implícito y vivencial porque es un territorio menos explorado. Para hacerlo, he tenido que observar el proceso terapéutico desde la perspectiva del momento presente.

❖ ❖ ❖

Apéndice.
La Entrevista Microanalítica

Introducción: ¿qué es lo que se está estudiando?

Es importante tener claro qué aspecto de la consciencia se está estudiando. Aunque este libro se ha centrado principalmente en la experiencia tal como es vivida, la exploración de la entrevista microanalítica es un experimento piloto que consiste en relatar después-del-hecho qué se vivió conscientemente. Entonces, la materia de estudio es un tipo especial de narrativa acerca de la experiencia consciente. Sin embargo, es una narrativa especial. Se basa en una técnica de entrevista que construye el reporte narrativo a partir de múltiples relatos sobre el mismo material, donde cada narración puede "corregir", añadir a, restar a o enriquecer los relatos previos; donde los eventos contados son de corta duración, rara vez más de 1 minuto; donde la entrevista es *microanalítica* en el sentido de que el acontecimiento, sentimiento, pensamiento o acción recordado más pequeño se explora hasta agotar el contenido recordado; donde el investigador y el sujeto coconstruyen el relato; donde todos los elementos narrados se grafican según las dimensiones de tiempo (estimado) e intensidad (evaluada subjetivamente).

El resultado es un solo relato de una narrativa enfocada microanalíticamente, estratificada y coconstruida, que en principio denominaré *narrativa compuesta*. Esta no es la experiencia vivida ni una narrativa normalmente construida, que se esboza rápido en la mente más o menos a medida que se cuenta y por lo general se relata solo una vez o periódicamente. Aun cuando un reporte narrativo normal se basa en una experiencia consciente original, también es en sí un dato fundamental en el sentido de que así habitualmente dimensionamos nuestros pensamientos o pensamos y hablamos sobre nuestras experiencias. Es probable que la narrativa compuesta esté en algún lugar entre la experiencia vivida y una narrativa normal. Es un producto más artificial, experimental.

Entonces, ¿por qué se justifica y posiblemente reviste interés este nivel de análisis? Es un intento de aproximarse a una objetivación de la experiencia subjetiva vivida. Los estudios de la consciencia están en una etapa donde se hace necesario un diálogo entre diferentes niveles de descripción. El presente informe pretende desarrollar otro nivel de descripción para unirse al diálogo. Muchos autores (citados en otras partes de este libro) han sugerido ampliamente la necesidad de tal diálogo.

La idea tras la entrevista microanalítica provino de la experiencia con el microanálisis de interacciones padre/madre-hijo utilizando películas y videos como un microscopio para entender más a fondo su funcionamiento. Las resultantes descripciones al micronivel de fracciones de segundo fueron fascinantes y muy útiles para conceptualizar y abordar la relación padre/madre-hijo (ver citas en otras partes de este libro). Sin embargo, no se exploró su realidad fenoménica.

Supongo que la narrativa compuesta, que es análoga al microanálisis de la conducta, nos acercará a la experiencia vivida y, por lo tanto, aportará nuevas percepciones e ideas. Teniendo esto en cuenta, se presentan el método y los resultados.

Metodología

La población

La entrevista se ha aplicado a estudiantes, colegas y amigos. Al principio, hace una década, se realizaron doce entrevistas. Las utilicé para establecer el método. No incluiremos aquí los resultados de esas entrevistas, pues no fueron cuantificados en una forma estandarizada.

Con la ayuda de varios de mis ayudantes de investigación de la Universidad de Ginebra (Philip Santos, Janine de Haller y Pierre Scheidegger), entrevisté a un segundo grupo de seis sujetos. Santos (2000) describe y analiza en detalle el método y los resultados cuantitativos de este segundo grupo, resumidos aquí. Un sujeto fue descartado porque no pudo mantener la distinción entre aquello sobre lo cual uno se da cuenta y aquello sobre lo cual uno está plenamente consciente. Luego de concluir el segundo experimento, reuní un tercer grupo de cinco sujetos. El objetivo fue aclarar y perfeccionar algunos aspectos de la entrevista. Se reportaron cuantitativamente, con los mismos métodos, ocho casos en total.

No se evaluó la agudeza o la facilidad narrativa de los sujetos. Baste decir que aun cuando todos los sujetos tenían aproximadamente el mismo nivel educacional y de inteligencia, había grandes diferencias en la agudeza y la facilidad narrativa. No dispongo de datos sobre variaciones según cultura, edad, género o tipo de psicopatología, aunque sería interesante.

El tema de las entrevistas

Todas las entrevistas reportadas tenían un solo tema general: ¿qué experimentaste conscientemente esa mañana a la hora del desayuno? (de ahí el nombre original: "la entrevista del desayuno"). Se eligió el desayuno porque podíamos contar con que eso había acontecido en la mañana justo antes de la entrevista. En otras palabras, era una experiencia reciente constante, suficientemente automática (es decir, la mente tenía mayor libertad para divagar) y que en general no contenía eventos emocionales que requirieran demasiada censura. Esta última razón resultó ser menos verdadera de lo previsto. Los sujetos escogieron cuál segmento del desayuno explorar. Se desconocía la base de esta elección, lo cual dejó la puerta abierta para seleccionar en base a factores psicodinámicos, facilidad narrativa, carga emocional, etc.

También he realizado esta entrevista donde el tema era la experiencia más cargada afectivamente que el sujeto había tenido durante la última semana. Así surge un cuadro ligeramente diferente. Sin embargo, aquí no haré comentarios al respecto.

El procedimiento

Instrucciones generales

Se citó a nuestro laboratorio a las 10 am a voluntarios que no sabían nada acerca de nuestra investigación. Solo se les dijo que estábamos realizando un estudio sobre la experiencia de la consciencia y que les explicaríamos más al finalizar la investigación. Luego se preguntó: "Cuéntame qué experimentaste conscientemente esta mañana durante el desayuno". Revisé la diferencia entre lo que lógicamente sabían que debería haber ocurrido (algo que en general es bastante automático y no consciente) y aquello sobre lo cual estaban claramente conscientes. También se les pidió informarme acerca de trozos de la experiencia que no quisieran contarnos, de modo que yo sabía que habría huecos en su relato.

Es importante preguntar qué *experimentaron* –no qué *ocurrió* (lo que lleva a relatar acciones o eventos), qué *pensaron*, qué *sintieron*, ni nada que los conduzca a favorecer cualquier modalidad o tipo de experiencia. Estas preguntas específicas en cuanto a modalidad vienen después.

Escoger un segmento y sus límites

La primera tarea es establecer el segmento de la experiencia del desayuno que se explorará. El segmento no puede durar más de 30 a 90 segundos, debido a las limitaciones de tiempo de un examen intensivo. El segmento debiera ser continuo, en tiempo real, aun cuando conste de varios trozos distintos de consciencia.

El segmento se escoge de la siguiente manera. Primero, el sujeto relata la narrativa de toda la experiencia del desayuno. Invariablemente, esto es un breve resumen sin mayor interés. Después se le pide que elija cualquier parte del todo que tenga un principio y un final claros. Luego escoge los acontecimientos claramente definidos (en su mente) que servirán de límites.

Analizar (diseccionar) el segmento

El sujeto divide el segmento (ver ejemplo del Capítulo 1). El primer análisis ocurre a nivel del *episodio de la consciencia.* El episodio es un tramo de consciencia continua rodeado de periodos de no consciencia, o *huecos no-CS.* El segundo análisis divide los episodios continuos de la consciencia en momentos presentes[20].

Algunos episodios de la consciencia contienen solo un momento presente, en cuyo caso los principales indicadores de límites para ese

---

[20] En el trabajo de Santos (2000), lo que yo llamo *episodios de la consciencia* y *momentos presentes*, se denomina "momentos presentes" y "tomas", respectivamente.

momento presente también son huecos no-CS que rodean el momento presente. Con mayor frecuencia, cada episodio de la consciencia contiene varios momentos presentes que son temporalmente adyacentes entre sí. En este caso, los límites entre momentos presentes adyacentes consisten en cambios perceptibles en la experiencia. Estos cambios generalmente implican un cambio de lugar, acción, personajes, tiempo, actitud del narrador respecto a la experiencia, o cualquier combinación de estos. Uno termina con el siguiente análisis:

Segmento escogido para ser narrado

hueco — episodio de la consciencia — hueco — episodio de la consciencia — hueco

(momento presente N° 1) (momento presente N° 2) (etc.)

Se presta constante atención a la distinción entre cosas que deberían haber ocurrido y cosas que claramente entraron en la consciencia. La pregunta se plantea al sujeto una y otra vez.

Graficar por primera vez el segmento analizado

Al sujeto se le enseña a graficar su experiencia en dos dimensiones: tiempo estimado de duración (en segundos o fracciones de segundo) e intensidad subjetiva (1 a 10). (Ver Figura 1.1, Capítulo 1). Los elementos graficados de la experiencia se dibujan como líneas, curvas o contornos. La abscisa del gráfico es el tiempo y la ordenada es la intensidad de la experiencia. El primer gráfico es muy general y aproximado. Es un bosquejo de trabajo.

Pasadas múltiples por la experiencia para componer la narrativa compuesta

Luego, para una mayor exploración, se elige cualquiera de los elementos de la experiencia dentro de un momento presente. Por ejemplo, si el primer elemento escogido son los afectos, se pregunta al sujeto qué sintió exactamente y se le pide que dibuje en el gráfico su tiempo-intensidad-forma. Esa es la primera pasada. En la segunda, se agregan al gráfico los pensamientos del sujeto. En las siguientes, se añaden separadamente en secuencia las acciones, recuerdos, posturas o cambios posturales, gestos, imágenes, fantasías, sentimientos, etc.

Cada vez que se realiza una nueva pasada y se agregan nuevos elementos, usualmente es necesario hacer correcciones en las pasadas previas, lo cual puede modificar el gráfico completo, incluyendo su análisis o temporización o la forma de las curvas dibujadas anteriormente. El orden de las preguntas sobre distintos elementos (p.ej., pensamientos o afectos) es variable y por lo general se basa en su aparente importancia. Uno termina con un gráfico que se asemeja a una peculiar partitura de una sinfonía. Luego esto se comprime en un gráfico compuesto.

Chequeo final de la consciencia

Después que se han realizado todas las pasadas y añadido las modificaciones progresivas, se pide al sujeto que escoja el momento exacto en que un elemento se hizo consciente y engruese su curva en ese punto. Esto es necesario porque muchos actos físicos y mentales trazan una larga línea que está vagamente en el darse cuenta, pero que solo salta dentro o fuera de la consciencia en ciertos puntos (ver Figura 1.1).

Estimaciones de duraciones

Una vez que se tiene un gráfico casi terminado, se pide al sujeto que estime en segundos la duración en tiempo real de cada elemento, momento presente y episodio de la consciencia. Muchas de las experiencias se describen como momentáneas o destellos. Se les asigna una duración arbitraria de ¼ de segundo. El tiempo total se calcula de tres modos. Se llega al *tiempo total añadido* sumando las distintas duraciones asignadas a cada uno de los momentos presentes. El *tiempo total global* es la duración estimada de todo el segmento narrado. También se pide al sujeto que escenifique la experiencia en el mismo marco de tiempo en que parecía ocurrir. El tiempo necesario para esta escenificación es el *tiempo total escenificado.*

¿Cuándo termina la entrevista?

Después que se han realizado todas las pasadas, y algunas se hacen más de una vez, se llega a un punto en que el sujeto siente que la entrevista ha reunido toda la información contenida en la experiencia. Se hace una última prueba de verosimilitud. Se pregunta al sujeto si el gráfico terminado es una representación fiel de cómo fue la experiencia. Si no lo es, se hacen ajustes finales.

Preguntas sobre el estatus fenomenológico de aspectos de la experiencia

Finalizado el gráfico, se plantean tres preguntas. La primera examina el *estatus existencial* de la experiencia durante el momento presente. ¿Se refiere a *objetos de la experiencia* que son reales y presentes, u objetos que son virtuales o ausentes?

La segunda pregunta examina la *ubicación temporal* de la experiencia. ¿Está en el pasado, en el presente o en el futuro, u ocupa un tiempo indeterminado?

La tercera pregunta examina la *actitud* del narrador respecto a la experiencia narrada. ¿El sujeto ve la experiencia a la distancia o está plenamente presente en ella? ¿Es más un espectador o un actor en la experiencia? ¿Está poco concentrado y distraído, o muy enfocado en la experiencia?

Duración de la entrevista

La entrevista completa dura más o menos 1 hora y media.

Los resultados

Estructura temporal de la experiencia consciente en la narrativa compuesta

La unidad más larga es el *segmento de la experiencia escogido para ser narrado.* Utilizando el "tiempo total añadido", el rango fue de 4,5 a 367 segundos, con una media de 91,7 segundos y una mediana de 28,5 segundos (ver Tabla A.1). Aunque este rango es amplio, no influyó mucho en las duraciones de las unidades más breves y básicas.

La siguiente unidad más corta, los *episodios de la consciencia*, fue bastante fácil de identificar para los sujetos, pues estaba rodeada de huecos no-CS. Estos episodios tuvieron una duración con una media de 20,2 segundos y una mediana de 6,6 segundos (ver Tabla A.1). Cabe esperar esta variabilidad, porque el número de momentos presentes por episodio es variable.

Tabla A.1. La estructura temporal de episodios de consciencia y momentos presentes (duración en segundos)

A. Episodios de la consciencia

	Sujetos								
	1	2	3	4	5	A	B	C	promedio
Número	11	3	7	4	6	3	4	1	4,9
Duración media	2,6	8,7	52,4	52	4,5	15	20	4,5	20,2
Duración mediana	2	8	5	8,5	4	9	12	4,5	6,6

B. Momentos presentes

	Sujetos								
	1	2	3	4	5	A	B	C	promedio
Número	29	10	19	14	22	10	16	1	16,4
Duración media	8	2,6	19,3	15,4	1,2	7	16	4,5	9,3
Duración mediana	2,6	3,3	2,7	3,5	3,7	2,9	4,2	4,5	3,4

C. Momentos presentes por episodio de la consciencia

	Sujetos								
	1	2	3	4	5	A	B	C	promedio
Número	2,6	3,3	2 ,7	3,5	3,7	3,3	2,5	1	2,8

D. Tiempo total del segmento elegido para narrar

	Sujetos								
	1	2	3	4	5	A	B	C	promedio
Tiempo añadido	25	26	367	216	27	30	38	4,5	91,7
Tiempo global	35	10	720	210	600	40	50	8	209,1

Las unidades más cortas, los *momentos presentes*, a veces fueron más difíciles de separar e identificar porque los criterios de límites son más sutiles. Hubo en promedio 2,8 momentos presentes por episodio de la consciencia, con un rango de 1 a 3,7 momentos presentes por episodio de la consciencia. Los momentos presentes tuvieron una duración media de 9,3 segundos (dos de ocho fueron mucho más altas que las demás).

Tabla A.2. Naturaleza de los límites entre momentos presentes adyacentes (expresado como porcentaje del total de adyacencias)

	Sujetos 1	2	3	4	5	A	B	C	promedio
Cambio de actitud	100	100	95	100	91	100	94	100	98
Cambio de escenario	100	100	100	100	100	100	100	100	100

Sin embargo, el hallazgo más sorprendente fue que la duración mediana fue más bien constante: 3,4 segundos, con un rango de 2,6 a 4,5 segundos (ver Tabla A.1). Esta duración se habría predicho a partir de los datos presentados en el Capítulo 3 sobre la duración del momento presente en distintos ámbitos.

Naturaleza de los límites entre momentos presentes adyacentes

Debido a que no hay huecos no-CS separando los momentos presentes adyacentes, se utilizan criterios menos obvios. Entre los momentos presentes adyacentes hay un cambio de escenario (lugar, tiempo, personajes o acción) en el 100% de las instancias. Hay un cambio de actitud en el sujeto respecto a la acción en el 98% de las instancias (ver Tabla A.2).

Estatus fenomenológico de las experiencias dentro de un momento presente (aspectos seleccionados)

Se identifican tres aspectos: estatus existencial del objeto de la experiencia, ubicación temporal del objeto de la experiencia y actitud del sujeto respecto al objeto de la experiencia. Los resultados se presentan en la Tabla A.3. En general, apoyan la idea de un momento presente polifónico politemporal que cambia dinámicamente a medida que se desarrolla.

Tabla A.3. Status fenomenológico de la experiencia dentro de un momento presente

A. Estatus existencial de la experiencia en un momento presente (porcentaje)

	Sujetos								
	1	2	3	4	5	A	B	C	promedio
Objeto está presente	51,7	50	57,9	74,1	45,6	49,4	35	100	57,5
Objeto está ausente	44,8	30	36,8	28,6	45,6	50,6	65	0	45,8
Objeto está presente y ausente	6,9	20	21,1	42,8	0	0	10	0	12,6

B. Ubicación temporal del momento presente (porcentaje)
(Puede haber ubicaciones simultáneas)

	Sujetos								
	1	2	3	4	5	A	B	C	promedio
Pasado	6,9	90	10,5	28,6	45,6	33	40	0	31,8
Presente	79,3	10	84,2	78,5	77,3	80	60	100	71,2
Futuro	24,1	20	26,3	35,7	50	10	15	0	24,5
Indeterminado	3,4	10	15,5	2,1	0	5	12,5	0	7,6

C. Rango de actitudes a lo largo de diferentes momentos presentes (rango de 1 a 5)

	Sujetos							
	1	2	3	4	5	A	B	C
A la distancia (1) Plenamente presente (5)	1-5	3-5	1-5	2-5	1-5	2-5	2-5	4
Espectador (1) Actor (5)	2-5	2-5	1-5	1-5	1-5	2-5	2-5	3
Abierto a la distracción (1) Muy enfocado (5)	1-5	2-5	2-5	2-5	1-5	2-5	1-5	4

Discusión

La primera pregunta fundamental es: ¿en qué medida la duración de los eventos en las narrativas compuestas (recordadas, relatadas y coensambladas como un compuesto) corresponde a los eventos como se experimentaron originalmente? Varios autores han sugerido que la duración de los eventos recordados o representados se acerca bastante al tiempo real de los eventos vividos. Por ejemplo, respecto al movimiento físico, Jeannerod (1999) sugirió que la mente representa con precisión el cuerpo en movimiento en el tiempo y el espacio. Sin embargo, puede haber diferencias específicas para cada ámbito en cuanto a la exactitud de este calce, por ejemplo, para afectos comparados con pensamientos, comparados con acciones, etc.

La segunda pregunta fundamental es: ¿qué tipo de validez se puede asignar a estos hallazgos? La más plausible es la validez aparente. Las narrativas compuestas se sienten tal como cuando ocurrieron. Hay una gran verosimilitud con la-vida-como-es-vivida. Esta es una impresión generalizada. A menudo cuando hablo sobre los resultados de la entrevista del desayuno con los sujetos, se ríen y dicen: "Claro, así fue realmente". El hecho de que descubramos la misma duración media y el mismo rango para los momentos presentes de distintos ámbitos de la experiencia (ver Capítulo 3), se presta para la validez convergente. En último término, los estudios de registros de la actividad neuronal del cerebro llegarán lejos al establecer una forma de validez correlacional sobre la duración de los eventos como son recordados y vividos.

Hasta la fecha, solo un estudio publicado plantea la pregunta acerca de la utilidad de la entrevista microanalítica para explorar fenómenos clínicos. El estudio de Nachman (2001) sobre la identificación maternal con un hijo en tiempo real utilizó esta técnica. Reveló muchos cambios rápidos en la intensidad y naturaleza de la identificación de la madre con su hijo. Estos cambios se midieron en segundos, dependiendo de los contextos cambiantes. Desde esta perspectiva, la identificación es un proceso temporalmente muy dinámico, y no un estado de larga duración o incluso estático, como solemos creer.

Preveo que la narrativa compuesta que resulta de la entrevista microanalítica ayudará a seguir explorando características fenomenológicas de interés clínico y neurocientífico. Anticiparía que el perfil cuantitativo de las diversas características de la narrativa compuesta será distinto bajo diferentes condiciones, escenarios, estados psicológicos o patológicos y contextos culturales. Incluso la duración del momento presente, que parece ser el elemento más constante, puede variar bajo distintas condiciones. Sin embargo, todas estas diferencias nos permitirán comprender mejor el proceso.

En cualquier caso, los resultados confirman la riqueza del mundo micromomentáneo de los momentos presentes y sugieren que la noción de un momento presente como "un mundo en un grano de arena" es una hipótesis sostenible.

Glosario[21]

Afectos de vitalidad: experiencias subjetivas. Constan de la dinámica temporal de cambios emocionales que consisten en cambios analógicos, fracción de segundo a fracción de segundo en tiempo real, afectos, pensamientos, percepciones o sensaciones. Por ejemplo, la aceleración sentida y luego la explosión de ira. Generalmente ocurren en paralelo con los contornos temporales de las estimulaciones. Los afectos de vitalidad son experiencias subjetivas. En cambio, los contornos temporales de las estimulaciones son eventos objetivables. Hay un isomorfismo incompleto entre los contornos temporales y los afectos de vitalidad. Estos últimos son sinónimo de formas temporales de sentimiento, formas de sentimiento o formas temporales.

Angustia intersubjetiva: sentimiento que surge cuando el proceso de orientación intersubjetiva no entrega coordenadas suficientemente claras respecto a la ubicación de uno en el campo intersubjetivo. Es una forma de angustia que no se identifica directamente en las teorías psicológicas o en las categorías darwinianas. Tal vez está más cerca de la angustia existencial.

Campo intersubjetivo: ámbito de sentimientos, pensamientos y conocimientos que dos (o más) individuos comparten acerca de la naturaleza de su relación actual. Este ámbito intersubjetivo no solo es compartido, sino que además el compartir se valida entre ellos, implícita o explícitamente. Este campo se puede rediseñar. Se puede ingresar o salir de él, agrandar o disminuir, volver más claro o difuso.

[21] Los términos incluidos aquí son utilizados específicamente por el autor o el Boston Change Process Study Group (BCPSG).

Consciencia intersubjetiva: forma de consciencia que surge cuando se establece un circuito de reentrada o reingreso entre la experiencia directa en la mente de una persona y la experiencia de esa misma persona acerca de una segunda persona que está vivenciando la experiencia de la primera. Este circuito recursivo intersubjetivo permite que la doble experiencia de la primera persona surja en la consciencia: la consciencia intersubjetiva. Esta tiene una base social y no se deriva de circuitos de reentrada de la experiencia que se originan únicamente dentro de una sola mente. No necesita tornarse reflexivamente consciente, ni verbalizarse. Pero ingresa a la memoria episódica.

Contorno temporal: forma temporal de las estimulaciones que inciden en el sistema nervioso, desde adentro o desde afuera. El contorno temporal consiste en los cambios analógicos, fracción de segundo a fracción de segundo en tiempo real, en la intensidad, ritmo o forma de la estimulación. En teoría, es una entidad objetivable.

Desprolijidad: desorden en el proceso de ir avanzando. Incluye imprevisibilidad, vaguedad de las intenciones, redundancia y variaciones frecuentes, todas las cuales tienden a hacer que el proceso de ir avanzando sea menos lineal y más complejo. Al mismo tiempo, se considera que la desprolijidad agrega elementos potencialmente creativos al proceso. Estos elementos creativos son cualidades emergentes que, cuando se usan bien, pueden modificar la naturaleza del campo intersubjetivo en nuevas direcciones.

Dinámica temporal: cambios en o a lo largo del tiempo, particularmente cambios en la fuerza, intensidad, calidad, forma o ritmo de una experiencia a lo largo del tiempo. En este libro, generalmente se refiere a lo que bien podría denominarse dinámica microtemporal, ya que los cambios ocurren en el lapso de segundos.

Flujo de sensación de intención: sensación subjetiva de una intención que avanza hacia su objetivo. Incluye la sensación de inclinarse hacia el objetivo y la sensación de "distancia" decreciente del objetivo, así como cambios en la intensidad de la anticipación y el hedonismo a medida que se recorre el trayecto.

Historia vivida (o **historia microvivida**): estructura de la experiencia que se despliega durante un momento presente. Consiste en una trama narrativa y una línea de tensión dramática que aumenta y disminuye durante el momento presente. Es una historia vivida, sentida o experimentada que no se verbaliza ni narra. Más adelante se pueden forjar narrativas reales a partir de estas historias vividas.

Intencionalidad vaga: (1) naturaleza inexacta del tratar de expresar las intenciones sentidas de uno, o sea, ponerlas en palabras; (2) proceso plagado-de-errores del tratar de inferir las intenciones de un otro en base a sus palabras, conductas y contexto; y (3) acercamientos negociados a medida que dos personas tratan de compartir o comprender el estado intencional de una de ellas. Esta vaguedad se considera intrínseca al proceso de "leerse" el uno al otro. Se aprecia claramente durante el ir avanzando en el nivel local durante la psicoterapia.

Ir avanzando: proceso de progresar a lo largo de la sesión en el nivel local. Este proceso encuentra su camino a medida que progresa. Su ruta no se conoce de antemano. Consiste en las movidas relacionales y momentos presentes que, al enlazarse, conforman la sesión. Se caracteriza por intentos de lograr un campo intersubjetivo cada vez mayor y más coherente. Sin embargo, esto implica mucha imprevisibilidad acerca de qué va a ocurrir a continuación, ya que el proceso es extremadamente inexacto, no lineal y desprolijo. Debido a la naturaleza del proceso, da origen a muchas cualidades emergentes, tales como los momentos presentes y los momentos de encuentro.

Momento ahora: momento presente que surge repentinamente en una sesión como cualidad emergente del proceso de ir avanzando. Es un momento afectivamente cargado porque pone en duda la naturaleza de la relación paciente-terapeuta. Por lo general, esto implica un choque con, o la amenaza de romper, el marco o "reglas" habituales de cómo trabajan y están juntos. Lo que está en juego es cómo van a ser el uno con el otro. Aumenta el nivel de angustia en el paciente y el terapeuta. Ambos son llevados a la fuerza al presente. El terapeuta siente que una respuesta técnica rutinaria no será suficiente. Esto aumenta su angustia. Se ha creado una crisis que es necesario resolver. La solución puede llegar en forma de un momento de encuentro o una interpretación.

Momento de encuentro: momento presente entre dos participantes que potencialmente resuelve la crisis creada por un momento ahora. Por lo tanto, reconfigura el campo intersubjetivo y modifica la relación.

Surge como cualidad emergente desde el microcontexto del momento ahora y debe ser exquisitamente sensible a este contexto. Implica una respuesta a la crisis que se ajuste a la especificidad de esa crisis en particular. No puede ser una respuesta técnica general, sino una respuesta auténtica específica que lleve el sello personal del terapeuta, por así decirlo. Esto es necesario porque en este momento hay un compartir intersubjetivo que modifica el campo intersubjetivo entre ambos. El compartir afectivamente cargado amplía el campo intersubjetivo, de modo que su relación mutuamente sentida es repentinamente diferente de lo que fue antes del momento de encuentro. Este cambio en el campo intersubjetivo en virtud del momento de encuentro no necesita verbalizarse ni narrarse para ser efectivo y duradero.

Momento presente: lapso de tiempo en que los procesos psicológicos agrupan unidades muy pequeñas de percepción en la unidad global más pequeña (una Gestalt) que tenga sentido o significado en el contexto de una relación. Objetivamente, los momentos presentes duran entre 1 y 10 segundos, con un promedio de 3 a 4 segundos. Subjetivamente, son lo que experimentamos como un *ahora* ininterrumpido. El momento presente se estructura como una historia microvivida con una trama mínima y una línea de tensión dramática conformada por afectos de vitalidad. Por lo tanto, es temporalmente dinámico. Es un fenómeno consciente, pero no necesita ser reflexivamente consciente, ni verbalizado o narrado. Se considera la piedra angular de las experiencias relacionales. Abstracciones tales como las generalizaciones, explicaciones e interpretaciones, o fenómenos de orden superior como las narrativas, se componen de estas experiencias psicológicas básicas y primarias. Son las únicas que ocurren "ahora" y que se viven directamente.

Movidas relacionales: conductas manifiestas (incluyendo el lenguaje o los silencios) que son las unidades más pequeñas a las cuales un participante u observador interactivo puede atribuirles una intención para modificar o ajustar la relación. Son momentos presentes que no se han vuelto conscientes. Junto con los momentos presentes, constituyen el proceso de ir avanzando.

Nivel local: interacción vista a una microescala de momento a momento en que las unidades se componen de las Gestalts conductuales más pequeñas para las cuales se podría inferir una intención. Estas unidades consisten en movidas relacionales y momentos presentes cuya duración se mide en segundos. El nivel local consta de las secuencias de estas unidades. Es el nivel psicológico fundamental para la realización de la capacidad de relacionarse.

Orientación intersubjetiva: la necesidad de examinar y el acto de sondear el campo intersubjetivo, saber "dónde se está" entre dos personas, sentir "dónde se encuentra la relación" en este momento, saber "hacia dónde van juntas las dos personas". Su función es orientarlo a uno en el campo intersubjetivo y evaluar la naturaleza del campo en el momento. Es un proceso casi continuo y a veces da la sensación de imperativo (cuando se pierde y surge la angustia intersubjetiva). Se asemeja a la orientación espacial, pero en un espacio intersubjetivo.

Participación altero-centrada (Bråten, 1998b): capacidad innata de experimentar, generalmente fuera del darse cuenta, lo que un otro está experimentando. Es un acto no voluntario de vivenciar como si tu centro de orientación y perspectiva estuvieran centrados en el otro. No es una forma de conocimiento acerca del otro, sino más bien una participación en la experiencia del otro. Es la capacidad intersubjetiva básica que posibilita la imitación, la empatía, la simpatía, el contagio emocional y la identificación. A pesar de que es innata, la capacidad aumenta y se refina con el desarrollo.

Saber relacional implícito: ámbito de conocimiento y representación que es no verbal, no simbolizado, no narrado y no consciente. Consiste en procedimientos motores, pautas de afecto, expectativas e incluso patrones de pensamiento. En este libro, se refiere principalmente a saber cómo estar con otras personas, una forma de saber interpersonal e intersubjetivo. De ahí el término *saber relacional implícito*. Se utiliza la palabra *saber* en lugar de *conocimiento* porque este casi siempre implica conocimiento consciente. El saber relacional implícito es no consciente; no es inconsciente en el sentido de reprimido. Más bien, nunca, hasta ahora, ha necesitado ser puesto en palabras, y puede que nunca lo necesite. Es no consciente en el sentido de que jamás se torna reflexivamente consciente. Gran parte de todo lo que "sabemos" acerca de cómo estar con otros (incluyendo la transferencia) reside en el saber relacional implícito.

Sintonización afectiva (también **sintonización**): forma especial de conducta en respuesta a la conducta afectiva comunicativa de un otro. Así como la imitación es una representación fiel de las acciones manifiestas del otro, la sintonización afectiva es una representación fiel de lo que el otro debe haber sentido cuando se expresó con esas acciones. Esto exige que la sintonización imite solo la dinámica temporal de la intensidad, forma o ritmo de la conducta del otro, pero en una modalidad o escala distinta. Así, las acciones del otro no se convierten en el referente de la sintonización (como lo harían en el caso de la imitación); más bien, el sentimiento detrás de las acciones se transforma en el referente. Es un modo de imitar, desde adentro, cómo se siente una experiencia, no cómo se expresó en la acción.

Viaje compartido de sentimientos: experiencia conjunta de un momento de encuentro. Enfatiza el hecho de que dos personas viajan juntas durante un momento presente a través de un paisaje similar de sentimientos donde los cambios emocionales sirven como puntos de referencia. Por lo tanto, es un viaje de sentimientos. Más aún, hay un reconocimiento mutuo de que este viaje se hace juntos, vale decir, es compartido. Es un fenómeno intersubjetivo.

Referencias

Ainsworth, M.D.S., Blehar, M.C., Waters, E. y Wall, S. (1978). *Patterns of Attachment.* Hillsdale, NJ: Erlbaum.

Aron, L. (1996). *A Meeting of Minds: Mutuality in Psychoanalysis.* Hillsdale, NJ: Analytic Press.

Astington, J.W. (1993). *The Child's Discovery of the Mind.* Cambridge, MA: Harvard University Press. (*El descubrimiento infantil de la mente.* Madrid: Morata, 1997).

Bachmann, M. (1994). *Dalcroze Today: An Education through and into Music.* Londres: Oxford University Press.

Baddeley, A.D. (1984). *Working Memory.* Londres: Oxford University Press.

Baddeley, A.D. (1986). *Working Memory.* Oxford: Clarendon Press.

Baddeley, A.D. (1989). The uses of working memory. En P.R. Solomon, G.R. Goethals, C.M. Kelley y B.R. Stephens (eds.), *Memory: Interdisciplinary Approaches* (pp. 107-123). Nueva York: Springer-Verlag.

Bailey, A.R. (1999). Beyond the fringe: William James on the transitional parts of the stream of consciousness. *Journal of Consciousness Studies, 6*(2-3), 141-153.

Baldwin, J.M. (1895). *Mental Development in the Child and the Race.* Nueva York: Macmillan.

Bänninger-Huber, E. (1992). Prototypical affective microsequences in psychotherapeutic interaction. *Psychotherapy Research, 2*(4), 291-306.

Baricco, A. (2002). *Lands of Glass* (A. Goldstein, trad.). Londres: Penguin. (*Tierras de cristal.* Barcelona: Círculo de Lectores, 1998).

Baron-Cohen, S. (1995). *Mindblindness: An Essay on Autism and Theory of Mind.* Cambridge, MA: MIT Press.

Beebe, B., Jaffe, J., Feldstein, S., Mays, K. y Alson, D. (1985). Interpersonal timing: The application of an adult dialogue model to mother-infant vocal and kinesic interactions. En F.M. Field y N. Fox (eds.), *Social Perception in Infants* (pp. 217-247). Norwood, NJ: Ablex.

Beebe, B., Knoblauch, S., Rustin, J. y Sorter, D. (2002). Forms of intersubjectivity in infant research and their implications for adult treatment. *Psychoanalytic Dialogues.*

Beebe, B. y Lachmann, F. (2002). *Infant Research and Adult Treatment: Co-constructing Interactions.* Hillsdale, NJ: Analytic Press.

Beebe, B., Stern, D. y Jaffe, J. (1979). The kinesic rhythm of mother-infant interactions. En A.W. Siegman y S. Feldstein (eds.), *Of Speech and Time: Temporal Speech Patterns in Interpersonal Contexts* (pp. 23-34). Hillsdale, NJ: Erlbaum.

Beer, R. (1995). A dynamical systems perspective on agent-environment interaction. *Artificial Intelligence, 72*, 173-215.

Benhôte, H. (1972). *Welte-Mignon.* L'Auberson, Suiza: Musée Band.

Benjamin, J. (1995). *Like Subjects, Love Objects: Essays on Recognition and Sexual Difference.* New Haven, CT: Yale University Press. (*Sujetos iguales, objetos de amor: ensayos sobre el reconocimiento y la diferencia sexual.* Buenos Aires: Paidós Ibérica, 1997).

Bergson, H. (1988). *Matter and Memory* (N.M. Paul y W.S. Palmerg, trad.). Nueva York: Zone Books. (Obra original publicada en 1896). (*Materia y memoria: ensayo sobre la relación del cuerpo con el espíritu.* Buenos Aires: Cactus, 2010).

Blakemore, S.J. y Decety, J. (2001). From the perception of action to the understanding of intention. *Nature Reviews. Neuroscience, 2*, 561-576.

Block, N. (1995). On a confusion about a function of consciousness. En N. Block, O. Flanagan y G. Güzeldere (eds.), *The Nature of Consciousness* (pp. 375-415). Cambridge, MA: MIT Press.

Block, N., Flanagan, O. y Güzeldere, G. (eds.) (1997). *The Nature of Consciousness.* Cambridge, MA: MIT Press.

Bollas, C. (1987). *The Shadow of the Object: Psychoanalysis of the Unthought Known.* Londres: Free Association Books. (*La sombra del objeto: psicoanálisis de lo sabido no pensado.* Buenos Aires: Amorrortu, 1991).

Boston Change Process Study Group (2003). Explicating the implicit: The interactive microprocess in the analytic situation (Report Nº 3). *International Journal of Psychoanalysis, 83*, 1051-1062.

Boston Change Process Study Group (en prensa). The "something more" than interpretation: Sloppiness and co-construction in the psychoanalytic encounter (Report Nº 4). *Journal of the American Psychoanalytic Association.*

Bowlby, J. (1969). *Attachment and Loss. Vol. 1: Attachment.* Nueva York: Basic Books. (*El apego y la pérdida. Vol. 1: El apego.* Barcelona: Paidós, 1998).

Bråten, S. (ed.) (1998a). *Intersubjective Communication and Emotion in Early Ontogeny.* Cambridge, RU: Cambridge University Press.

Bråten, S. (1998b). Infant learning by altero-centric participation: The reverse of egocentric observation in autism. En S. Bråten (ed.), *Intersubjective Communication and Emotion in Early Ontogeny* (pp. 105-124). Cambridge, RU: Cambridge University Press.

Brentano, F. (1973). *Psychology from an Empirical Standpoint.* Londres: Routledge & Kegan Paul. (Obra original publicada en 1874). (*Psicología desde un punto de vista empírico.* Madrid: Editorial de la Revista de Occidente, 1935).

Bruner, J.S. (1990). *Acts of Meaning.* Nueva York: Basic. (*Actos de significado: más allá de la revolución cognitiva.* Madrid: Alianza, 2009).

Bruner, J.S. (2002a). *Making Stories: Law, Literature, Life.* Nueva York: Farrar, Strauss, & Giroux.

Bruner, J.S. (2002b, octubre). *Narrative and Culture.* Ponencia presentada en el simposio "We Share, Therefore We Are", en homenaje a Jerome Bruner, Creta, Grecia.

Bruner, J.S., Oliver, R.R. y Greenfield, P.M. (1966). *Studies in Cognitive Growth.* Nueva York: Wiley. (*Investigaciones sobre el desarrollo cognitivo.* Madrid: Alianza, 1980).

Bucci, W. (1997). From subsymbolic to symbolic –and back: Therapeutic impact of the referential process. En R. Lasky (ed.), *Symbolization and Desymbolization: Essays in Honor of Norbert Freedman* (pp. 50-74). Nueva York: Other Press, Karnac.

Bucci, W. (2001). Pathways of emotional communication. *Psychoanalytical Inquiry, 21*(1), 40-70.

Burke, K. (1945). *A Grammar of Motives*. Nueva York: Prentice-Hall.

Byng-Hall, J. (1996). *Family Scripts*. Nueva York: Guilford.

Cabeza, R. (1999). Functional neuroimaging of episodic memory retrieval. En E. Tulving (ed.), *Memory, Consciousness, and the Brain: The Tallinn Conference* (pp. 76-90). Filadelfia: Psychology Press.

Cartier-Bresson, H. (1952). *The Decisive Moment*. Nueva York: Simon & Schuster.

Chalmers, D.J. (1995). Facing up to the problem of consciousness. En J. Shear (ed.), *Explaining Consciousness: The Hard Problem* (pp. 379-422). Cambridge, MA: MIT Press.

Chalmers, D.J. (1996). *The Conscious Mind: In Search of a Fundamental Theory*. Nueva York: Oxford University Press. (*La mente consciente: en busca de una teoría fundamental*. Barcelona: Gedisa, 1999).

Clark, A. (1997). *Being There: Putting Brain, Body, and World Together Again*. Cambridge, MA: MIT Press. (*Estar ahí: cerebro, cuerpo y mundo en la nueva ciencia cognitiva*. Barcelona: Paidós, 1999).

Clark, A. (1999). An embodied cognitive science. *Trends in Cognitive Sciences*, *3*, 345-351.

Clarke, E.F. (1999). Rhythm and timing in music. En D. Deutsch (ed.), *The Psychology of Music* (pp. 473-500). Londres: Academic Press.

Clynes, M. (1978). *Sentics: The Touch of the Emotions*. Garden City, NY: Anchor Books.

Cooley, C. (1902). *Human Nature and the Social Order*. Nueva York: Scribner.

Cotterill, R.M.J. (2001). Evolution, cognition, and consciousness. *Journal of Consciousness Studies*, *8*(2), 3-17.

Cowan, N. (1984). On short and long auditory stores. *Psychological Bulletin*, *96*, 341-370.

Cowan, N. (1988). Evolving conceptions of memory storage, selective attention, and their mutual constraints within the human information processing system. *Psychological Bulletin*, *104*, 163-191.

Crystal, D. (1975). *The English Tone of Voice*. Londres: Edward Arnold Publisher.

Csikszentmihalyi, M. (1990). *Flow: The Psychology of Optimal Experience*. Nueva York: Harper & Row. (*Fluir: una psicología de la felicidad*. Barcelona: Kairós, 1990).

Dalla Barba, G. (2001). Beyond the memory-trace paradox and the fallacy of the homunculus: A hypothesis concerning the relationship between memory, consciousness, and temporality. *Journal of Consciousness Studies*, *8*(3), 51-78.

Damásio, A. (1994). *Descartes' Error: Emotion, Reason, and the Human Brain*. Nueva York: Putnam. (*El error de Descartes: la razón de las emociones*. Santiago, Chile: Andrés Bello, 1994).

Damásio, A. (1999). *The Feeling of What Happens: Body and Emotion in the Making of Consciousness*. Nueva York: Harcourt. (*La sensación de lo que ocurre: cuerpo y emoción en la construcción de la conciencia*. Madrid: Debate Español, 2001).

Damásio, A. (2002). Remembering when. *Scientific American*, *287*(3), 48-55.

Darbellay, E. (1996). "Mesure" et démesure du tempo dans le stile fantastico frescobaldien [Explorando el tempo en el estilo "fantástico" de Frescobaldi]. En *Actes du Colloque de Metz: Le mouvement dans la musique autour du 1700* (pp. 198-200). Metz, Francia: Éditions Serpenoise.

Dennett, D.C. (1998). The Cartesian theater and "filling in" the stream of consciousness. En N. Block, O. Flanagan y G. Güzeldere (eds.), *The Nature of Consciousness* (pp. 83-88). Cambridge, MA: MIT Press.

De Roten, Y., Fivaz-Depeursinge, E., Stern, D., Darwish, J. y Corboz-Warnery, A. (2000). Body and gaze formations and the communicational alliance in couple-therapist triads. *Psychotherapy Research*, *10*(1), 30-46.

Deutsch, D. (ed.) (1999a). *The Psychology of Music* (2ª ed.). Londres: Academic Press.

Deutsch, D. (1999b). Grouping mechanisms in music. En D. Deutsch (ed.), *The Psychology of Music* (pp. 299-348). Londres: Academic Press.

Dilthey, W. (1976). *Selected Writings* (H.P. Riokmen, ed.). Londres: Cambridge University Press.

Dornes, M. (2002). *Psychanalyse et psychologie du premier âge* [La primera etapa del psicoanálisis y la psicología]. París: Presses Universitaires de France.

Dretske, F. (1998). Conscious experience. En N. Block, O. Flanagan y G. Güzeldere (eds.), *The Nature of Consciousness* (pp. 773-788). Cambridge, MA: MIT Press.

Dunn, J. (1999). Making sense of the social world: Mindreading, emotion, and relationships. En P.D. Zelazo, J.W. Astington y D.R. Olson (eds.), *Developing Theories of Intention*. Mahwah, NJ: Erlbaum.

Edelman, G.M. (1990). *The Remembered Present: A Biological Theory of Consciousness*. Nueva York: Basic Books.

Ehrenberg, D.B. (1982). Psychoanalytic engagement: The transaction as primary data. *Contemporary Psychoanalysis*, *10*, 535-555.

Ehrenberg, D.B. (1992). *The Intimate Edge*. Nueva York: Norton.

Emde, R.N. y Sorce, J.E. (1983). The rewards of infancy: Emotional availability and maternal referencing. En J.D. Call, E. Galenson y R. Tyson (eds.), *Frontiers of Infant Psychiatry* (Vol. 2, pp. 17-30). Nueva York: Basic.

Favez, N. (2003). Patterns of maternal affect regulation during the co-construction of preschoolers' autobiographical narratives. En R. Emde, D. Wolf y D. Oppenheim (eds.), *Affective Meaning Making with Narratives: Studies with Young Children*. Oxford, RU: Oxford University Press.

Feldman, C.F. y Kalmar, D. (1996). Autobiography and fiction as modes of thought. En D. Olson y N. Torrence (eds.), *Modes of Thought: Explorations in Culture and Cognition* (pp. 106-122). Cambridge, RU: Cambridge University Press.

Fischer, K. y Granott, N. (1995). Beyond one-dimensional change: Parallel, concurrent, socially distributed processes in learning and development. *Human Development*, *38*, 302-314.

Fivaz, R. (1989). *L'ordre et la volupté* [Orden y belleza]. Lausana: Presses Polytechniques Romandes.

Fivaz-Depeursinge, E. (1991). Documenting a time-bound, circular view of hierarchies: A microanalysis of parent-infant dyadic interaction. *Family Process*, *30*(1), 101-120.

Fivaz-Depeursinge, E. (2001). Corps et intersubjectivité [Cuerpo e intersubjetividad]. *Psychothérapies*, *21*(2), 63-69.

Fivaz-Depeursinge, E. y Corboz-Warnery, A. (1998). *The Primary Triangle*. Nueva York: Basic.

Fivaz-Depeursinge, E., Corboz-Warnery, A. y Frascarolo, F. (1998). *The Triadic Alliance between Father, Mother and Infant: Its Relations to the Infant's Handling of Triangular Relationships*. Ponencia presentada en la Sociedad Internacional para el Estudio del Desarrollo Conductual (ISSBD), Berna, Suiza.

Fodor, J. (1992). A theory of the child's theory of mind. *Cognition*, *44*, 283-296.

Fogel, A. (2001). *Infancy: Infant, Family, and Society* (4ª ed.). Belmont, CA: Wadsworth.

Fogel, A. (2003). Remembering infancy: Accessing our earliest experiences. En G. Bremner y A. Slater (eds.), *Theories of Infant Development*. Cambridge, RU: Blackwell.

Fonagy, P. (2001). *Attachment Theory and Psychoanalysis*. Nueva York: Other Press.

Fraisse, P. (1964). *The Psychology of Time* (J. Leith, trad.). Londres: Eyre & Spottiswoode.

Fraisse, P. (1978). Time and rhythm perception. En E.C. Carterette y M.P. Friedman (eds.), *Handbook of Perception* (Vol. 8, pp. 203-254). Nueva York: Academic Press.

Freeman, W.J. (1999a). *How Brains Make Up Their Minds*. Londres: Weidenfeld & Nicholson.

Freeman, W.J. (1999b). Consciousness, intentionality, and causality. *Journal of Consciousness Studies*, *6*(11-12), 143-172.

French, R.M. y Cleeremans, A. (2002). *Implicit Learning and Consciousness*. Nueva York: Psychology Press.

Freud, S. (1959). Inhibitions, symptoms, and anxiety. En J. Strachey (ed. y trad.), *The Standard Edition of the Complete Psychological Works of Sigmund Freud* (Vol. 20, pp. 77-172). Londres: Hogarth Press. (Obra original publicada en 1926). (Inhibición, síntoma y angustia. En *Obras completas* [Vol. XX, pp. 73-164]. Buenos Aires: Amorrortu, 1980).

Frey, S., Hirsbrunner, H.P., Florin, A., Daw, W. y Crawford, R. (1983). A unified approach to the investigation of nonverbal and verbal behavior in communication research. En W. Doise y S. Moscovici (eds.), *Current Issues in European Social Psychology* (pp. 143-199). Cambridge, RU: Cambridge University Press.

Frey, S., Jorns, U. y Daw, W. (1980). A systematic description and analysis of nonverbal interaction between doctors and patients in a psychiatric interview. En S. Corson (ed.), *Ethology and Nonverbal Communication in Mental Health* (pp. 231-258). Nueva York: Pergamon.

Gallagher, S. (1997). Mutual enlightenment: Recent phenomenology and cognitive science. *Journal of Consciousness Studies*, *4*(3), 195-214.

Gallese, V. (2001). The "shared manifold" hypothesis: From mirror neurons to empathy. *Journal of Consciousness Studies*, *8*(5-7), 33-50.

Gallese, V. y Goldman, A. (1998). Mirror neurons and the simulation theory of mind-reading. *Trends in Cognitive Science*, *2*, 493-501.

Gardiner, J.M. (2000). On the objectivity of subjective experiences and autonoetic and noetic consciousness. En E. Tulving (ed.), *Memory, Consciousness, and the Brain: The Tallinn Conference* (pp. 159-172). Filadelfia: Psychology Press.

Gendlin, E.T. (1981). *Focusing*. Nueva York: Bantum. (*Focusing: proceso y técnica del enfoque corporal*. Bilbao: Mensajero, 2008).

Gendlin, E.T. (1991). Thinking beyond patterns: Body, language, and situations. En B. den Ouden y M. Moen (eds.), *The Presence of Feeling in Thought* (pp. 21-151). Nueva York: Peter Lange.

Gergely, G., Nadsasdy, Z., Csibra, G. y Biro, S. (1995). Taking the intentional stance at 12 months of age. *Cognition*, *56*, 165-193.

Gergely, G. y Watson, J.S. (1999). Early social-emotional development: Contingency, perception, and the social biofeedback model. En P. Rochat (ed.), *Early Social Cognition* (pp. 101-136). Hillsdale, NJ: Erlbaum.

Gibbs, R. (1994). *The Poetics of Mind*. Cambridge, RU: Cambridge University Press.

Gleick, J. (1987). *Chaos: Making a New Science*. Nueva York: Viking. (*Caos: la creación de una ciencia*. Barcelona: Crítica, 2012).

Goldman, A. (1992). In defense of the simulation theory. *Mind and Language*, 7, 104-119.

Grandin, T. (1995). *Thinking in Pictures*. Nueva York: Doubleday. (*Pensar con imágenes: mi vida con el autismo*. Barcelona: Alba, 2006).

Green, A. (2000). *Le temps eclaté*. París: Les Éditions de Minuit. (*El tiempo fragmentado*. Buenos Aires: Amorrortu, 2001).

Gunnar, M. (2001). Effects of early deprivation: Findings from orphanage-reared infants and children. En C.A. Nelson y M. Luciana (eds.), *Handbook of Developmental Cognitive Neuroscience* (pp. 617-629). Cambridge, MA: MIT Press.

Happé, F. (1998). *Autism: An Introduction to Psychological Theory*. Cambridge, MA: Harvard University Press. (*Introducción al autismo*. Madrid: Alianza, 2007).

Harris, P. (1989). *Children and Emotion*. Oxford, RU: Blackwell Publishers. (*Los niños y las emociones: el desarrollo de la comprensión psicológica*. Madrid: Alianza, 1992).

Harrison, A. (2003). Change in psychoanalysis: Getting from A to B. *Journal of the American Psychoanalytic Association*, *51*(1), 221-257.

Heath, C. (1988). Embarrassment and interactional organization. En P. Drew y A. Wooton (eds.), *Erving Goffman: Exploring the Interaction Order* (pp. 136-160). Cambridge, MA: Polity Press.

Heidegger, M. (1996). *Being and Time* (J. Stambaugh, trad.). Nueva York: New York State University Press. (Obra original publicada en 1927). (*Ser y tiempo*. Madrid: Trotta, 2012).

Hobson, R.P. (1993). *Autism and the Development of Mind*. Hove/Hillside, NJ: Erlbaum. (*El autismo y el desarrollo de la mente*. Madrid: Alianza, 1995).

Hobson, R.P. (2002). *The Cradle of Thought*. Londres: Pan Macmillan.

Hockney, D. (1986). *Photographs*. Washington, DC: International Exhibitions Foundation.

Hofer, M.A. (1994). Hidden regulators in attachment, separation, and loss. En N.A. Fox (ed.), The development of emotion regulation: Biological and behavioral considerations. *Monographs of the Society for Research in Child Development*, *59*(2-3, Nº 240), 192-207.

Husserl, E. (1960). *Cartesian Meditations* (D. Cairns, trad.). La Haya: Martinus Nijhoff. (Obra original publicada en 1931). (*Meditaciones cartesianas*. Madrid: Tecnos, 2009).

Husserl, E. (1962). *Ideas Pertaining to a Pure Phenomenology and to a Phenomenological Philosophy. First Book: General Introduction to Pure Phenomenology* (B. Gibson, trad.). Nueva York: Collier. (Obra original publicada en 1913). (*Ideas relativas a una fenomenología pura y una filosofía fenomenológica. Libro primero: introducción general a la fenomenología pura*. México: UNAM-Instituto de Investigaciones Filosóficas/FCE, 2013).

Husserl, E. (1964). *The Phenomenology of Internal Time-Consciousness* (J.S. Churchill, trad.). Bloomington: Indiana University Press. (*Lecciones de fenomenología de la conciencia interna del tiempo*. Madrid: Trotta, 2002).

Husserl, E. (1980). *Ideas Pertaining to a Pure Phenomenology and to a Phenomenological Philosophy. Third Book: Phenomenology and the Foundation of the Sciences* (T.E. Klein y W.E. Pohl, trad.). La Haya: Martinus Nijhoff. (Obra original publicada en 1930). (*Ideas relativas a una fenomenología pura y una filosofía fenomenológica. Libro tercero: la fenomenología y los fundamentos de la ciencia*. México: UNAM-Instituto de Investigaciones Filosóficas/FCE, 2014).

Husserl, E. (1989). *Ideas Pertaining to a Pure Phenomenology and to a Phenomenological Philosophy. Second Book: Studies in the Phenomenology of Constitution* (R. Rojcewicz y A. Schuwer, trad.). Dordrecht: Kluwer Academic. (Obra original publicada en 1930). (*Ideas relativas a una fenomenología pura y una filosofía fenomenológica. Libro segundo: investigaciones fenomenológicas sobre la constitución*. México: UNAM-Instituto de Investigaciones Filosóficas/FCE, 2014).

Imber-Black, E. y Roberts, J. (1992). *Rituals for Our Times*. Northvale, NJ: Jason Aronson.

Jacobs, T.J. (1991). *The Use of the Self: Countertransference and Communication in the Analytic Situation*. Madison, CT: International Universities Press.

Jaffe, J., Beebe, B., Feldstein, S., Crown, S. y Jasnow, M. (2001). Rhythms of dialogue in early infancy. *Monographs of the Society for Research in Child Development*, *66*(2), N° 264.

Jaffe, J. y Feldstein, S. (1970). *Rhythms of Dialogue*. Nueva York: Academic Press.

James, W. (1972). *Principles of Psychology* (Vols. 1 y 2). Nueva York: Dover. (Obra original publicada en 1890). (*Principios de psicología*. México: FCE, 1994).

Jeannerod, M. (1999). To act or not to act: Perspectives on the representation of actions (The 25th Bartlett Lecture). *The Quarterly Journal of*

Experimental Psychology, Section A. Human Experimental Psychology, 52A, 1, 1-29.

Jowitt, D. (1988). *Time and the Dancing Image*. Berkeley y Los Angeles: University of California Press.

Kelso, J.A.S., Holroyd, T., Hovarth, E., Raczaszek, E., Tuller, E. y Ding, M. (1994). Multistability and metastability in perceptual and brain dynamics. En M. Staedler y P. Kruse (eds.), *Ambiguity in Mind and Nature: Multistable Cognitive Phenomena* (pp. 159-184). Berlín: Springer.

Kendon, A. (1990). *Conducting Interaction: Patterns of Behavior in Focused Encounters*. Cambridge, RU: Cambridge University Press.

Kern, I. (1988). The structure of consciousness according to Xuan Zang. *Journal of the British Society for Phenomenology, 19*(3), 282-295.

Kestenberg, J. (1965a). The role of movement patterns in development: I Rhythms of movement. *Psychoanalytic Quarterly, 34*, 1-36.

Kestenberg, J. (1965b). The role of movement patterns in development: II Flow of tension and effort. *Psychoanalytic Quarterly, 34*, 517-563.

Kestenberg, J. (1967). The role of movement patterns in development: III The control of shape. *Psychoanalytic Quarterly, 36*, 356-409.

Klinnert, M.D., Campos, J.J., Sorce, J.F., Emde, R.N. y Svejda, M. (1983). Emotions as behavior regulators: Social referencing in infancy. En R. Plutchik y H. Kellerman (eds.), *Emotion: Theory, Research, and Experience* (pp. 57-86). Nueva York: Academic Press.

Knoblauch, S. (2000). *The Musical Edge of Therapeutic Dialogue*. Hillsdale, NJ: Analytic Press.

Koffka, K. (1935). *Principles of Gestalt Psychology*. Nueva York: Harcourt. (*Principios de psicología de la forma*. Buenos Aires: Paidós, 1973).

Krause, R., Steimer-Krause, E. y Ullrich, B. (1992). The use of affect research in dynamic psychotherapy. En M. Leuzinger-Bohleber, H. Schneider y R. Pfeifer (eds.), *"Two Butterflies on My Head...": Psychoanalysis in the Interdisciplinary Scientific Dialogue* (pp. 277-291). Heidelberg: Springer.

Kugiumutzakis, G. (1998). Neonatal imitation in the intersubjective companion space. En S. Bråten (ed.), *Intersubjective Communication in Early Ontogeny* (pp. 63-88). Cambridge, RU: Cambridge University Press.

Kugiumutzakis, G. (1999). Genesis and development of early human mimesis to facial and vocal models. En J. Nadel y G. Butterworth (eds.), *Imitation in Infancy* (pp. 36-59). Cambridge, RU: Cambridge University Press.

Kugiumutzakis, G. (2002, octubre). *On Human Development, Education, and Culture*. Ponencia presentada en el simposio "We Share, Therefore We Are", en homenaje a Jerome Bruner, Creta, Grecia.

Laban, R. von (1967). *The Mastery of Movement*. Londres: Macdonald and Evans. (*El dominio del movimiento*. Madrid: Fundamentos, 2006).

Labov, W. (1972). *Language in the Inner City*. Filadelfia: University of Pennsylvania Press.

Labov, W. y Fanshel, D. (1977). *Therapeutic Discourse*. Nueva York: Academic Press.

Lakoff, G. y Johnson, M. (1980). *Metaphors We Live By*. Chicago: University of Chicago Press. (*Metáforas de la vida cotidiana*. Madrid: Cátedra, 1980).

Lakoff, G. y Johnson, M. (1999). *Philosophy in the Flesh*. Nueva York: Basic.

Lamb, W. (1979). *Body Code: The Meaning in Movement*. Londres: Routledge & Kegan Paul.

Lancaster, B.L. (1997). On the stages of perception: Towards a synthesis of cognitive neuroscience and the Buddhist Abhidhamma tradition. *Journal of Consciousness Studies*, *4*(2), 122-142.

Landy, R. (1990). The concept of role in psychotherapy. *The Arts in Psychotherapy*, *17*, 223-230.

Landy, R. (1993). *Persona and Performance: The Meaning of Role in Drama, Therapy, and Everyday Life*. Nueva York: Guilford Press.

Langer, S.K. (1967). *Mind: An Essay on Human Feeling* (Vol. 1). Baltimore: Johns Hopkins University Press.

Laplanche, J. y Pontalis, J.B. (1988). *The Language of Psychoanalysis* (D. Nicholson-Smith, trad.). Londres: The Institute of Psychoanalysis y Karnac Books. (Obra original publicada en 1967). (*Diccionario de psicoanálisis*. México: Paidós, 2008).

Lee, D.N. (1998). Guiding movements by coupling taus. En *Ecological Psychology*, *10*(3-4), 221-250.

LeDoux, J. (1996). *The Emotional Brain*. Nueva York: Simon & Shuster. (*El cerebro emocional*. Barcelona: Ariel-Planeta, 1999).

Lichtenberg, J.D. (1989). *Psychoanalysis and Motivation.* Hillsdale, NJ: Analytic Press.

Lyons-Ruth, K. (1998). Implicit relational knowing: Its role in development and psychoanalytic treatment. *Infant Mental Health Journal, 19*(3), 282-289.

Lyons-Ruth, K. (1999). The two-person preconscious: Intersubjective dialogue, implicit relational knowing, and the articulation of meaning. *Psychoanalytic Inquiry, 19*, 567-617.

Lyons-Ruth, K. (2000). "I sense that you sense that I sense": Sander's recognition process and the specificity of relational moves in the psychotherapeutic setting. *Infant Mental Health Journal, 21*(1), 85-99.

Lyons-Ruth, K., Bruschweiler-Stern, N., Harrison, A.M., Morgan, A.C., Nahum, J.P., Sander, L., Stern, D.N. y Tronick, E.Z. (1998). Implicit relational knowing: Its role in development and psychoanalytic treatment. *Infant Mental Health Journal, 19*(3), 282-289.

Maestro, S., Muratori, F., Cavallaro, M.C., Pei, F., Stern, D.N., Golse, B. y Palacio-Espasa, F. (2002). Attentional skills during the first six months of age in autism spectrum disorder. *Journal of American Academy of Child and Adolescent Psychiatry, 41*, 1239-1245.

Malloch, S.N. (1999/2000). Mothers and infants and communicative musicality. *Musicae Scientiae*, Special Issue: *Rhythm, Musical Narrative, and Origins of Human Communication*, 29-58.

Maratos, O. (1973). *The Origin and Development of Imitation in the First Six Months of Life.* Tesis de doctorado no publicada, Universidad de Ginebra.

Marbach, E. (1988). How to study consciousness phenomenologically or quite a lot comes to mind. *Journal of the British Society for Phenomenology, 19*(3), 252-268.

Marbach, E. (1993). *Mental Representation and Consciousness: Towards a Phenomenological Theory of Representation and Reference.* Dordrecht: Kluwer Academic.

Marbach, E. (1999). Building materials for the explanatory bridge. *Journal of Consciousness Studies, 6*(2-3), 252-257.

Marcel, A. (1983). Conscious and unconscious perception: Experiments on visual masking and word recognition. *Cognitive Psychology, 15*, 197-237.

McDonald, K. (1992). Warmth as a developmental construct: An evolutionary analysis. *Child Development, 63*, 753-773.

Mead, G.H. (1988). *Mind, Self, and Society*. Chicago: University of Chicago Press. (Obra original publicada en 1934). (*Espíritu, persona y sociedad: desde el punto de vista del conductismo social.* Barcelona: Paidós Ibérica, 1999).

Melikian, S. (2002). Auction. *International Herald Tribune*. 2-3 de noviembre, p. 9.

Meltzoff, A.N. (1981). Imitation, intermodal coordination and representation in early infancy. En G. Butterworth (ed.), *Infancy and Epistemology* (pp. 85-114). Brighton, RU: Harvester Press.

Meltzoff, A.N. (1995). Understanding the intentions of others: Re-enactment of intended acts by eighteen month-old children. *Developmental Psychology, 3*, 838-850.

Meltzoff, A.N. y Gopnik, A. (1993). The role of imitation in understanding persons and developing a theory of mind. En S. Baron-Cohen, H. Tager-Flusberg y D.J. Cohen (eds.), *Understanding Other Minds: Perspectives from Autism* (pp. 335-366). Nueva York: Oxford University Press.

Meltzoff, A.N. y Moore, M.K. (1977). Imitation of facial and manual gestures by human neonates. *Science, 198*, 75-78.

Meltzoff, A.N. y Moore, M.K. (1999). Persons and representations: Why infant imitation is important for theories of human development. En J. Nadel y G. Butterworth (eds.), *Imitation in Infancy* (pp. 9-35). Cambridge, RU: Cambridge University Press.

Merleau-Ponty, M. (1962). *Phénoménologie de la perception*. París: Librairie Gallimard. (Obra original publicada en 1945). (*Fenomenología de la percepción*. Barcelona: Península, 2000).

Michon, J.A. (1978). The making of the present: A tutorial review. En J. Requin (ed.), *Attention and Performance VII* (pp. 89-111). Hillsdale, NJ: Erlbaum.

Minsky, M. (1981). Music, mind, and meaning. *Computer Music Journal, 5*(3), 1-18.

Mitchell, S. (1997). *Influence and Autonomy in Psychoanalysis*. Hillsdale, NJ: Analytic Press. (*Influencia y autonomía en psicoanálisis*. Madrid: Ágora Relacional, 2015).

Mitchell, S. (2000). *Relationality: From Attachment to Intersubjectivity.* Nueva York: Analytic Press.

Modell, A.H. (2003). *Imagination and the Meaningful Mind.* Cambridge, MA: MIT Press.

Moran, D. (2000). *Introduction to Phenomenology.* Londres y Nueva York: Routledge. (*Introducción a la fenomenología.* Barcelona: Anthropos, 2011).

Nachman, P. (2001). Maternal identification: A description of the process in real time. *Journal of the American Psychoanalytic Association, 46*(1), 208-228.

Nadel, J. (1986). *Imitation et communication entre jeune enfants* [Imitación y comunicación entre niños pequeños]. París: Presses Universitaires de France.

Nadel, J. y Butterworth, G. (eds.) (1999). *Imitation in Infancy.* Cambridge, RU: Cambridge University Press.

Nadel, J. y Peze, A. (1993). What makes immediate imitation immediately communicative in toddlers and autistic children? En J. Nadel y L. Camaioni (eds.), *New Perspectives in Early Communicative Development* (pp. 139-156). Londres y Nueva York: Routledge.

Nagel, T. (1998). What is it like to be a bat? En N. Block, O. Flanagan y G. Güzeldere (eds.), *The Nature of Consciousness* (pp. 514-528). Cambridge, MA: MIT Press.

Narmour, E. (1990). *The Analysis and Cognition of Basic Melodic Structure: The Implication-Realization Model.* Chicago: University of Chicago Press.

Narmour, E. (1999). Hierarchical expectation and musical style. En D. Deutsch (ed.), *The Psychology of Music* (pp. 442-472). Londres: Academic Press.

Naudin, J., Gros-Azorin, C., Mishara, A., Wiggins, O.P., Schwartz, M.A. y Azorin, J.M. (1999). The use of Husserlian reduction as a method of investigation in psychiatry. *Journal of Consciousness Studies, 6*(2-3), 155-171.

Nelson, K. (ed.) (1989). *Narratives from the Crib.* Cambridge, MA: Harvard University Press.

Ogden, T. (1994). *Subjects of Analysis.* Northvate, NJ: Aronson.

Parnas, J., Bovet, P. y Zahavi, D. (2002). Schizophrenic autism: Clinical phenomenology and pathogenic implications. *World Psychiatry, 1*(3), 131-136.

Patel, A.D. (2003). Language, music, syntax, and the grain. *Nature Neuroscience, 6*(7), 674-681.

Pearson, D., Rouse, H., Doswell, S., Ainsworth, C., Dawson, O., Simms, K., Edwards, L. y Faulconbridge, J. (2001). Prevalence of imaginary companions in a normal child population. *Child Health Care and Development, 27*(1), 13-22.

Person, E.S. (1988). *Dreams of Love and Fateful Encounters: The Power of Romantic Passions.* Nueva York: Norton. (*Sueños de amor y encuentros decisivos: el poder de la pasión romántica.* Lima: Fondo Editorial PUCP, 2008).

Peterson, C. y McCabe, A. (1983). *Developmental Psycholinguistics: Three Ways of Looking at a Child's Narrative.* Nueva York: Plenum.

Port, R. y Van Gelder, T. (eds.) (1995). *Mind as Motion: Explorations in the Dynamics of Cognition.* Cambridge, MA: MIT Press.

Prigogine, I. (1997). *The End of Certainty.* Nueva York: Free Press. (*El fin de las certidumbres.* Madrid: Taurus, 1996).

Prigogine, I. y Stengers, I. (1984). *Order out of Chaos: Man's New Dialogue with Nature.* Nueva York: Bantum.

Reddy, V. (1991). Playing with other's expectations: Teasing and mucking about in the first year. En A. Whiten (ed.), *Natural Theories of Mind: Evolution, Development, and Simulation of Everyday Mindreading* (pp. 143-158). Oxford, RU: Blackwell.

Reddy, V., Williams, F. y Vaughn, A. (2002). Sharing humour and laughter in autism and Down's syndrome. *British Journal of Psychology, 93,* 219-242.

Reiss, D. (1981). *The Family's Construction of Reality.* Cambridge, MA: Harvard University Press.

Reiss, D. (1989). The represented and practicing family: Contrasting visions of family continuity. En A. Sameroff y R.N. Emde (eds.), *Relationship Disturbances* (pp. 191-214). Nueva York: Basic.

Renik, O. (1993). Analytic interaction: Conceptualizing technique in the light of the analyst's irreducible subjectivity. *Psychoanalytic Quarterly, 62,* 553-571.

Rizzolatti, G. y Arbib, M.A. (1998). Language within our grasp. *Trends in Neuroscience, 21*, 188-194.

Rizzolatti, G., Fadiga, L., Fogassi, L. y Gallese, V. (1996). Premotor cortex and the recognition of motor actions. *Cognitive Brain Research, 3*, 131-141.

Rizzolatti, G., Fogassi, L. y Gallese, V. (2001). Neurophysiological mechanisms underlying the understanding and imitation of action. *Nature Reviews. Neuroscience, 2*(9), 661-670.

Rochat, P. (1995). Early objectification of the self. En P. Rochat (ed.), *The Self in Early Infancy: Theory and Research* (pp. 53-72). Ámsterdam: Elsevier Science.

Rochat, P. (ed.) (1999). *Early Social Cognition*. Mahwah, NJ: Erlbaum.

Rochat, P. y Morgan, R. (1995). The function and determinants of early self-exploration. En P. Rochat (ed.), *The Self in Early Infancy: Theory and Research. Advances in Psychology* (Vol. 112, pp. 395-415). Ámsterdam: North Holland/Elsevier Science Publishers.

Romo, R., Hernández, A., Zainos, A., Lemus, L. y Brody, C.D. (2002). Neuronal correlates of a decision-making process in the secondary somatosensory cortex. *Nature Neuroscience, 5*(11), 1217-1225.

Rorty, R. (1982). Comments on Dennett. *Synthese, 59*, 181-187.

Rubin, N. (2001). Figure and ground in the brain. *Nature Neuroscience, 4*(9), 857-858.

Sacks, O. (1995). Introduction. En T. Grandin, *Thinking in Pictures*. Nueva York: Doubleday.

San Agustín (1991). *Confessions* (H. Chadwick, trad.). Nueva York: Oxford University Press. (*Confesiones*. México: Porrúa, 2012).

Sander, L.W. (1975). Infant and caretaking environment: Investigation and conceptualization of adaptive behavior in a system of increasing complexity. En E.J. Anthony (ed.), *Explorations in Child Psychiatry* (pp. 29-166). Nueva York: Plenum.

Sander, L.W. (1977). The regulation of exchange in the infant-caretaker system and some aspects of the context-content relationship. En M. Lewis y L.A. Rosenblum (eds.), *Interaction, Conversation, and the Development of Language* (pp. 133-155). Nueva York: Wiley.

Sander, L. (1995a). *Thinking about Developmental Process: Wholeness, Specificity, and the Organization of Conscious Experiencing*. Orador invitado, reunión anual de la División de Psicoanálisis, Asociación Estadounidense de Psicología (APA), Santa Mónica, CA.

Sander, L. (1995b). Identity and the experience of specificity in a process of recognition. *Psychoanalytic Dialogues*, *5*, 579-593.

Sander, L.W. (1997). Paradox and resolution: From the beginning. En J.D. Noshpitz, *Handbook of Child and Adolescent Psychiatry* (pp. 153-160). Nueva York: Wiley.

Sander, L.W. (2002). Thinking differently: Principles of process in living systems and the specificity of being known. *Psychoanalytic Dialogues*, *12*(1), 11-42.

Santos, P. (2000). *Approche phénoménologique de la conscience* [Enfoque fenomenológico de la consciencia]. Tesis de magíster, Facultad de Psicología y Ciencias de la Educación, Universidad de Ginebra.

Schacter, D.L. (1994). Priming and multiple memory systems: Perpetual mechanisms of implicit memory. En D.L. Schacter y E. Tulving (eds.), *Memory Systems*. Cambridge, MA: Bradford Books/MIT Press.

Schacter, D.L. (1996). *Searching for Memory: The Brain, the Mind, and the Past*. Nueva York: Basic. (*En busca de la memoria: el cerebro, la mente y el pasado*. Barcelona: Ediciones B, 1999).

Schafer, R. (1981). Narration in the psychoanalytic dialogue. En W.J.T. Mitchell (ed.), *On Narrative* (pp. 25-49). Chicago: University of Chicago Press.

Scheflen, A.E. (1973). *Communicational Structure: Analysis of a Psychotherapy Transaction*. Bloomington: Indiana University Press.

Schenellenberg, E.G. (1996). Expectancy in melody: Tests of the implication-realization model. *Cognition*, *58*, 75-125.

Scherer, K.R. (1992). Vocal affect expression as symptom, symbol, and appeal. En H. Papousek, U. Jürgens y M. Papousek (eds.), *Nonverbal Vocal Communication: Comparative and Developmental Approaches* (pp. 43-60). Cambridge, RU, y París: Cambridge University Press.

Scherer, K.R. (2001). Appraisal considered as a process of multilevel sequential checking. En K.R. Scherer, A. Schorr y T. Johnstone (eds.), *Appraisal Processes in Emotion: Theory, Methods, Research* (pp. 92-120). Nueva York y Oxford: Oxford University Press.

Schore, A.N. (1994). *Affect Regulation and the Origin of the Self: The Neurobiology of Emotional Development.* Hillsdale, NJ: Erlbaum.

Schore, A.N. (1996). The experience-dependent maturation of a regulatory system in the orbital prefrontal cortex and the origin of developmental psychopathology. *Development and Psychopathology, 8,* 59-87.

Schore, A.N. (1997). Early organization of the nonlinear right brain and development of a predisposition to psychiatric disorder. *Development and Psychopathology, 9,* 595-631.

Schore, A.N. (1998). The experience-dependent maturation of an evaluative system in the cortex. En K.H. Pribram y J. King (eds.), *Brain and Values: Is a Biological Science of Values Possible?* (pp. 337-358). Mahwah, NJ: Erlbaum.

Seligman, S. (ed.) (2002). Symposium on Louis Sander's integration of early development, biological systems, and therapeutic process [Special Issue]. *Psychoanalytic Dialogues, 12*(1).

Seuss, Dr. (1960). *Green Eggs and Ham.* Nueva York: Random House. (*Huevos verdes con jamón.* Madrid: Beascoa, 2015).

Shapiro, T., Sherman, M., Calamari, G. y Koch, D. (1987). Attachment in autism and other developmental disorders. *Journal of the American Academy of Child and Adolescent Psychiatry, 26*(4), 480-484.

Shear, J. y Jevning, R. (1999). Pure consciousness: Scientific exploration of meditation techniques. *Journal of Consciousness Studies, 6*(2-3), 189-209.

Sheets-Johnstone, M. (1984). *The Roots of Thinking.* Filadelfia: Temple University Press.

Sheets-Johnstone, M. (1999). *The Primacy of Movement.* Ámsterdam y Filadelfia: John Benjamins.

Siegel, D.J. (1995). Memory, trauma, and psychopathology: A cognitive science view. *Journal of Psychotherapy Practice and Research, 4,* 93-122.

Siegel, D.J. (1996). Cognition, memories, and dissociation. *Child and Adolescent Psychiatry Clinics of North America, 5,* 509-536.

Siegel, D.J. (1999). *The Developing Mind: Toward a Neurobiology of Interpersonal Experience.* Nueva York: Guilford Press. (*La mente en desarrollo: cómo interactúan las relaciones y el cerebro para modelar nuestro ser.* Bilbao: Desclée De Brouwer, 2014).

Sigman, M. y Capps, L. (1997). *Children with Autism*. Cambridge, MA: Harvard University Press. (*Niños y niñas autistas*. Madrid: Morata, 2000).

Silbersweig, D.A. y Stern, E. (1998). Towards a functional neuroanatomy of conscious perception and its modulation by volition: Implications of human auditory neuroimaging studies. *Philosophical Transactions of the Royal Society of London, B, 353*, 1883-1888.

Solomon, M.F. y Siegel, D.J. (eds.) (2003). *Healing Trauma: Attachment, Mind, Body, and Brain*. Nueva York: Norton.

Spagnuolo-Lobb, M. (ed.) (2001). *Psicotherapia della Gestalt*. Milán: Franco Angeli. (*Psicoterapia de la Gestalt: hermenéutica y clínica*. Barcelona: Gedisa, 2002).

Spense, D.P. (1976). Clinical interpretation: Some comments on the nature of the evidence. *Psychoanalysis and Contemporary Science, 5*, 367-388.

Sroufe, A. (1999). Implications of attachment theory for developmental psychopathology. *Development and Psychopathology, 11*, 1-13.

Steimer-Krause, E., Krause, R. y Wagner, G. (1990). Interaction regulations used by schizophrenic and psychosomatic patients: Studies on facial behavior in dyadic interactions. *Psychiatry, 53*, 209-228.

Stern, D.J., Fivaz-Depeursinge, E., De Roten, Y., Corboz-Warnery, A. y Darwish, J. (1996). Transitions and the sharing of interactional affective events. *Swiss Journal of Psychology, 55*(4), 204-212.

Stern, D.N. (1971). A micro-analysis of mother-infant interaction: Behaviors regulating social contact between a mother and her three-and-a-half month-old twins. *Journal of American Academy of Child Psychiatry, 10*, 501-517.

Stern, D.N. (1974). The goal and structure of mother-infant play. *Journal of American Academy of Child Psychiatry, 13*, 402-421.

Stern, D.N. (1977). *The First Relationship: Infant and Mother*. Cambridge, MA: Harvard University Press. (*La primera relación: madre-hijo*. Madrid: Morata, 1978).

Stern, D.N. (1985). *The Interpersonal World of the Infant: A View from Psychoanalysis and Developmental Psychology*. Nueva York: Basic Books. (*El mundo interpersonal del infante: una perspectiva desde el psicoanálisis y la psicología evolutiva*. Buenos Aires: Paidós Ibérica, 1991).

Stern, D.N. (1990). *The Diary of a Baby*. Nueva York: Basic. (*Diario de un bebé: qué ve, siente y experimenta el niño en sus primeros cuatro años*. Barcelona: Paidós, 2002).

Stern, D.N. (1992). Acting versus remembering: In transference-love and in infantile-love. En J. Sandler, E. Spector Person y P. Fonagy (eds.), *Freud's Observations on Transference-Love* (pp. 172-185). New Haven, CT: Yale University Press. (*En torno a Freud: observaciones sobre el amor de transferencia*. Madrid: Biblioteca Nueva, 1998).

Stern, D.N. (1994). One way to build a clinically relevant baby. *Infant Mental Health Journal*, *15*(1), 9-25.

Stern, D.N. (1995). *The Motherhood Constellation*. Nueva York: Basic. (*La constelación maternal: un enfoque unificado de la psicoterapia con padres e hijos*. Barcelona: Paidós, 1997).

Stern, D.N. (2000). *The Interpersonal World of the Infant: A View from Psychoanalysis and Developmental Psychology*. Nueva York: Basic. (*El mundo interpersonal del infante: una perspectiva desde el psicoanálisis y la psicología evolutiva*. Buenos Aires: Paidós Ibérica, 1991).

Stern, D.N., Beebe, B., Jaffe, J. y Bennett, S.L. (1987). The infant's stimulus world during social interaction: A study of caregivers behavior with particular reference to repetition and timing. En H.R. Schaffer (ed.), *Studies in Mother-Infant Interaction* (pp. 177-202). Londres: Academic Press.

Stern, D.N. y Gibbon, J. (1978). Temporal expectancies of social behavior in mother-infant play. En E.B. Thoman (ed.), *Origins of the Infant's Social Responsiveness*. Hillsdale, NJ: Erlbaum.

Stern, D.N., Hofer, L., Haft, W. y Dore, J. (1984). Affect attunement: The sharing of feeling states between mother and infant by means of intermodal fluency. En T. Field y N. Fox (eds.), *Social Perception in Infants* (pp. 249-268). Norwood, NJ: Ablex.

Stern, D.N., Sander, L.W., Nahum, J.P., Harrison, A.M., Lyons-Ruth, K., Morgan, A.C., Bruschweiler-Stern, N. y Tronick, H.Z. (1998). Non-interpretive mechanisms in psychoanalytic therapy. The "something more" than interpretation (The Boston Change Process Study Group, Report Nº 1). *International Journal of Psychoanalysis*, *79*, 903-921.

Stern, W. (1930). William Stern. En C. Murchison (ed.), *A History of Psychology in Autobiography* (Vol. 1, pp. 335-388). Worcester, MA: Clark University Press.

Stolorow, R.D. y Atwood, G.E. (1992). *Contexts of Being: The Intersubjective Foundations of Psychological Life*. Hillsdale, NJ: Analytic Press. (*Los contextos del ser: las bases intersubjetivas de la vida psíquica*. Barcelona: Herder, 2004).

Stolorow, R.D., Atwood, G.E. y Brandchaft, B. (eds.) (1994). *The Intersubjective Perspective*. Northvale, NJ: Jason Aronson.

Thelen, E. y Smith, L. (1994). *A Dynamic Systems Approach to the Development of Cognition and Action*. Cambridge, MA: MIT Press.

Thompson, E. (2001). Empathy and consciousness. *Journal of Consciousness Studies*, *8*(5-7), 1-32.

Tomkins, S.S. (1962). *Affect, Imagery, and Consciousness. Vol. 1, The Positive Affects*. Nueva York: Springer.

Torras, C. (1985). *Temporal-Pattern Learning in Neural Models*. Ámsterdam: Springer Verlag.

Trevarthen, C. (1974). Conversations with a two-month-old. *New Scientist*, *2*, 230-235.

Trevarthen, C. (1979). Communication and cooperation in early infancy: A description of primary intersubjectivity. En M. Bullowa (ed.), *Before Speech: The Beginning of Interpersonal Communication* (pp. 231-347). Nueva York: Cambridge University Press.

Trevarthen, C. (1980). The foundation of intersubjectivity: Development of interpersonal and cooperative understanding in infants. En D. Olson (ed.), *The Social Foundation of Language and Thought* (pp. 316-342). Nueva York: Norton.

Trevarthen, C. (1988). Universal cooperative motives: How infants begin to know the language and skills of the culture of their parents. En C. Jahoda e I.M. Lewis (eds.), *Acquiring Culture* (pp. 37-90). Londres: Croom Helm.

Trevarthen, C. (1993). The self-born in intersubjectivity: An infant communicating. En U. Neisser (ed.), *The Perceived Self* (pp. 121-173). Nueva York: Cambridge University Press.

Trevarthen, C. (1999/2000). Musicality and the intrinsic motive pulse: Evidence from human psychobiology and infant communication.

Musicae Scientiae, Special Issue: *Rhythm, Musical Narrative, and Origins of Human Communication*, 155-211.

Trevarthen, C. y Hubley, P. (1978). Secondary intersubjectivity: Confidence, confiders and acts of meaning in the first year. En A. Lock (ed.), *Action, Gesture, and Symbol* (183-229). Nueva York: Academic Press.

Tronick, E.Z. (1986). Interactive mismatch and repair challenges to the coping infant. *Zero To Three*, *6*, 1-6.

Tronick, E.Z. (1989). Emotions and emotional communication in infants. *American Psychologist*, *44*, 112-119.

Tronick, E.Z. (1998). Dyadically expanded states of consciousness and the process of therapeutic change. *Infant Mental Health Journal*, *19*(3), 290-299.

Tronick, E.Z., Als, H. y Adamson, L. (1979). Structure of early face-to-face communicative interactions. En M. Bullowa (ed.), *Before Speech: The Beginning of Interpersonal Communication* (pp. 349-370). Nueva York: Cambridge University Press.

Tronick, E.Z., Als, H. y Brazelton, T.B. (1977). The infant's capacity to regulate mutuality in face-to-face interactions. *Journal of Communication*, *27*, 74-80.

Tronick, E.Z., Bruschweiler-Stern, N., Harrison, A.M., Lyons-Ruth, K., Morgan, A.C., Nahum, J.P., Sander, L.W. y Stern, D.N. (1998). Dyadically expanded states of consciousness and the process of therapeutic change. *Infant Mental Health Journal*, *19*(3), 290-299.

Turner, M. (1991). *Reading Minds*. Princeton, NJ: Princeton University Press.

Turner, F. y Pöppel, E. (1988). Metered poetry, the brain, and time. En I. Rentschler, B. Herzberger y D. Epstein (eds.), *Beauty and the Brain: Biological Aspects of Aesthetics* (pp. 71-90). Basilea: Birkhauser.

Turow, S. (1987). *Presumed Innocent*. Nueva York: Farrar, Straus & Giroux. (*Presunto inocente*. Nueva York: Vintage Español, 2011).

Tustin, F. (1990). *The Protective Shell in Children and Adults*. Londres: Karnac Books.

Varela, F., Lachaux, J.P., Rodríguez, E. y Martinerie, J. (2001). The brainweb: Phase synchronization and large scale integration. *Nature Reviews. Neuroscience*, *2*(4), 229-239.

Varela, F.J. (1996). Neurophenomenology. *Journal of Consciousness Studies, 3*(4), 230-349.

Varela, F.J. (1999). Present-time consciousness. *Journal of Consciousness Studies, 6*(2-3), 111-140.

Varela, F.J. y Shear, J. (1999). First person methodologies: What, why, how? *Journal of Consciousness Studies, 6*(2-3), 1-14.

Varela, F.J., Thompson, E. y Rosch, E. (1993). *The Embodied Mind: Cognitive Science and Human Experience.* Cambridge, MA: MIT Press. (*De cuerpo presente: las ciencias cognitivas y la experiencia humana.* Barcelona: Gedisa, 1997).

Vygotsky, L.S. (1962). *Thought and Language* (E. Hanfmann y G. Vakar, trad.). Cambridge, MA: MIT Press. (Obra original publicada en 1934). (*Pensamiento y habla.* Buenos Aires: Colihue, 2007).

Waldrop, M.M. (1992). *Complexity: The Emerging Science at the Edge of Order and Chaos.* Nueva York: Simon & Schuster.

Wallace, B.A. (1999). The Buddhist tradition of Samatha: Methods for refining and examining consciousness. *Journal of Consciousness Studies, 6*(2-3), 175-187.

Watson, J.S. (1979). Perception of contingency as a determinant of social responsiveness. En E. Thoman (ed.), *The Origin of Social Responsiveness* (pp. 33-64). Hillsdale, NJ: Erlbaum.

Watson, J.S. (1994). Detection of self: The perfect algorithm. En S. Parker, R. Mitchell y M. Boccia (eds.), *Self-awareness in Animals and Humans: Developmental Perspectives* (pp. 131-149). Cambridge, RU: Cambridge University Press.

Weinberg, K.M. y Tronick, E.Z. (1994). Beyond the face: An empirical study of infant affective configurations of facial, vocal, gestural and regulatory behaviors. *Child Development, 65*, 1503-1515.

Whitehead, C. (2001). Social mirrors and shared experiential worlds. *Journal of Consciousness Studies, 8*(4), 3-36.

Whiten, A. (1991). *Natural Theories of Mind: Evolution, Development, and Simulation of Everyday Mindreading.* Oxford, RU: Blackwell.

Whittman, M. y Pöppel, E. (1999/2000). Temporal mechanisms of the brain as fundamentals of communication –with special reference to music perception and performance. *Musicae Scientiae*, Special Issue: *Rhythm, Musical Narrative, and Origins of Human Communication,* 13-28.

Widlöcher, D. (1996). *Les nouvelles cartes de la psychanalyse* [Nuevos mapas del psicoanálisis]. París: Odile Jacob.

Wiener, D.J. (ed.) (1999). *Beyond Talk Therapy: Using Movement and Expressive Techniques in Clinical Practice.* Washington, DC: American Psychological Association.

Wingfield, A. y Nolan, K. (1980). Spontaneous segmentation in normal and in time-compressed speech. *Perception & Psychophysics*, *28*, 97-102.

Woolf, V. (1977). *The Diary of Virginia Woolf, 1920-1924.* Nueva York: Harcourt Brace Jovanovich.

Zacks, J.M., Braver, T.S., Sheridan, M.A., Donaldson, D.I., Snyder, A.Z., Ollinger, J.M., Buckner, R.L. y Raichle, M.E. (2001). Human brain activity time-locked to perceptual event boundaries. *Nature Neuroscience*, *4*(6), 651-655.

Zahavi, D. (1996). Husserl's intersubjective transformation of transcendental philosophy. *Journal of the British Society for Phenomenology*, *27*, 228-245.

Zahavi, D. (1999). *Self-awareness and Alterity: A Phenomenological Investigation.* Evanston, IL: Northwestern University Press.

Zahavi, D. (2001). Beyond empathy: Phenomenological approaches to intersubjectivity. *Journal of Consciousness Studies*, *8*, 151-167.

Zahavi, D. (2002). First person thoughts and embodied self-awareness: Some reflections on the relation between recent analytical philosophy and phenomenology. *Phenomenology and the Cognitive Sciences*, *1*, 7-26.

Zelazo, P.D. (1996). Towards a characterization of minimal consciousness. *New Ideas in Psychology*, *14*, 63-80.

Zelazo, P.D. (1999). Language, levels of consciousness, and the development of intentional action. En P.D. Zelazo, J.W. Astington y D.R. Olson (eds.), *Developing Theories of Intention: Social Understanding and Self-control* (pp. 95-117). Mahwah, NJ: Erlbaum.

Índice Analítico

www.ingramcontent.com/pod-product-compliance
Lightning Source LLC
LaVergne TN
LVHW092054051026
849517LV00013B/2670